CONCEPT PRÉLIMINAIRE
DE LA PHILOSOPHIE

DU MÊME AUTEUR

L'idéalisme de Fichte, P.U.F., 1968.

La pensée politique de Hegel, P.U.F., 1969.

Hegel à Francfort, ou Judaïsme, Christianisme Hégélianisme, Vrin, 1970.

Le droit naturel de Hegel, Commentaire, Vrin 1986.

Philosophie et droits de l'homme, P.U.F., 1990.

Eternité et historicité de l'esprit selon Hegel, Vrin 1991.

Etude hégéliennes (raison et décision), P.U.F. 1992.

HEGEL : *Des manières de traiter scientifiquemen. du droit naturel*, Traduction et notes, Vrin, 1972.

HEGEL : *Textes pédagogiques,* Présentation e{ traduction, Vrin, 1978.

HEGEL : *Encyclopédie des sciences philosophiques, I. La science de la logique,* Présentation, traduction et notes, Paris, Vrin, 1970.

HEGEL : *Encyclopédie des sciences philosophiques, III, Philosophie de l'esprit,* Présentation, traduction et notes, Paris, Vrin, 1988.

BIBLIOTHÈQUE   DES   TEXTES   PHILOSOPHIQUES

Fondateur : Henri GOUHIER   Directeur : Jean-François COURTINE

G. W. F. HEGEL

CONCEPT PRÉLIMINAIRE

DE L'ENCYCLOPÉDIE

DES SCIENCES PHILOSOPHIQUES

EN ABRÉGÉ

TRADUCTION, INTRODUCTION, NOTES ET COMMENTAIRE

PAR

Bernard BOURGEOIS

Professeur à l'Université de Paris I

PARIS
LIBRAIRIE PHILOSOPHIQUE J. VRIN
6, Place de la Sorbonne, V^e
1994

© *Librairie Philosophique J. VRIN,* 1994

Printed in France

ISBN 2-7116-1217-1

PRÉSENTATION

La première partie de l'*Encyclopédie des sciences philosophiques*, la « Science de la logique », établit dans son contenu ou objet ultime l'originalité absolue de l'identité du sujet et de l'objet, de la pensée et de la réalité, c'est-à-dire de ce que l'on appelle la vérité. Cependant, l'établissement de ce rapport vrai entre les idées ou pensées : « pensée » et « réalité » requiert, pour être probant, du lecteur de la « Science de la logique », qu'il admette ou suppose d'emblée que, dans de telles pensées, il atteint la réalité même : « l'être pur ... est aussi bien pensée pure » [1]. Une telle présupposition de la pensée spéculative à l'égard de la vérité ou de l'objectivité de la subjectivité ou de la pensée est bien exigée de qui veut en comprendre le déploiement à l'intérieur de la « Science de la logique » et, par là, tout au long de la philosophie encyclopédique qui concrétise le contenu idéel-logique de la vérité dans le contenu réel de la « Philosophie de la nature » et de la « Philosophie de l'esprit ». Mais Hegel veut amener son lecteur non encore installé dans la conscience spéculative à faire sienne cette présupposition exigée de la position spéculative de la pensée face à l'objectivité ; il veut éclairer préalablement la décision en

1. HEGEL, *Encyclopédie des sciences philosophiques, I. La science de la logique*, éd. 1830, § 86, trad. B. Bourgeois – citée *E, SL, BB* –, Paris, Vrin, 1970, p. 348.

faveur de la spéculation, qu'il réclame de son lecteur, pour que celui-ci puisse le suivre sans réticence ni retrait dans la justification spéculative progressive de la spéculation, qui constitue le contenu de la « Science de la logique ». Et, pour ce faire, il situe le point de vue spéculatif sur le problème central de la philosophie, celui du rapport de la pensée à l'objectivité ou vérité, au sein de l'ensemble des points de vue qui peuvent être adoptés et ont, d'ailleurs, été adoptés, ainsi qu'ils devaient l'être pour que, au terme du développement de cette problématique, le point de vue vrai vint achever l'histoire de la philosophie dans l'*Encyclopédie* hégélienne. Hegel présente bien comme une « introduction » à l'exposition de ce point de vue le texte du « Concept préliminaire <Vorbegriff> » qui passe en revue les grandes manières pré-spéculatives de saisir le pouvoir de la pensée face à la vérité : «*Les positions données à la pensée relativement à l'objectivité* doivent ... être considérées comme une introduction plus précise, en vue d'éclaircir et de dégager la signification et le point de vue qu'on attribue ici à la logique »[1].

Que la philosophie, en son discours vrai, doive faire une place à une introduction à elle-même, c'est là un motif essentiel du hégélianisme, constant à travers la variation de sa réalisation, natif et ultime, et dont le développement a conjugué *trois* facteurs, liés, respectivement, à la *personnalité* de Hegel, au *contexte philosophique* dans lequel il a élaboré sa pensée, et à l'*originalité de celle-ci*. – D'abord, dès ses années de séminaire à Tübingen, le jeune Hegel s'affirme comme un pédagogue réaliste refusant d'imposer aux consciences, dans une rupture absolue, une vérité éloignée de leur expérience : « Pour l'établissement des principes, l'empirisme n'est, certes, pas du tout adéquat, mais, lorsqu'il est question de la façon dont on peut agir sur les hommes, il faut les

1. *Ibid.*, § 25, ci-dessous p. 55.

prendre comme ils sont »[1]. Ici s'exprime un trait idio-
syncrasique de Hegel, que l'élévation de sa spéculation ne
détourne jamais de mener et de goûter la vie la plus
simple dans la société la plus commune des hommes. Au
plus loin de tout aristocratisme philosophique, il délaisse
l'idée, fort traditionnelle, d'un rapport essentiellement,
voire exclusivement, négatif, entre la conscience philosophique et un savoir philosophique qui naîtrait extérieurement à celle-là, dans un accident renvoyant, soit à la
rencontre de celui qui est déjà philosophe – et qu'on
commence par rejeter, par mettre à mort –, soit, s'agissant
de ce philosophe, à un don de la nature ou de la surnature,
à un heureux hasard, à la qualité de l'âme, quand elle est
d'or, à la contingence d'une campagne d'hiver, au cadeau
divin d'un rêve ... Cependant, ce rapprochement, auquel
était ainsi porté Hegel, de la conscience du vrai et de la
conscience naturelle, avait été lui-même consacré philosophiquement, *mutatis mutandis,* par la révolution
kantienne de la philosophie, par ce kantisme alors
dominant contre lequel Hegel avait voulu s'affirmer, mais
en reprenant ses acquis fondamentaux.

L'un de ceux-ci était bien la proclamation de l'identité entre le savoir absolument *scientifique*, par là vrai,
dont la philosophie se voulait la réalisation, et le savoir
pleinement *systématique*. Or, l'impératif de la systématisation ne requiert pas seulement, au fond, l'affirmation
d'un certain lien, d'une certaine continuité, entre le savoir
non systématique en son développement mais, en tant que
savoir, nécessairement déjà systématique en ses principes,
et le savoir philosophique accompli systématiquement ; il
exige aussi de considérer que le passage du premier au
second s'opère dans une démarche elle-même systématique ou scientifique. Un tel passage du savoir non

1. *Id.*, in : *Hegels theologische Jugendschriften*, éd.
H. Nohl, Tübingen, 1907, p. 19.

philosophique – commun, perceptif, voire « scientifique »
au sens commun, « technique » du terme (savoir mis en
œuvre par les « sciences » physiques, naturelles...) – au
savoir philosophique accompli qui, en sa visée systématique, se veut un savoir total, « architectonique », celui
de la « doctrine », est constitué, dans le kantisme, par la
« critique ». Cette « critique », telle qu'elle s'exprime
successivement dans les trois *Critiques* kantiennes,
analyse réflexivement les conditions spirituelles de la
connaissance physique de la nature, de la conscience
morale, du jugement esthétique et téléologique ; elle
exprime le sens et l'articulation des capacités et des
pouvoirs mobilisés dans chaque cas, pour déterminer les
principes du déploiement systématique ou doctrinal de la
raison théorique et pratique. Ainsi, la présentation doctri-
nale, systématique, organique de la raison est précédée,
chez Kant, par la justification critique, à travers le traitement positif des modes non philosophiques du savoir, du
pouvoir rationnel. La critique sert donc de « propédeutique » à la doctrine, qui expose pour lui-même le
contenu de la science. – Mais, en tant qu'elle procède
elle-même comme une justification ou fondation rigoureuse de la science, une telle propédeutique introduit à
celle-ci selon la norme de la nécessité : elle est bien une
introduction elle-même *scientifique* à la science ; c'est
pourquoi Kant englobe sous la même désignation de
« métaphysique » la métaphysique proprement dite, qui
est la doctrine, et la critique. – Une telle structuration du
corpus philosophique va se retrouver dans le système
hégélien ; et ce, même si l'analogie formelle doit être
discernée dans l'extrême différence de la réalisation kantienne et de la réalisation hégélienne du thème de
l'introduction scientifique à la science. Il est, d'ailleurs,
tout à fait significatif que la grande introduction scientifique hégélienne à la science que constitue *La Phénoménologie de l'esprit* s'ouvre, en tant que telle, c'est-à-
dire – après la *Préface* qui, elle, présente *toute* la science –

dans son *Introduction*, par une confrontation directe avec la Critique kantienne.

*
* *

La Phénoménologie de l'esprit – qui, aux yeux de Hegel, inaugure la véritable révolution copernicienne en philosophie, rabaissant ainsi à une simple prétention la revendication de Kant dans la *Critique de la raison pure* – offre effectivement une toute nouvelle introduction scientifique à la science. – La fondation par Kant du contenu vrai de la doctrine de la raison – exposition organique du système de toutes les déterminations rationnelles – s'opère par une réflexion critique qui exploite les vertus *positives* de la conscience commune déjà travaillée par une raison dont la philosophie accomplie n'est que la conscience de soi adéquate. Certes, Kant dégage et dénonce les illusions naturelles (dialectiques) de cette conscience et les interprétations philosophiques erronées (rationalisme dogmatique, empirisme sceptique...) à travers lesquelles elle tente d'abord de se saisir, mais la justification de la philosophie parvenue à la scientificité ne consiste pas, chez lui, dans la présentation de la *négativité* de la conscience non philosophique ou philosophiquement erronée de la raison œuvrant au sein de l'être fini. La dimension *polémique* n'est assurément pas absente des *Critiques* kantiennes, mais elle n'est pas intériorisée dans le contenu même de celles-ci, qui ne fait pas poser le savoir vrai dans et par la négation de la négativité dénoncée dans la conscience en proie à l'illusion et à l'erreur. Kant veut bien instaurer la paix philosophique en mettant fin à l'état de guerre qui perdure dans la vie de l'esprit, mais il ne procède pas en faisant la guerre à la guerre ou en se faisant le spectateur complaisant de l'auto-négation du vrai ; bien plutôt qu'une critique des expressions négatives de la raison, la Critique kantienne est d'abord une auto-critique de la raison

s'affirmant en sa positivité. – L'introduction hégélienne à la raison philosophique vraie est, au contraire, une justification de la positivité de celle-ci par la monstration de la négation même de ce qui la nie : si, pour Kant, la *soumission* (dualiste) du réel au rationnel libère l'affirmation vraie de la raison, par la conscience réelle, du processus propre, encore plongé dans l'illusion et l'erreur, de cette conscience, l'*incarnation* hégélienne de la raison dans la réalité fait attendre la position vraie de la première de la négation des défauts de la seconde. De ce fait, la valeur introductrice de l'introduction à la philosophie vraie se trouve considérablement renforcée : la vérité philosophique se fait vraiment advenir dans son « avent ».

Le *Concept préliminaire* de la « Science de la logique » de l'*Encyclopédie* se fait lui-même précéder, en sa fonction d'introduction au point de vue philosophique vrai – celui du savoir absolu –, par la *Phénoménologie de l'esprit*. La démarche hégélienne générale – faire surgir la position du vrai de la négation du faux – s'actualise, dans l'ouvrage de 1807, à travers la présentation de cette négation du faux comme *auto*-négation de lui-même : la négation des affirmations non spéculatives de la vérité s'opère comme l'auto-négation des moments de la conscience non spéculative que celles-là absolutisent, moments dont Hegel fait le contenu essentiel de la *Phénoménologie*. Ainsi, l'introduction de la conscience naturelle à la philosophie se réalise comme une auto-introduction telle que la « fondation » du savoir vrai est immédiatement et pleinement une « initiation » [1] à celui-ci de cette conscience-là, car rien d'autre qu'elle-même ne semble exigé pour qu'elle puisse parcourir le chemin qui mène à la vérité ; en restant toujours elle-même, la

---

1. Cf. *id.*, *Phénoménologie de l'esprit*, Préface, trad. G. Jarczyk–P.J. Labarrière, Paris, Gallimard, 1993, p. 89.

conscience naturelle se trouve conduite à son Autre, au savoir absolu de l'identité de la pensée et de l'être, du sujet et de l'objet, identité qui nie la forme même de la conscience comme opposition, pour le sujet lui-même, du sujet et de l'objet. Une telle *identité* à soi au sein même d'un parcours qui *différencie* d'avec soi est ce qui confère à ce parcours sa *nécessité*, et fait ainsi, réciproquement, de l'initiation menant nécessairement au savoir absolu, une fondation de ce dernier.

Le thème d'un devenir purement immanent à la conscience non encore parvenue à la raison et à la vérité, mais qui s'avère pourtant en lui-même rationnel ou nécessaire, de telle sorte que le discours philosophique peut l'accueillir dans son contenu sans y rien ajouter, avait été déjà exploité par Fichte, notamment dans le développement consacré par la première « Doctrine de la science » à l'« histoire pragmatique de l'esprit humain » : le Moi philosophant laisse bien le Moi réel se reconstruire en lui et en direction de lui, sans intervenir dans ce mouvement propre de son objet et en se faisant bien plutôt le simple spectateur d'un tel mouvement. Cependant, l'histoire pragmatique de l'esprit humain n'est, chez Fichte, qu'un contenu de la « Doctrine de la science », et ce simple moment scientifique ne se voit pas assigner la fonction d'introduire à la science dont il fait partie : les « Introductions à la doctrine de la science » – telles que celles que Fichte publie en 1797 – justifient le point de vue de la science (philosophique), l'idéalisme critique, en le déterminant *directement* en lui-même, après avoir exigé du lecteur – même déjà philosophe (comme c'est le cas dans la *Seconde introduction*) – qu'il rompe avec le point de vue immédiat de la conscience. La novation hégélienne est donc incontestable. La nécessité scientifique de l'élévation à la science de la conscience naturelle ne présuppose pas la négation de soi de cette conscience, mais est, au contraire, posée par sa position de soi. Et du

fait que nulle rupture ne brise d'emblée la pleine identité, dans leur différence même, du point de départ (la conscience commune) et du point d'arrivée (le savoir absolu) du processus introductif, celui-ci présente une nécessité accomplie, et son exposition possède alors une scientificité absolue. La *Phénoménologie de l'esprit* est par excellence l'introduction scientifique à la science.

Pourtant, la nécessité scientifique de l'introduction de la conscience naturelle, décrite par le phénoménologue, à la science qu'il met en œuvre aussi dans l'exposition de celle-là, ne peut inciter le lecteur à reproduire en lui une telle introduction, à s'introduire lui-même dans la science, que s'il comprend comme telle cette nécessité scientifique. Or, la réalisation d'une semblable condition, qui, seule, peut alors confirmer la valeur introductrice de la *Phénoménologie*, se révèle, à Hegel lui-même, pour le moins fort problématique.

La conscience ne peut, en effet, accéder au savoir absolu que si elle passe par *toutes* les conditions de celui-ci. Or, ces conditions ne se réduisent pas aux réquisits *formels* de l'émergence de ce savoir, réquisits formels théoriquement aisément maîtrisables, puisqu'ils sont constitués par les seuls deux passages à travers lesquels la dualité conscientielle du sujet et de l'objet se surmonte, d'abord dans la conscience d'un objet dont le contenu est le sujet – la conscience de *soi* –, puis dans cette suppression même de la forme objective du contenu subjectif – la *conscience* de soi – qui constitue la raison comme identité, qui se sait, de la pensée et de l'être ; c'est une telle accession formelle de la forme de la conscience à la forme du savoir absolu qu'expose la « phénoménologie » succincte conservée dans la « Philosophie de l'esprit » de l'*Encyclopédie*. Le savoir absolu a, certes, pour élément ou milieu formel la raison, mais il n'existe comme tel qu'autant que, d'abord, la raison se pose en tant que raison en se réfléchissant *philosophiquement*, et, ensuite,

se réfléchit dans la philosophie *vraie*, qui actualise comme son contenu la visée formelle de la philosophie, la vérité en tant qu'identité absolue de la pensée et de l'être. Mais une telle élévation de la conscience naturelle à la philosophie et, à travers le développement de celle-ci, à la philosophie spéculative (hégélienne), exige l'assomption conscientielle de toutes les conditions « *matérielles* » (par leur contenu concret) du savoir absolu, conditions épistémiques, éthico-socio-politiques, culturelles, artistiques, religieuses..., dont la *Phénoménologie* suit le déploiement après que la « raison » est apparue au terme de ses quatre premiers chapitres. La philosophie ne naît que dans un certain milieu et à une certaine époque, dans cette Grèce cultivée que les conflits font fuir dans le monde idéal ; la philosophie spéculative se sait bien ellemême son temps – celui de l'achèvement de la culture – saisi dans la pensée : cette fin ultime de la culture se dit bien comme la maîtrise totale, théorique et pratique, de l'existence, qui livre au savoir absolu le contenu de la philosophie de la nature et de la philosophie de l'esprit. C'est donc bien tout le contenu de la science qui est mobilisé dans la *Phénoménologie de l'esprit*. – Mais cette richesse de l'introduction à la science n'est celle d'une introduction scientifique que par l'intégration d'une *scientificité* ainsi tellement complexe qu'elle en perd son caractère (seulement) *introductif*.

Car la nécessité du développement phénoménologique résulte de la conjonction, de la synthèse, comme telle novatrice, du développement du *contenu* concret, total, de la conscience, pris en son sens immanent – c'est là le développement encyclopédique des déterminations logiques, naturelles et spirituelles, de l'absolu –, *et* du développement de la *forme* conscientielle – l'opposition : sujet-objet –, qui est le milieu de la réalisation spirituelle du sens. Le premier développement, qui reprend en soi toute la dialectique du contenu logique, naturel et

spirituel, est sans cesse nouveau, et la compréhension de sa nécessité requiert, par conséquent, la maîtrise de tout le matériau encyclopédique. Le second développement est, certes, la dialectique, tôt achevée, de la simple forme de la conscience ; mais, en son retour ou en sa répétition à propos des contenus successifs de l'absolu, cette forme est, à chaque fois, en elle-même déterminée, concrétisée, en ses propres modalités dialectiques, par le contenu changeant. Bref, la dialectique phénoménologique, en tant qu'elle conjugue ainsi elle-même deux dialectiques marquées, chacune, par une complexité croissante, en multiplie les difficultés et, par là, ne peut provoquer l'adhésion du lecteur, alors incité à s'élever au savoir absolu, que s'il est capable d'une intégration spéculative englobant et dépassant celle qu'exige déjà la conception du processus encyclopédique de la science ! Une telle introduction à la science est plus astreignante, scientifiquement parlant, que l'assimilation même de cette science.

Cette difficulté « objective » particulière du sens du processus phénoménologique se double, d'ailleurs, de la difficulté « subjective » qu'oppose à sa saisie le fait que le développement encyclopédique exploité par le phénoménologue ne peut être exposé explicitement par celui-ci, sans quoi c'est toute la science qui serait déjà présentée dans ce qui se veut une simple introduction à elle. Le phénoménologue garde, de la sorte, par devers lui un sens qui reste un *en-soi* pour la conscience à introduire à la philosophie spéculative, et agit, en sa vertu démonstrative, « derrière son dos pour ainsi dire » [1]. Ira-t-on, en conséquence, jusqu'à dire que le lecteur de la *Phénoménologie* devrait être encore plus génialement philosophe que le phénoménologue lui-même, qui a déjà – par exemple dans les cours professés par Hegel à Iéna,

1. *Id.*, *E, SL*, § 25, Rem., ci-dessous, p. 55.

avant 1806, sur la logique et métaphysique, sur la philosophie de la nature et sur la philosophie de l'esprit – déjà élaboré le contenu encyclopédique ? Mais si l'introduction scientifique à la science réclame, pour remplir sa fonction, la maîtrise préalable de ce à quoi elle doit introduire, n'est-elle pas une entreprise inutile et absurde ? S'il en est ainsi, on ne s'étonnera pas de l'abandon par Hegel, à titre d'ouvrage introductif au système – mais, il est vrai, seulement à ce titre ! –, de la *Phénoménologie de l'esprit.*

*
* *

Lorsque Hegel publie le système encyclopédique de la science philosophique, dès 1817, il y insère, au début de la première partie – la Logique comme théorie du sens absolu de l'être, sens qui s'avère être l'identité spéculative du sens et de l'être, de la pensée et de la réalité –, une introduction qui consiste essentiellement dans la réfutation des grands points de vue non spéculatifs où peut se fixer la conscience à laquelle le texte hégélien s'adresse et qu'il veut convertir à la scientificité. Certes, l'*Encyclopédie* comporte, dans chacune de ses trois éditions (1817, 1827, 1830), une préface puis une introduction, mais ces deux textes préliminaires ne peuvent constituer ce que Hegel entend par une introduction à la science, même s'ils touchent à des problèmes traités dans ce qui réalisera celle-ci. La *Préface* se veut d'abord un discours d'actualité : Hegel s'emploie à y défendre son entreprise en attaquant des courants contemporains, d'ailleurs pas seulement philosophiques, opposés à elle ; cette polémique vivement conduite par lui offre une justification négative très libre de la démarche spéculative, à laquelle il ne se soucie pas alors d'introduire. Quant à l'*Introduction*, elle ne veut pas davantage introduire à la philosophie en sa vérité scientifique un lecteur apte à y être introduit parce qu'il est déjà assez philosophe pour

faire sien tel ou tel point de vue pré-scientifique ; elle est une introduction formelle, en ce sens qu'elle parle de façon introductive de la philosophie d'abord en général, définie par rapport aux autres sciences, rapportée aux conditions de sa naissance ainsi que de son développement historique, déterminée en sa forme de système encyclopédique. C'est seulement dans le *Concept préliminaire* que Hegel fait à nouveau droit à son souci d'amener son lecteur, qui – encore une fois – ne peut être qu'un lecteur armé philosophiquement, à progresser en direction du savoir absolu.

Le dessein qui commandait en fait l'élaboration de la *Phénoménologie de l'esprit* est ici, d'une part, clairement manifesté, et, d'autre part, exécuté de manière plus économique, comme il convient à une introduction. L'ouvrage de 1807 entendait justifier l'adoption du point de vue spéculatif en disqualifiant, comme incapables de satisfaire l'exigence de vérité – d'abord de non-contradiction – animant son lecteur, ainsi supposé philosophe, les moments de la conscience absolutisés par toute autre vision philosophique des choses : on ne peut adopter une vision sensualiste, perceptionniste etc., puisque la certitude sensible, la perception, etc., ne peuvent pas, en raison de leur limitation – seul le tout est – ne pas se contredire, et, par conséquent, exiger – pour une conscience philosophique – leur dépassement dans des moments conscientiels plus totaux, plus concrets et, par là même, plus vrais. Le *Concept préliminaire* de l'*Encyclopédie* reprend un tel projet – qui, d'ailleurs, s'était anticipé originellement chez Hegel dans les articles du *Journal critique de la philosophie* rédigés, en collaboration avec Schelling, au début du séjour à Iéna – en présentant de façon critique les grands points de vue philosophiques entre lesquels pouvaient se partager les lecteurs éventuels de la *Phénoménologie* ; il faut introduire à la vérité philosophique la conscience philosophante encore

plongée dans les fausses philosophies en justifiant l'adhésion à celle-là par la réfutation de celles-ci.

Mais l'introduction à la science n'est désormais insérée dans son exposition qu'en étant considérablement réduite : bien loin de constituer, comme la *Phénoménologie*, une première partie du système scientifique, elle devient un simple « concept préliminaire » du contenu de la première partie de ce système, de la vérité dont la « Science de la logique » veut déployer le sens vrai. Un peu plus de dix pages dans la première édition de l'*Encyclopédie*, une soixantaine dans la dernière édition, ne permettent guère à la nouvelle introduction de rivaliser avec la *Phénoménologie*, presque dix fois plus étendue que le plus long texte du *Concept préliminaire*! La nouvelle introduction au système n'a plus rien du contenu de l'introduction originelle. Le contenu formel de la *Phénoménologie*, la dialectique des formes de la conscience comme phénomène de l'esprit : conscience, conscience de soi et raison, constitue – sous le titre maintenu de « phénoménologie de l'esprit », l'un des moments de la philosophie de l'esprit subjectif, le moment médian de cet esprit, qui n'est plus dans son identité à soi massive – celle de l'*âme* –, et dont la différenciation, alors fixée comme opposition *conscientielle* du sujet et de l'objet, ne s'est pas encore reprise dans l'identité concrète ultime de l'*esprit*. Quant au contenu matériel du texte de 1807, à savoir la totalité du monde de la culture, il est réparti dans la Philosophie de l'esprit objectif et de l'esprit absolu, dont les divers cours de Hegel seront le déploiement détaillé. Et pour ce qui est de la fonction introductive de la *Phénoménologie*, elle sera réalisée dans un contenu qui n'y était pas encore présent comme tel, puisque ce contenu est constitué par l'histoire de la philosophie.

Si les premiers cours prononcés par Hegel sur l'histoire de la philosophie datent des années 1805-1806,

période de la rédaction de la *Phénoménologie*, ils ne constituent pas le contenu propre de celle-ci, qui ne fait le procès des philosophies non spéculatives qu'aux limites du texte ou de façon indirecte. Aux limites du texte : en détail, mais avant le commencement même de la dialectique phénoménologique (la *Préface*, combat, entre autres, Schelling, – l'*Introduction* s'en prend d'abord à Kant), ou à l'intérieur même du texte, dans sa partie finale, mais selon une redoutable condensation (la récapitulation critique de la philosophie occidentale proposée par le chapitre sur le savoir absolu). De façon indirecte : la dialectique phénoménologique expose en les dissolvant les moments de la conscience absolutisés par les philosophies que le hégélianisme récuse. L'examen critique que propose le *Concept préliminaire* des grands points de vue philosophiques non spéculatifs promeut donc l'histoire de la philosophie dans l'entreprise hégélienne de l'introduction au système de la science : telle est bien la novation apportée par l'*Encyclopédie*, dont l'*Introduction*, d'ailleurs, définit rapidement, mais clairement, le rapport intime qui existe entre la structure de la philosophie vraie et sa genèse historique (§13). – Cependant, Hegel exploite alors lui-même l'histoire de la philosophie de manière très survolante et très libre, en un mot extérieure relativement au mouvement immanent de cette histoire, tel que s'emploient à le restituer en sa nécessité propre les cours qu'il lui consacre, à nouveau, précisément en 1816-1817, au moment même où il élabore, à Heidelberg, la première édition de l'*Encyclopédie*.

Il souligne lui-même ce caractère extérieur du survol critique qu'il opère, dans le *Concept préliminaire*, du développement de la pensée non spéculative. Après avoir rappelé l'inconvénient de la *Phénoménologie* comme introduction effective à la science – la nécessité de l'élévation de la conscience non spéculative à la spéculation n'est pas transparente à cette conscience puisqu'une telle

nécessité est concrètement fondée sur une dialectique agissant « dans son dos», donc non présente à elle –, Hegel reconnaît l'inconvénient scientifiquement encore plus grand de l'introduction demandée au *Concept préliminaire*. Ici, en effet, la dialectique qui doit conduire à l'admission du point de vue spéculatif est encore moins prégnante pédagogiquement, puisqu'elle n'est pas seulement cachée, non révélée, mais, plus radicalement, non construite, non mise en œuvre de manière vraie, rationnelle : «L'examen, à entreprendre ici a plus encore l'inconvénient de ne pouvoir procéder que de façon historique et en raisonnant » [1]. La critique des points de vue non spéculatifs n'est pas, en effet, leur auto-critique immanente, comme telle absolument nécessaire dans la monstration de l'identité de leur différence, qui fait passer de l'un à l'autre pour aboutir finalement au savoir absolu : le devenir – considérablement simplifié et réduit – de l'histoire de la philosophie n'est pas rapporté à la dialectique des concepts privilégiés et absolutisés par les grands moments qui en sont retenus – dialectique logique, rationnelle –, mais animé par une critique extérieure du contenu de ces moments ainsi abandonnés à l'extériorité de leur succession.

Le philosophe spéculatif procède donc à l'encontre des points de vue critiqués – qui, absolutisant des concepts abstraits du tout de la vérité, relèvent tous, même ceux qui s'en défendent, de l'entendement comme pouvoir du négatif posé et fixé – en actualisant en lui-même un tel entendement. En les faisant alors apparaître, au cours d'un exposé qui a l'allure « historisante » d'un simple récit, d'une simple récitation d'eux-mêmes, comme une succession de thèmes et de notions, il prélève ou abstrait en eux tel ou tel aspect pour le soumettre à sa critique. Assurément, c'est bien la raison qui le guide,

1. *Ibid.*, ci-dessous, p. 57.

mais elle travaille comme ce simple moment d'elle-même qu'est l'entendement : elle « raisonne » ou « ratiocine », c'est-à-dire que, au lieu de reproduire dans la rigueur unifiante du concept la dialectique totale de son objet (car l'histoire de la philosophie est le déploiement spirituel achevé de la logique des concepts), elle dispose des « raisons » (dont la différence traduit l'entendement) de rejeter les points de vue examinés. La raison combat ainsi l'entendement en se faisant elle-même entendement, c'est-à-dire en s'extériorisant polémiquement par rapport à elle-même ; son identité concrète – dont la force absolue résout positivement en elle les abstractions identifiées à elles-mêmes, fixées à elles-mêmes en leur différence où se complaît l'entendement – s'affirme ici négativement, dans la négation de ces abstractions au nom même de l'entendement qui les produit, c'est-à-dire du principe de contradiction. Elle établit par anticipation, en creux pour ainsi dire, sa vérité, en exploitant la contradiction – la dialectique – en laquelle sombre l'entendement qui fixe et absolutise ses déterminations, en tant que telles relatives les unes aux autres, et en le révélant de la sorte comme contradictoire en lui-même. La raison se faisant entendement, différenciant son pouvoir souverain en des raisons militantes, parle ainsi à l'entendement qui préside aux points de vue non spéculatifs son propre langage, celui de la vérité extériorisée, aliénée, et comme telle, perdue.

En tant, certes, que la critique d'entendement de l'entendement est le fait de la raison spéculative, elle exprime à travers ses séquences argumentatives – et c'est ce qui assure sa force – les relations rationnelles des concepts sur le fondement desquels l'entendement philosophant construit son discours représentatif. Ce discours, qui traduit, en effet, le sens conceptuel dans l'élément sensible de l'extériorité, de la naturalité de l'esprit, se donne par là comme un discours « concret », mais la raison qui se fait entendement critique de l'entendement

ne peut pas ne pas laisser transparaître dans ses abstractions critiques le contenu rationnel du mouvement de la pensée, que la science proprement dite expose en sa nécessité pleinement démonstrative dans son déploiement logique. Tout en présentant l'inconvénient de procéder de façon historique et ratiocinante, l'examen des philosophies pré-spéculatives, dans le *Concept préliminaire*, « doit principalement contribuer à faire discerner que les questions que l'on rencontre dans la représentation au sujet de la nature de la *connaissance*, au sujet de la *croyance* et ainsi de suite, et que l'on tient pour tout fait *concrètes*, se ramènent en réalité à des déterminations-de-pensée *simples*, mais qui reçoivent seulement dans la Logique la solution vraie par laquelle on en vient à bout » [1]. L'exposé critique, par l'entendement de la raison spéculative, des grandes conceptions philosophiques du vrai, renvoie ainsi l'histoire de la philosophie qu'elles ponctuent à son socle logique, c'est-à-dire à la dialectique rationnelle des catégories, alors seulement dévoilées en leur vérité. Mais l'équation rationnelle de la philosophie et de son histoire, affirmée dans l'*Introduction* de l'*Encyclopédie*, ne fait encore, ainsi traitée par l'entendement de la raison, qu'*apparaître*, en suggérant la logicité du socle de l'histoire de la philosophie, et, par là, en préparant et incitant le lecteur soucieux de la vérité ou absoluité du savoir philosophique, à accueillir le traitement spéculatif rigoureux des questions métaphysiques que va proposer la « Science de la logique » où se fonde le système du savoir. Le *Concept préliminaire* avait bien sa place au sein de cette première partie de l'*Encyclopédie*.

Cependant, une telle initiation infra-rationnelle, donc strictement parlant, infra-scientifique, de l'affirmation de la science, s'avoue ne pouvoir, comme telle, par elle seule, emporter la *décision* de philosopher rationnellement. Elle

1. *Ibid.*, p. 57.

est bien saisie par Hegel comme ne constituant qu'un simple auxiliaire destiné à confirmer initialement un engagement spéculatif dont l'absoluité – risquée – est bien davantage présupposée par l'écoute de toutes ses confirmations qu'elle ne la présuppose. L'exigence d'une introduction progressive au vrai a sa vérité dans l'acte même qui relativise et rabaisse une telle introduction, en tant que, quelles que soient les raisons, d'abord forcément négatives, de celle-ci, il les excède bien comme *libre* décision de philosopher. Une telle exigence « est accomplie proprement dans la résolution de vouloir *purement penser*, grâce à la liberté qui fait abstraction de tout et saisit sa pure abstraction, la simplicité de la pensée » [1]. Cet acte absolu, dont l'immédiateté ne sera confirmée médiatement qu'au terme du développement scientifique de la vérité, c'est-à-dire au terme de l'*Encyclopédie*, voilà ce que Hegel attend désormais essentiellement de son lecteur, pour que celui-ci puisse profiter de la justification que la science fournit de sa forme même tout au long de son contenu.

*
* *

L'insistance mise par Hegel sur l'irréductibilité de la décision de philosopher, relativement aux motivations et justifications susceptibles de la médiatiser, ne saurait pourtant, bien sûr, le faire ranger parmi les philosophes de l'immédiateté ! Il faut même dire que, dans le *Concept préliminaire*, c'est, en fin de compte, essentiellement aux partisans du savoir immédiat qu'il s'en prend ; leur influence grandissante est traitée par lui comme l'obstacle présent le plus important à la diffusion de la démarche spéculative. La dimension d'actualité de la polémique hégélienne est, d'ailleurs, la raison de la variation que le texte présente lorsqu'on passe d'une édition à l'autre de

1. *Ibid.,* § 78, Rem., ci-dessous, p. 191.

l'*Encyclopédie*. L'examen de cette variation éclaire le sens définitif du *Concept préliminaire*, mais elle est elle-même clairement lisible à travers la comparaison – déjà et surtout – des *Préfaces* successives de l'*Encyclopédie*, où Hegel donne à voir ses préoccupations philosophiques du moment.

La première édition de l'*Encyclopédie*, en 1817, offre une préface courte (trois pages !), dirigées contre deux courants freinant le développement de la philosophie spéculative : le courant de la génialité aventureuse – qui, chez Schelling, et chez les romantiques, veut imposer à la nature un ordre arbitraire –, et le courant de la platitude de l'entendement anti-métaphysique, d'esprit sceptique ou, du moins, critique. Ces deux courants, qui prétendent accomplir enfin la pensée, ont, bien plutôt, discrédité sa culmination philosophique : n'importe qui s'estime apte à trancher philosophiquement des problèmes les plus divers, dans le mépris de toute démonstration rigoureuse. Or, de ces deux courants, le premier semble alors à Hegel moins dangereux pour la philosophie véritable.

En effet, il procède de l'exaltation de l'intuition, laquelle est l'anticipation immédiate de la concréité ou totalité rationnelle ; il suppose, à son fondement, un tel « noyau » [1], c'est-à-dire le contenu concret de la vérité qu'il ne fait que recouvrir d'une « fumée superficielle » [2] condamnée à se dissiper. Au contraire, le second courant, en se fixant dans les simplifications abstraites de l'entendement fini, se détourne de la préoccupation de la vérité, comme totalité rationnelle du sens. Mieux vaut donc le « transport » [3] romantique-schellingien que

---

1. *Ibid., E, SL, Préface*, éd. 1817, *BB*, p. 119.
2. *Ibid.*
3. *Ibid.*

l'« accablement » [1] de l'entendement vulgaire destructeur de toute visée métaphysique.

Dans le Discours d'ouverture de ses enseignements berlinois (1818), Hegel va bien, à nouveau, dénoncer « la platitude et superficialité du savoir qui se nomma Aufklärung » [2] et louer, *a contrario*, « l'esprit nouveau plus substantiel » [3], qui redécouvre le contenu consistant de la vérité absolue : « dans un tel contenu consistant, nous avons vu ... se former le noyau dont le développement ultérieur, selon tous les côtés, ... politique, éthique, religieux, scientifique, est confié à notre époque » [4]. Car, après le triomphe – révolutionnaire et impérial – de l'entendement, la restauration de l'Etat organique fait retourner, dans la pensée, au contenu substantiel, à la métaphysique, et ce retour est positif, même s'il s'opère d'abord selon le style d'un savoir anti-réflexif, immédiat. Ce premier stade ne sera, en vérité, que provisoire : « il atteste l'impulsion intérieure d'une intellection rationnelle, qui semble donner à l'homme sa dignité » [5] ; et un tel savoir immédiat qui sait que le moment de l'entendement le conditionne (au moins négativement) sera bien amené à l'utiliser positivement : de la condition à l'instrument, le passage ne pourra pas ne pas s'effectuer. Bref, la *Préface* de 1817 ne voit aucunement dans le savoir immédiat un obstacle à la pensée spéculative, mais, plutôt, sa *propédeutique*. Aussi bien, le *Concept préliminaire* de cette même première édition ne dit-il rien sur (contre) le savoir immédiat : ainsi, après avoir défini la Logique comme science du sens de l'être total, Hegel évoque les conditions de la compréhension – spéculative

1. *Ibid.*
2. *Ibid.*, *Allocution* de 1818, p. 148.
3. *Ibid.*
4. *Ibid.*, p. 146.
5. *Ibid.*, *Préface*, édition 1817, p. 119.

– de cette définition, à savoir la connaissance de son passé philosophique, d'abord de la métaphysique traditionnelle, puis de sa critique empiriste et criticiste, mais, d'examen du courant du savoir immédiat, il n'est point question. Tout change en 1827, avec la deuxième édition de l'*Encyclopédie*.

La *Préface* de cette édition motive longuement le contenu considérablement augmenté (65 §§ au lieu de 26) et modifié en son accentuation du *Concept préliminaire*. En effet, désormais, le courant du savoir immédiat devient un ennemi à dénoncer vigoureusement. C'est bien lui qui inspire « des entreprises » contemporaines dirigées contre la spéculation : il oppose à l'affirmation différenciée, médiatisée, méthodique de l'identité du contenu absolu – telle est la spéculation hégélienne – l'affirmation immédiate du contenu différencié (Dieu distingué du monde et de l'homme, le Bien séparé du Mal...). Hegel s'en prend ainsi exemplairement, dans la *Préface*, au théologien Tholuk, représentant de « l'humilité pieuse qui se comporte avec hauteur à l'égard de la philosophie comme à l'égard de la connaissance théologique »[1]. Une telle démarche, qui méprise l'élément conceptuel de la recherche philosophique – et proprement théologique – tire une mauvaise conclusion de l'auto-négation (à travers l'empirisme et le criticisme) de l'entendement métaphysique traditionnel : l'échec de cet entendement fini doit le faire rejeter comme *fini*, et non pas comme entendement *en général*, à la manière des partisans du savoir immédiat.

Hegel articule sa critique d'un tel courant, devenu une force politique dans le contexte sclérosant de la restauration clérico-monarchiste, en deux reproches majeurs. D'abord, le rejet de toute médiation spirituelle, de toute

1. *Ibid.*, *Préface*, éd., 1827, p. 132.

réflexivité ou intellectualité, est le rejet même de l'esprit en tant que tel, car « l'esprit est essentiellement conscience »[1], c'est-à-dire ob-jectivation, différenciation, de son identité à soi, autrement immergée dans la massivité animale : en tant que tel, « l'esprit est commis à la puissance sur le cœur »[2]. Ensuite, l'*exclusion* de l'entendement médiatisant, différenciant, *excluant*, est, comme telle strictement impossible, et, par conséquent, ne peut être qu'une affirmation immédiate, naïve, irréfléchie, de l'entendement : «Ils sont délivrés du Malin, le mal est resté »[3] ! Médiation qui s'ignore et ne peut donc se maîtriser, le savoir immédiat, bien loin de pouvoir comprendre et juger la médiation achevée qu'est la philosophie spéculative, est, au contraire, compris et jugé par elle : «le concept est la compréhension de lui-même et de la figure privée de concept »[4]. Cette philosophie spéculative dépasse à la fois la pensée de simple entendement, incapable d'atteindre le tout par sa différence fixée, et la pensée indifférenciée, immédiate, du tout, qui ne peut alors – comme c'est le cas dans la gnose d'un Böhme ou d'un Baader –, pour avoir quelque sens, que mobiliser arbitrairement des déterminations ou différences non pensées ; la spéculation assume la différenciation intellectuelle nécessaire, mais atteint l'identité à soi constitutive de l'absoluité du vrai en totalisant concrètement les différences au lieu de les nier abstraitement. C'est là, aux yeux de Hegel, la tâche même de l'époque, à laquelle Schelling lui-même, pris en sa tentation romantique, n'a pas su satisfaire. On ne peut pas davantage en rester à la philosophie – même schellingienne – de l'identité ne

1. *Ibid.,* p. 131.

2. *Ibid.*, p. 132.

3. *Ibid.*, p. 124. Cf. GOETHE, *Faust*, 1ère partie, Mephistophiles : «ils sont délivrés du Malin, les méchants sont restés ».

4. *Ibid.,* p. 138.

faisant pas droit à la différence, qu'à la philosophie – principalement kantienne – de la différence ne faisant pas droit à l'identité. Le *Concept préliminaire* de 1827 accorde, pour le moins, autant d'attention au premier front qu'au second : celui-là semble même bien devenir le lieu du plus grand péril.

Ce que confirme le contenu relativement bref, mais vigoureux, de l'*Avant-propos* de l'édition de 1830 de l'*Encyclopédie*. Le courant du savoir immédiat y est l'objet de la dénonciation principale. C'est que divers écrits – parfois anonymes – sont venus s'en prendre à la science rationnelle de Hegel au nom des exigences d'une foi, d'une piété fort intolérante. Si, pour l'auteur de l'*Encyclopédie*, la religion, en sa vérité, est une présupposition capitale de la philosophie vraie, sa dégradation contemporaine, qui lui fait renier son contenu en soi spéculatif, lui fait par là exclure la démarche spéculative de la culture à développer. Mais cette exclusion *libère* aussi le geste philosophique de toutes ses présuppositions culturelles et l'élève à la conscience de soi de sa liberté formelle irréductible au contexte qui le conditionne : «La philosophie est par là renvoyée entièrement au libre besoin du sujet ; il n'y a pour ce dernier aucune espèce de contrainte l'amenant à philosopher (...). Ainsi, sans être stimulée par une autorité quelconque, par l'autorité religieuse elle non plus, tenue bien plutôt pour un superflu et un luxe dangereux ..., l'activité s'occupant de cette science se tient d'autant plus librement dans le seul intérêt de la Chose et de la vérité » [1]. Hegel rappelle alors le thème aristotélicien de la théorie comme suprême béatitude, béatitude auto-suffisante, non affectée par la solitude libératrice du philosophe. Par ce dernier thème, l'*Avant-Propos* de 1830 – qui consolide et accentue le contenu du *Concept préliminaire* de 1827, alors modifié

1. *Ibid.*, *Avant-propos*, éd. 1830, pp. 143-144.

en de simples détails – justifie le style général de la nouvelle introduction à la science comme introduction *libre*, par là auto-critique d'elle-même, à cette science.

Une introduction à la philosophie vraie peut-être libre parce qu'il n'y a pas d'introduction absolument néces-saire, nécessitante, à celle-ci : l'acte absolu de la philo-sophie excède, en son surgissement, le cheminement qui amène à son seuil, cheminement ainsi simplement condi-tionnant – tout en étant nécessaire en tant que condition-nant –, non pas vraiment déterminant ; pour Hegel comme pour Aristote, l'acte excède et commande bien la puissance. Ainsi, les penseurs qui ont été les plus soucieux de ménager un accès vers la philosophie à la conscience commune sont aussi ceux qui ont le plus nettement rappelé l'excès de la décision philosophique par rapport à ses conditionnements les plus concrets : chez le philosophe, le souci prudent de la nécessité exalte la liberté responsable qui accomplit celle-ci. Ce dont témoigne, et par sa forme et par son contenu, le texte du *Concept préliminaire* de l'*Encyclopédie des sciences philosophiques*.

NOTE SUR QUELQUES PARTICULARITÉS DE
LA TRADUCTION

Dasein : *être-là*
  Malgré l'expression, courante en français, de « preuve de l'existence de Dieu », nous avons traduit *Dasein* par *être-là*, réservant alors le terme *existence* pour la traduction de *Existenz*, qui désigne, dans la Logique hégélienne, une catégorie plus concrète de l'être.

Ding : voir, ci-dessous : *Sache*

Existenz : voir, ci-dessus : *Dasein*

Faktum : *Fait* (avec une majuscule)
  Faktum désigne une réalité qui doit être reconnue, alors que *Tatsache* (*fait*, avec une minuscule) désigne simplement l'être-présent, l'être-donné de quelque chose.

Gedanke : voir, ci-dessous : *Idee*

Gegenstand : *ob-jet*
  Gegenstand (*gegen-stand*) désigne le contenu que l'esprit, se scindant en lui-même pour constituer la conscience, s'objecte, s'oppose à lui-même ; nous avons réservé le terme *objet* pour traduire *Objekt*.

Idee : *Idée* (avec une majuscule)
  L'*Idée* est l'absolu en son sens vrai, concret, qui est d'être l'identité, rationnelle, du concept et de l'objecti-

vité, de l'idéel et du réel ; nous avons traduit *Gedanke* par *pensée*, *idée* (avec une minuscule).

Objekt : voir, ci-dessus : *Gegenstand*

Sache : *Chose* (avec une majuscule)
   Sache désigne la chose, l'affaire qui préoccupe, la cause qui mobilise le sujet ; *Ding* – *chose* (avec une minuscule) – désigne simplement la synthèse perceptive des données sensibles.

Tatsache : voir, ci-dessus : *Faktum*

G. W. F. HEGEL

CONCEPT PRÉLIMINAIRE

DE L'*ENCYCLOPÉDIE DES SCIENCES PHILOSOPHIQUES EN ABRÉGÉ*

VORBEGRIFF
DER *ENZYCLOPÄDIE DER PHILOSOPHISCHEN WISSENSCHAFTEN IM GRUNDRISSE*

§ 19

Die Logik ist die Wissenschaft *der reinen Idee,* das ist, der Idee im abstrakten Elemente des *Denkens.*

Es gilt von dieser wie von anderen in diesem Vorbegriffe enthaltenen Bestimmungen dasselbe, was von den über die Philosophie überhaupt vorausgeschickten Begriffen gilt, daß sie *aus* und *nach* der Übersicht des Ganzen geschöpfte Bestimmungen sind.

Man kann wohl sagen, daß die Logik die Wissenschaft des *Denkens,* seiner *Bestimmungen und Gesetze sei,* aber das Denken als solches macht nur *die allgemeine Bestimmtheit* oder das *Element* aus, in der die Idee als logische ist. Die Idee ist das Denken nicht als formales, sondern als die sich entwickelnde Totalität seiner eigentümlichen Bestimmungen und Gesetze, die es sich selbst gibt, nicht schon *hat* und in sich vorfindet.

Die Logik ist insofern die *schwerste* Wissenschaft, als sie es nicht mit Anschauungen, nicht einmal wie die Geometrie mit abstrakten sinnlichen

§ 19 *

La Logique est la science de l'*Idée pure,* c'est-à-dire de l'Idée dans l'élément abstrait de la *pensée* [1].

Pour cette détermination, comme pour d'autres déterminations contenues dans ce Concept préliminaire, est valable la même chose qui est valable pour les concepts avancés au préalable concernant la philosophie en général, à savoir qu'ils sont des déterminations *puisées à partir de et à la suite de* la vue d'ensemble du tout.

On peut bien dire que la Logique *est* la science de la *pensée,* de ses *déterminations* et *lois,* mais la pensée comme telle constitue seulement la *déterminité universelle* – ou l'*élément* – dans laquelle est l'Idée en tant que logique. L'Idée est la pensée, non pas en tant que pensée formelle mais en tant qu'elle est la totalité en développement de ses déterminations et lois propres, qu'elle se donne à elle-même [2], qu'elle n'a pas et ne trouve pas déjà là en elle-même.

La Logique est la science *la plus difficile* dans la mesure où elle n'a pas affaire à des intuitions, pas même comme la géométrie à des représentations

Vorstellungen, sondern mit reinen Abstraktionen zu tun hat und eine Kraft und Geübtheit erfordert, sich in den reinen Gedanken zurückzuziehen, ihn festzuhalten und in solchem sich zu bewegen. Auf der andern Seite könnte sie als die *leichteste* angesehen werden, weil der Inhalt nichts als das eigene Denken und dessen geläufige Bestimmungen, und diese zugleich die *einfachsten* und das *Elementarische* sind. Sie sind auch das *Bekannteste,* Sein, Nichts usf., Bestimmtheit, Größe usw., Ansichsein, Fürsichsein, Eines, Vieles usw. Diese Bekanntschaft erschwert jedoch eher das logische Studium; einesteils wird es leicht der Mühe nicht wert gehalten, mit solchem Bekannten sich noch zu beschäftigen; andernteils ist es darum zu tun, auf ganz andere, ja selbst entgegengesetzte Weise damit bekannt zu werden. als man es schon ist.

Der *Nutzen* der Logik betrifft das Verhältnis zum Subjekt, inwiefern es sich eine gewisse Bildung zu anderen Zwecken gibt. Die Bildung desselben durch die Logik besteht darin, daß es im Denken geübt wird, weil diese Wissenschaft Denken des Denkens ist, und daß es die Gedanken und auch als Gedanken in den Kopf bekommt. – Insofern aber das Logische die absolute Form der Wahrheit und, noch mehr als dies, auch die reine Wahrheit selbst ist, ist es ganz etwas anderes als bloß etwas *Nützliches.* Aber wie das Vortrefflichste, das Freiste und Selbständigste auch das Nützlichste ist, so kann auch das Logische so gefaßt werden. Sein Nutzen ist dann noch anders

sensibles abstraites, mais à des abstractions pures, et où elle exige une force et pratique experte qui permette de se retirer dans la pensée pure, de la maintenir ferme et de se mouvoir en une telle pensée. De l'autre côté, elle pourrait être regardée comme *la plus facile,* parce que le contenu n'est rien d'autre que la pensée propre [de chacun] et ses déterminations courantes, et que celles-ci sont en même temps *les plus simples* et ce qu'il y a d'*élémentaire.* Elles sont aussi ce qu'il y a de *mieux connu :* l'être, le néant, etc., la déterminité, la grandeur, etc., l'être-en-soi, l'être-pour-soi, l'un, le multiple, etc. Pourtant, ce fait d'être bien connue rend plutôt plus difficile l'étude de la Logique ; pour une part, on considère aisément qu'il ne vaut pas la peine de s'occuper encore d'une telle chose bien connue ; pour une autre part, il s'agit de se la rendre bien connue d'une manière tout autre qu'on ne l'a déjà fait, et même d'une manière opposée.

L'*utilité* de la Logique concerne le rapport au sujet, pour autant qu'il se donne une certaine formation en vue d'autres buts. La formation de ce sujet au moyen de la Logique consiste en ce qu'il devient expert dans la pratique de la pensée, parce que cette science est la pensée de la pensée, et en ce qu'il reçoit en sa tête les pensées, et encore en tant que pensées. – Mais dans la mesure où le logique est la forme absolue de la vérité et, plus encore que cela, aussi la vérité pure elle-même [3], il est tout à fait autre chose que simplement quelque chose d'*utile.* Mais comme ce qui est le plus excellent, le plus libre et le plus indépendant [4] est aussi ce qui est le plus utile, le logique lui aussi peut être saisi ainsi. Son utilité est alors à

anzuschlagen, als bloß die formelle Übung des Denkens zu sein.

§ 20

Nehmen wir das Denken in seiner am nächsten liegenden Vorstellung auf, so erscheint es α) zunächst in seiner gewöhnlichen, subjektiven Bedeutung, als eine der geistigen Tätigkeiten oder Vermögen *neben* anderen, der Sinnlichkeit, Anschauen, Phantasie usf., Begehren, Wollen usf. Das *Produkt* desselben, die Bestimmtheit oder Form des Gedankens, ist das *Allgemeine,* Abstrakte überhaupt. Das *Denken* als die *Tatigkeit* ist somit das *tätige* Allgemeine, und zwar das *sich* betätigende, indem die Tat, das Hervorgebrachte, eben das Allgemeine ist. Das Denken als *Subjekt* vorgestellt ist *Denkendes,* und der einfache Ausdruck des existierenden Subjekts als Denkenden ist *Ich.*

Die hier und in den nächstfolgenden §§ angegebenen Bestimmungen sind nicht als Behauptungen und meine *Meinungen* über das Denken zu nehmen; jedoch da in dieser vorläufigen Weise keine Ableitung oder Beweis stattfinden kann, mögen sie als *Facta* gelten, so daß in dem Bewußtsein eines jeden, wenn er Gedanken habe und sie betrachte, es sich empirisch vorfinde, daß der Charakter der Allgemeinheit und so gleichfalls die nachfolgenden Bestimmungen darin vorhanden seien. Eine bereits vorhandene Bildung der Aufmerksamkeit und der Abstraktion wird allerdings zu Beobachtung von

estimer encore en un autre sens que celui d'être simplement l'exercice formel de la pensée.

§ 20

Si nous prenons la pensée selon la représentation immédiate que l'on s'en fait, elle apparaît α) tout d'abord dans sa signification habituelle, subjective, comme l'une des activités ou facultés de l'esprit, *à côté* d'autres : la sensibilité, l'intuition, l'imagination, etc., la faculté de désirer, le vouloir, etc. Son *produit,* la déterminité ou forme de la pensée, est l'*universel,* l'abstrait en général. La *pensée,* en tant qu'elle est l'*activité,* est par conséquent l'universel *agissant,* et, à vrai dire, l'universel *se* produisant en son action, en tant que l'effet, ce qui est produit, est précisément l'universel. La pensée, représentée comme *sujet,* est un *être pensant,* et l'expression simple du sujet existant, comme être pensant, est : *Moi.*

Les déterminations indiquées ici et dans les paragraphes suivants ne peuvent être prises comme des affirmations [5] et comme mes *opinions sur* la pensée ; toutefois, puisque, dans cette manière d'en parler au préalable, aucune déduction ou preuve ne peut trouver place, elles peuvent être regardées comme des *Faits*, de telle sorte que dans la conscience d'un chacun, pour peu qu'il ait des pensées et qu'il les considère, il se trouve déjà là empiriquement que le caractère de l'universalité, et de même pareillement les déterminations qui suivent, y sont présentes [6]. Une culture déjà présente de l'attention et de l'abstraction est assurément requise pour l'observation [par

Factis seines Bewußtseins und seiner Vorstellungen erfordert.

Schon in dieser vorläufigen Exposition kommt der Unterschied von Sinnlichem, Vorstellung und Gedanken zur Sprache; er ist durchgreifend für das Fassen der Natur und der Arten des Erkennens; es wird daher zur Erläuterung dienen, diesen Unterschied auch hier schon bemerklich zu machen. – Für das *Sinnliche* wird zunächst sein äußerlicher Ursprung, die Sinne oder Sinneswerkzeuge, zur Erklärung genommen. Allein die Nennung des Werkzeuges gibt keine Bestimmung für das, was damit erfaßt wird. Der Unterschied des *Sinnlichen* vom Gedanken ist darein zu setzen, daß die Bestimmung von jenem die *Einzelheit ist,* und indem das Einzelne (ganz abstrakt das Atom) auch im Zusammenhange steht, so ist das Sinnliche ein *Außereinander,* dessen nähere abstrakte Formen das *Neben-* und das *Nach*einander sind. – Das *Vorstellen* hat solchen sinnlichen Stoff zum Inhalte, aber in die Bestimmung des *Meinigen,* daß solcher Inhalt in *Mir* ist, und der *Allgemeinheit,* der Beziehung-auf-sich, der *Einfachheit,* gesetzt. – Außer dem Sinnlichen hat jedoch die Vorstellung auch Stoff zum Inhalt, der aus dem selbstbewußten Denken entsprungen [ist], wie die Vorstellungen vom Rechtlichen, Sittlichen, Religiösen, auch vom Denken selbst, und es fällt nicht so leicht auf, worin der Unterschied solcher *Vorstellungen* von den *Gedanken* solchen Inhalts zu setzen sei. Hier ist sowohl der Inhalt Gedanke, als auch die Form der Allgemeinheit vorhanden ist, welche schon dazu gehört, daß ein

chacun] de Faits de sa conscience et de ses représentations.

Déjà dans cette exposition préliminaire, on vient à parler de la différence entre [donnée] sensible, représentation et pensée ; elle est décisive pour la saisie de la nature et des modes de la connaissance ; il servira donc à l'éclaircissement [des choses] de rendre ici aussi déjà perceptible cette différence. – Pour le *sensible,* c'est tout d'abord son origine extérieure – les sens ou organes des sens – qui est prise pour l'expliquer. Seulement, la dénomination de l'organe ne donne aucune détermination pour ce qui est saisi par là. La différence du *sensible* d'avec la pensée est à placer en ce que la détermination de celui-là est la *singularité,* et, en tant que le singulier (de façon tout à fait abstraite : l'atome[7]) est pris aussi dans la connexion, le sensible est un *être-l'un-hors-de-l'autre* dont les formes abstraites plus précises sont l'être-l'un-*à-côté-de*-l'autre et l'être-l'un-*à-la-suite-de*-l'autre[8]. L'*acte de la représentation* a une telle matière sensible pour contenu, mais posée dans la détermination du *« Mien »,* en ce sens qu'un tel contenu est en *Moi,* et de l'*universalité,* de la relation-à-soi, de la *simplicité.* – Outre le sensible, la représentation a toutefois aussi pour contenu une matière qui [est] issue de la pensée consciente de soi, comme les représentations de ce qui appartient au droit, à l'éthique, à la religion, et aussi de la pensée elle-même, et il n'est pas si facile de saisir où il faut situer la différence entre de telles *représentations* et les *pensées* d'un tel contenu. Ici, le contenu est une pensée tout autant qu'est aussi présente la forme de l'universalité, qui est requise déjà pour qu'un contenu soit en

Inhalt in *Mir,* überhaupt daß er Vorstellung sei. Die Eigentümlichkeit der Vorstellung aber ist im allgemeinen auch in dieser Rücksicht darein zu setzen, daß in ihr solcher Inhalt gleichfalls vereinzelt steht. Recht, rechtliche und dergleichen Bestimmungen stehen zwar nicht im sinnlichen Außereinander des *Raums.* Der Zeit nach erscheinen sie wohl etwa nacheinander, ihr Inhalt selbst wird jedoch nicht als von der Zeit behaftet, in ihr vorübergehend und veränderlich vorgestellt. Aber solche an sich geistige Bestimmungen stehen gleichfalls *vereinzelt* im weiten Boden der inneren, abstrakten Allgemeinheit des Vorstellens überhaupt. Sie sind in dieser Vereinzelung *einfach;* Recht, Pflicht, Gott. Die Vorstellung bleibt nun entweder dabei stehen, daß das Recht Recht, Gott Gott ist, – oder gebildeter gibt sie Bestimmungen an, z. B. daß Gott Schöpfer der Welt, allweise, allmächtig usf. ist; hier werden ebenso mehrere vereinzelte einfache Bestimmungen aneinandergereiht, welche, der Verbindung ungeachtet, die ihnen in ihrem Subjekte angewiesen ist, außereinander bleiben. Die Vorstellung trifft hier mit dem *Verstande* zusammen, der sich von jener nur dadurch unterscheidet, daß er Verhältnisse von Allgemeinem und Besonderem oder von Ursache und Wirkung usf. und dadurch Beziehungen der Notwendigkeit unter den isolierten Bestimmungen der Vorstellung setzt, da diese sie in ihrem unbestimmten Raume durch das bloße *A u c h* verbunden *nebeneinander* beläßt. – Der Unterschied

Moi, d'une façon générale pour qu'il soit une représentation. Mais le caractère propre de la représentation est à placer en général, sous cet aspect aussi [9], dans ce fait qu'en elle un tel contenu se tient pareillement isolé en sa singularité [10]. Le droit, les déterminations du droit et de réalités du même genre ne se tiennent pas, il est vrai, dans l'extériorité sensible réciproque [des parties] de l'*espace.* Selon le temps elles apparaissent bien peut-être les unes après les autres, toutefois leur contenu lui-même n'est pas représenté comme affecté par le temps, s'écoulant en lui et changeant. Mais de telles déterminations en soi spirituelles se tiennent également *isolées en leur singularité* dans le vaste champ de l'universalité intérieure, abstraite, de l'acte de la représentation en général. Elles sont, en cette singularisation isolante, *simples* ; le droit, le devoir, Dieu. Or, la représentation, ou bien s'en tient à ce que le droit est le droit, Dieu est Dieu, – ou bien, plus cultivée, avance des déterminations, par exemple que Dieu est le créateur du monde, qu'il est souverainement sage, tout-puissant, etc. ; ici sont mises aussi les unes à la suite des autres plusieurs déterminations simples isolées en leur singularité, qui, en dépit de la liaison qui leur est assignée dans le sujet qui est le leur, restent extérieures les unes aux autres. La représentation se rencontre ici avec l'*entendement,* qui ne se différencie de celle-là qu'en ce qu'il pose des Rapports d'universel à particulier ou de cause à effet, etc., et par là des relations de nécessité entre les déterminations isolées de la représentation, alors que celle-ci les laisse dans son espace indéterminé *les unes à côté des autres,* liées par le simple «*aussi*». – La diffé-

von Vorstellung und von Gedanken hat die nähere Wichtigkeit, weil überhaupt gesagt werden kann, daß die Philosophie nichts anderes tue, als die Vorstellungen in Gedanken zu verwandeln, – aber freilich fernerhin den bloßen Gedanken in den Begriff.

Übrigens wenn für das Sinnliche die Bestimmungen *der Einzelheit und des Außereinander* angegeben worden, so kann noch hinzugefügt werden, daß auch diese selbst wieder Gedanken und Allgemeine sind; in der Logik wird es sich zeigen, daß der Gedanke und das Allgemeine eben dies ist, daß er Er selbst und sein Anderes ist, über dieses übergreift und daß nichts ihm entflieht. Indem die *Sprache* das Werk des Gedankens ist, so kann auch in ihr nichts gesagt werden, was nicht allgemein ist. Was ich nur *meine,* ist *mein,* gehört mir als diesem besonderen Individuum an; wenn aber die Sprache nur Allgemeines ausdrückt, so kann ich nicht sagen, was ich nur *meine.* Und das *Unsagbare,* Gefühl, Empfindung, ist nicht das Vortrefflichste, Wahrste, sondern das Unbedeutendste, Unwahrste. Wenn ich sage: »das *Einzelne«,* »*dieses* Einzelne«, »Hier«, »Jetzt«, so sind dies alles Allgemeinheiten; *Alles* und *Jedes* ist ein Einzelnes, Dieses, auch wenn es sinnlich ist, Hier, Jetzt. Ebenso wenn ich sage: »Ich«, *meine* ich Mich *als diesen* alle Anderen Ausschließenden; aber was ich sage, Ich, ist eben jeder; Ich, der alle Anderen von sich ausschließt. – *Kant* hat sich des ungeschickten Ausdrucks bedient, daß Ich alle meine Vorstellungen, auch Empfindungen, Begierden, Handlungen usf. *begleite.* Ich ist das an und für sich Allgemeine, und die Gemeinschaftlichkeit ist auch eine, aber eine äußerliche Form

rence entre représentation et pensée a l'importance la plus immédiate [11], puisqu'on peut dire d'une façon générale que la philosophie ne fait rien d'autre que changer les représentations en pensées, – mais, il est vrai, ultérieurement, la simple pensée en concept [12].

Du reste, si pour le sensible les déterminations *de la singularité et de l'être-l'un-hors-de-l'autre* ont été avancées, on peut encore ajouter que celles-ci aussi elles-mêmes sont à leur tour des pensées et des universels ; dans la Logique il se révélera que la pensée et l'universalité [13] est précisément ceci, à savoir qu'elle est elle-même et son Autre, a prise sur celui-ci [14], et que rien ne lui échappe. En tant que le langage est l'œuvre de la pensée, en lui aussi rien ne peut être dit, qui ne soit universel. Ce que je ne fais que *viser* est *mien* [15], m'appartient en tant que je suis cet individu particulier ; mais si le langage n'exprime que de l'universel, je ne puis dire ce que je ne fais que *viser*. Et l'*indicible* – sentiment, sensation – n'est pas ce qu'il y a de plus excellent, de plus vrai, mais ce qu'il y a de plus insignifiant, de moins vrai. Quand je dis : «le *singulier*», «*ce* singulier-ci», «ici», « maintenant», ce ne sont là que des universels [16] ; *tout être* et *chaque être* est un singulier, un ceci, et aussi, s'il est sensible, un ici, un maintenant. De même, quand je dis : «*Moi*», je me *vise* comme *celui-ci* qui exclut tous les autres, mais ce que je dis : Moi, chacun précisément l'est ; un Moi qui exclut de lui tous les autres [17]. Kant s'est servi de l'expression maladroite, que le Moi *accompagne* toutes mes représentations, également mes sensations, désirs, actions, etc. Le Moi est ce qui est en et pour soi universel, et la communauté est aussi une forme, mais une forme

der Allgemeinheit. Alle anderen Menschen haben es mit mir gemeinsam, Ich zu sein, wie es allen *meinen* Empfindungen, Vorstellungen usf. gemeinsam ist, die *meinigen zu* sein. *Ich* aber, abstrakt als solches, ist die reine Beziehung auf sich selbst, in der vom Vorstellen, Empfinden, von jedem Zustand wie von jeder Partikularität der Natur, des Talents, der Erfahrung usf. abstrahiert ist. Ich ist insofern die Existenz der ganz *abstrakten* Allgemeinheit, das abstrakt *Freie.* Darum ist das Ich das *Denken* als *Subjekt,* und indem Ich zugleich in allen meinen Empfindungen, Vorstellungen, Zuständen usf. bin, ist der Gedanke allenthalben gegenwärtig und durchzieht als Kategorie alle diese Bestimmungen.

§ 21

β) Indem Denken als tätig in Beziehung auf Gegenstände genommen wird, das *Nachdenken über* etwas, so enthält das Allgemeine als solches Produkt seiner Tätigkeit den Wert der *Sache,* das *Wesentliche,* das *Innere,* das *Wahre.*

Es ist § 5 der alte Glaube angeführt worden, daß, was das Wahrhafte an Gegenständen, Beschaffenheiten, Begebenheiten, das Innere, Wesentliche, die Sache sei, auf welche es ankommt, sich nicht *unmittelbar* im Bewußtsein einfinde, nicht schon dies sei, was der erste Anschein und Einfall darbiete, sondern daß man erst darüber *nachdenken* müsse, um zur wahrhaften Beschaffenheit des Gegenstandes zu gelangen, und daß durch das Nachdenken dies erreicht werde.

extérieure, de l'universalité. Tous les autres hommes ont en commun avec moi, d'être un Moi, de même qu'il appartient en commun à toutes *mes* sensations, représentations, etc., d'être les *miennes.* Mais le Moi, pris abstraitement en tant que tel, est la pure relation à soi-même, dans laquelle il est fait abstraction de la représentation, du sentir, de tout état comme de toute particularité de la nature, du talent, de l'expérience, etc. Le Moi est dans cette mesure l'existence de l'universalité totalement *abstraite,* ce qui est abstraitement *libre.* C'est pourquoi le Moi est la *pensée* en tant que *sujet,* et, en tant que Moi, je suis à la fois dans toutes mes sensations, représentations, tous mes états, etc., la pensée est partout présente et traverse en tant que catégorie [18] toutes ces déterminations.

§ 21

β) En tant que la pensée est prise comme active relativement à des ob-jets – la *réflexion sur* quelque chose –, l'universel, en tant qu'il est un tel produit de son activité, contient la valeur de la *Chose,* l'*essentiel,* l'*intérieur,* le *vrai.*

On a cité dans le § 5 la vieille croyance considérant que ce qu'il y a de vrai dans des ob-jets, des manières d'être constitué, des événements, – l'intérieur, l'essentiel, la Chose qui importe – ne se trouve pas *immédiatement* dans la conscience, n'est pas déjà ce qu'offre la première apparence et idée venue, mais qu'il faut préalablement *réfléchir* là-dessus pour accéder à la constitution véritable de l'ob-jet, et que ce but est atteint au moyen de la réflexion.

§ 22

γ) Durch das Nachdenken wird an der Art, wie der Inhalt zunächst in der Empfindung, Anschauung, Vorstellung ist, etwas *verändert;* es ist somit nur *vermittelst* einer Veränderung, daß die *wahre* Natur des *Gegenstandes* zum Bewußtsein kommt.

§ 23

δ) Indem im Nachdenken ebensosehr die wahrhafte Natur zum Vorschein kommt, als dies Denken *meine* Tätigkeit ist, so ist jene ebensosehr das *Erzeugnis meines* Geistes, und zwar als denkenden Subjekts, Meiner nach meiner einfachen Allgemeinheit, als des schlechthin *bei sich seienden* Ichs, oder meiner *Freiheit.*

Man kann den Ausdruck *Selbstdenken* häufig hören, als ob damit etwas Bedeutendes gesagt wäre. In der Tat kann keiner für den anderen denken, so wenig als essen und trinken; jener Ausdruck ist daher ein Pleonasmus. – In dem Denken liegt unmittelbar die *Freiheit,* weil es die Tätigkeit des Allgemeinen, ein hiermit abstraktes Sichaufsichbeziehen, ein nach der Subjektivität bestimmungsloses Beisichsein ist, das nach dem *Inhalte* zugleich nur in der *Sache* und deren Bestimmungen ist. Wenn daher von Demut oder Bescheidenheit und von Hochmut in Beziehung auf das Philosophieren die Rede ist und die Demut oder Bescheidenheit darin besteht, seiner Subjektivität nichts *Besonderes* von Eigenschaft und Tun zuzuschreiben, so wird das Philosophieren wenigstens von Hochmut freizusprechen sein, indem das Denken

§ 22

γ) Du fait de la réflexion, quelque chose est *changé* dans la manière selon laquelle le contenu est tout d'abord dans la sensation, l'intuition, la représentation ; c'est par conséquent seulement *par l'intermédiaire* d'un changement, que la nature *vraie* de l'*ob-jet* parvient à la conscience.

§ 23

δ) En tant que, dans la pensée réfléchissante, la nature vraie vient au jour tout autant que cette pensée est *mon* activité, cette nature vraie est tout autant le *produit* de *mon* esprit – et cela en tant qu'il est sujet pensant –, de moi selon mon universalité simple – en tant que Moi *qui est chez soi* absolument –, ou de ma *liberté.*

On peut entendre souvent l'expression : *penser par soi-même*, comme si par là était dit quelque chose d'important. En réalité, personne ne peut penser pour autrui, pas plus que manger et boire [pour lui] ; cette expression est par conséquent un pléonasme. – Dans la pensée réside immédiatement la *liberté,* parce qu'elle est l'activité de l'universel, un se-rapporter-à-soi en cela abstrait, un être-chez-soi dépourvu de détermination selon la subjectivité, [et] qui, selon le *contenu,* est en même temps seulement dans la *Chose* et ses déterminations [19]. Si donc il est question d'humilité ou modestie et d'orgueil, relativement à l'acte de philosopher, et si l'humilité ou modestie consiste à ne rien attribuer de *particulier,* en fait de propriété et d'activité, à sa subjectivité [propre], l'acte de philosopher sera pour le moins à déclarer exempt d'orgueil,

dem Inhalte nach insofern nur wahrhaft ist, als es in die *Sache* vertieft ist und der Form nach nicht ein *besonderes* Sein oder Tun des Subjekts, sondern eben dies ist, daß das Bewußtsein sich als abstraktes Ich, als von *aller Partikularität* sonstiger Eigenschaften, Zustände usf. *befreites* verhält und nur das Allgemeine tut, in welchem es mit allen Individuen identisch ist. – Wenn Aristoteles dazu auffordert, sich eines solchen Verhaltens *würdig* zu halten, so besteht die Würdigkeit, die sich das Bewußtsein gibt, eben darin, das *besondere* Meinen und Dafürhalten fahren zu lassen und die *Sache* in sich walten zu lassen.

§ 24

Die Gedanken können nach diesen Bestimmungen *objektive* Gedanken genannt werden, worunter auch die Formen, die zunächst in der gewöhnlichen Logik betrachtet und nur für Formen des *bewußten* Denkens genommen zu werden pflegen, zu rechnen sind. Die *Logik* fällt daher mit der *Metaphysik* zusammen, der Wissenschaft der *Dinge* in *Gedanken* gefaßt, welche dafür galten, die *Wesenheiten der Dinge* auszudrücken.

Das Verhältnis von solchen Formen, wie Begriff, Urteil und Schluß, zu anderen, wie Kausalität usf., kann sich nur innerhalb der Logik selbst ergeben. Aber so viel ist auch vorläufig einzusehen, daß, indem der Gedanke sich von Dingen einen *Begriff* zu machen sucht, dieser Begriff (und damit auch dessen unmittelbarste Formen, Urteil und Schluß) nicht aus Bestimmungen und Verhältnissen bestehen kann,

en tant que la pensée, suivant le contenu, n'est vraie que dans la mesure où elle est plongée dans la *Chose,* et, suivant la forme, n'est pas un être ou agir *particulier* du sujet, mais précisément ceci, à savoir que la conscience se comporte comme Moi abstrait comme *libérée* de *toute particularité* appartenant à des propriétés, états, etc. donnés par ailleurs, et n'accomplit que l'universel, dans lequel elle est identique à toutes les consciences individuelles. – Si Aristote invite à se maintenir *digne* d'un tel comportement [20], la dignité que se donne la conscience consiste précisément à laisser se dissiper l'opinion et l'avis *particuliers* et à laisser régner la *Chose* en soi-même.

§ 24

Les pensées peuvent, suivant ces déterminations, être appelées des pensées *objectives,* parmi lesquelles on a à compter aussi les formes qui habituellement sont tout d'abord étudiées dans la Logique ordinaire et prises seulement pour des formes de la pensée *consciente.* La *Logique* coïncide par conséquent avec la Métaphysique, la science des *choses,* saisies en des *pensées* qui passaient pour exprimer les *essentialités* des *choses.*

Le rapport de formes telles que le concept, le jugement et le syllogisme, à d'autres [formes], comme la causalité, etc., ne peut se dégager qu'à l'intérieur de la Logique elle-même. Mais ce qu'il faut bien discerner aussi préalablement, c'est qu'en tant que la pensée cherche à se faire des choses un *concept,* ce concept (et avec lui aussi ses formes les plus immédiates, le jugement et le syllogisme) ne peut consister

welche den Dingen fremd und äußerlich sind. Das Nachdenken, ist oben gesagt worden, führt auf das *Allgemeine* der Dinge; dies ist aber selbst eines der Begriffsmomente. Daß Verstand, Vernunft in der Welt ist, sagt dasselbe, was der Ausdruck »objektiver Gedanke« enthält. Dieser Ausdruck ist aber eben darum unbequem, weil *Gedanke* zu gewöhnlich nur als dem Geiste, dem Bewußtsein angehörig und das Objektive ebenso zunächst nur von Ungeistigem gebraucht wird.

§ 25

Der Ausdruck von *objektiven Gedanken* bezeichnet die *Wahrheit,* welche der absolute *Gegenstand,* nicht bloß das *Ziel* der Philosophie sein soll. Er zeigt aber überhaupt sogleich einen Gegensatz, und zwar denjenigen, um dessen Bestimmung und Gültigkeit das Interesse des philosophischen Standpunktes jetziger Zeit und die Frage um die *Wahrheit* und um die Erkenntnis derselben sich dreht. Sind die Denkbestimmungen mit einem festen Gegensatze behaftet, d. i. sind sie nur *endlicher* Natur, so sind sie der Wahrheit, die absolut an und für sich ist, unangemessen, so kann die Wahrheit nicht in das Denken eintreten. Das Denken nur *endliche* Bestimmungen hervorbringend und in solchen sich bewegend, heißt *Verstand* (im genaueren Sinne des Wortes). Näher ist die *Endlichkeit* der Denkbestimmungen auf die gedoppelte Weise aufzufassen, die eine,

en des déterminations et rapports qui soient étrangers et extérieurs aux choses. La réflexion, a-t-il été dit plus haut, conduit à l'être *universel* des choses ; mais celui-ci est lui-même un des moments du concept. Qu'il y a de l'entendement, de la raison dans le monde, cela veut dire la même chose que ce que contient l'expression : « pensée objective ». Mais cette expression n'est pas commode, précisément parce que le terme de « pensée » n'est employé trop couramment que comme renvoyant à l'esprit, à la conscience, et que celui d' « objectif », de même, n'est employé avant tout qu'à propos de ce qui ne relève pas de l'esprit.

§ 25

L'expression de « *pensées objectives* » désigne la *vérité,* qui doit être l'*ob-jet* absolu de la philosophie, non pas simplement le *but visé* par elle [21]. Mais elle indique de façon générale aussitôt une opposition, et en vérité celle dont la détermination et la validité constituent ce autour de quoi tournent l'intérêt du point de vue philosophique propre à l'époque présente et la question de la *vérité* et de sa connaissance. Si les déterminations-de-pensée sont entachées d'une opposition fixe, c'est-à-dire sont seulement de nature *finie,* elles sont inadéquates à la vérité, qui est absolument en et pour soi, la vérité ne peut entrer dans la pensée. La pensée qui n'amène au jour que des déterminations *finies* et se meut dans de telles déterminations, s'appelle « *entendement* » (au sens plus étroit du terme) [22]. Plus précisément, la *finité* des déterminations-de-pensée est à appréhender de deux manières, suivant l'une, en ce sens qu'elles sont

daß sie *nur subjektiv* sind und den bleibenden Gegensatz am Objektiven haben, die andere, daß sie, als *beschränkten Inhaltes* überhaupt sowohl gegeneinander als noch mehr gegen das Absolute im Gegensatze verharren. Die *dem Denken zur Objektivität gegebenen Stellungen* sollen als nähere Einleitung, um die Bedeutung und den Standpunkt, welcher hier der Logik gegeben ist, zu erläutern und herbeizuführen, nun betrachtet werden.

In meiner *Phänomenologie des Geistes,* welche deswegen bei ihrer Herausgabe als der erste Teil des Systems der Wissenschaft bezeichnet worden, ist der Gang genommen, von der ersten, einfachsten Erscheinung des Geistes, *dem unmittelbaren Bewußtsein,* anzufangen und die Dialektik desselben bis zum Standpunkte der philosophischen Wissenschaft zu entwickeln, dessen Notwendigkeit durch diesen Fortgang aufgezeigt wird. Es konnte hierfür aber nicht beim Formellen des bloßen Bewußtseins stehengeblieben werden; denn der Standpunkt des philosophischen Wissens ist zugleich in sich der gehaltvollste und konkreteste; somit als Resultat hervorgehend, setzte er auch die konkreten Gestalten des Bewußtseins, wie z. B. der Moral, Sittlichkeit, Kunst, Religion voraus. Die Entwicklung des *Gehalts,* der Gegenstände eigentümlicher Teile der philosophischen Wissenschaft, fällt daher zugleich in jene zunächst nur auf das Formelle beschränkt scheinende Entwicklung des Bewußtseins; hinter dessen Rücken jene Entwicklung sozusagen vorgehen muß, insofern sich der Inhalt als das *Ansich* zum Bewußtsein

seulement subjectives et comportent l'opposition perma-
nente à ce qui est objectif, suivant l'autre, en ce sens
qu'étant d'un *contenu borné* en général, elles persistent
dans leur opposition, d'une part, les unes aux autres,
d'autre part, et plus encore, à l'absolu. Les *positions
données à la pensée relativement à l'objectivité* doivent
maintenant être considérées comme une introduction
plus précise, en vue d'éclaircir et de dégager la signification et le point de vue qu'on attribue ici à la
Logique [23].

Dans ma *Phénoménologie de l'esprit,* qui pour
cette raison a été désignée lors de son édition comme
la première partie du Système de la science, a été pris
le chemin consistant à commencer par la première, la
plus simple apparition de l'esprit, *la conscience immédiate,* et à développer sa dialectique jusqu'au point
de vue de la science philosophique, dont la nécessité
est montrée par cette progression. Mais pour cela, on
ne pouvait en rester à l'être formel de la simple
conscience ; car le point de vue du savoir philosophique est en même temps en lui-même le plus riche
en teneur essentielle et le plus concret ; par conséquent, émergeant comme résultat, il présupposait
aussi les figures concrètes de la conscience, comme
par exemple [celles] de la morale, de la vie éthique, de
l'art, de la religion. Le développement de la *teneur
essentielle,* des ob-jets des parties propres de la
science philosophique, tombe donc en même temps
dans ce développement de la conscience, qui semblait
tout d'abord seulement borné à l'être formel [de
celle-ci] ; c'est derrière son dos pour ainsi dire que ce
développement doit nécessairement avancer, dans la
mesure où le contenu se rapporte à la conscience

verhält. Die Darstellung wird dadurch verwickelter, und was den konkreten Teilen angehört, fällt zum Teil schon mit in jene Einleitung. – Die hier vorzunehmende Betrachtung hat noch mehr das Unbequeme, nur historisch und räsonierend sich verhalten zu können; sie soll aber vornehmlich zu der Einsicht mitwirken, daß die Fragen, die man in der Vorstellung über die Natur *des Erkennens,* über *Glauben* und so ferner vor sich hat und für ganz *konkret* hält, sich in der Tat auf *einfache* Gedankenbestimmungen zurückführen, die aber erst in der Logik ihre wahrhafte Erledigung erhalten.

A
Erste Stellung des Gedankens zur Objektivität

Metaphysik

§ 26

Die erste Stellung ist das *unbefangene* Verfahren, welches, noch ohne das Bewußtsein des Gegensatzes des Denkens in und gegen sich, den *Glauben* enthält, daß durch das *Nachdenken* die *Wahrheit erkannt,* das, was die Objekte wahrhaft sind, vor das Bewußtsein gebracht werde. In diesem Glauben geht das Denken geradezu an die Gegenstände, reproduziert den Inhalt der Empfindungen und Anschauungen aus sich zu einem Inhalte des Gedankens und ist in solchem als der Wahrheit befriedigt. Alle anfängliche Philosophie, alle Wissenschaften, ja selbst das tägliche Tun und Treiben des Bewußtseins lebt in diesem Glauben.

comme l'*en-soi*. L'exposition devient par là plus compliquée, et ce qui appartient aux parties concrètes tombe en partie déjà aussi dans cette introduction-là [24]. – L'examen à entreprendre ici a plus encore l'inconvénient de ne pouvoir procéder que de façon historique et en raisonnant [25] ; mais il doit principalement contribuer à faire discerner que les questions que l'on rencontre dans la représentation au sujet de la nature de la *connaissance,* au sujet de la *croyance* et ainsi de suite, et que l'on tient pour tout à fait *concrètes,* se ramènent en réalité à des déterminations-de-pensée *simples,* mais qui reçoivent seulement dans la Logique la solution vraie par laquelle on en vient à bout.

A

*Première position de la pensée relativement
à l'objectivité*

§ 26

La première position est la démarche *naïve* [26] qui renferme, encore sans la conscience de l'opposition de la pensée en et contre elle-même, la *croyance* que, grâce à la *réflexion,* la *vérité* est *connue,* et ce que les objets sont véritablement, amené devant la conscience. [Prise] dans cette croyance, la pensée va directement aux ob-jets, reproduit le contenu des sensations et intuitions à partir d'elle-même en faisant de lui un contenu de la pensée, et trouve sa satisfaction dans un tel contenu comme dans la vérité. Toute philosophie à ses origines, toutes les sciences, et même l'agir quotidien de la conscience, vivent dans cette croyance.

§ 27

Dieses Denken *kann* wegen der Bewußtlosigkeit über seinen Gegensatz ebensowohl seinem Gehalte nach echtes *spekulatives* Philosophieren sein, als auch in *endlichen* Denkbestimmungen, d.i. in dem *noch unaufgelösten* Gegensatze verweilen. Hier in der Einleitung kann es nur das Interesse sein, diese Stellung des Denkens nach seiner Grenze zu betrachten und daher das letztere *Philosophieren* zunächst vorzunehmen. – Dieses in seiner bestimmtesten und uns am nächsten liegenden Ausbildung war die *vormalige Metaphysik,* wie sie vor der Kantischen Philosophie bei uns beschaffen war. Diese Metaphysik ist jedoch nur in Beziehung auf die Geschichte der Philosophie etwas *Vormaliges;* für sich ist sie überhaupt immer vorhanden, die *bloße Verstandes-Ansicht* der Vernunft-Gegenstände. Die nähere Betrachtung ihrer Manier und ihres Hauptinhaltes hat daher zugleich dies nähere präsente Interesse.

§ 28

Diese Wissenschaft betrachtete die Denkbestimmungen als die *Grundbestimmungen der Dinge;* sie stand durch diese Voraussetzung, daß das, was *ist,* damit daß es *gedacht* wird, *an sich* erkannt werde, höher als das spätere kritische Philosophieren. Aber 1. wurden jene Bestimmungen in ihrer Abstraktion als für sich geltend und als fähig genommen, *Prädikate des Wahren zu* sein. Jene Metaphysik setzte überhaupt voraus, daß die

§ 27

Cette pensée, à cause de l'inconscience où elle est de l'opposition qu'elle comporte, *peut* aussi bien, suivant sa teneur essentielle, être une authentique démarche philosophique *spéculative,* qu'également séjourner dans des déterminations-de-pensée *finies,* c'est-à-dire dans l'opposition *encore non résolue* [27]. Ici, dans l'introduction, ne peut trouver place que l'intérêt qui porte à considérer cette position de la pensée suivant sa limite et, par suite, à s'occuper avant tout de la dernière *démarche philosophique* [28]. – Celle-ci, dans son développement le plus déterminé et le plus proche de nous, était l'*ancienne métaphysique,* telle qu'elle était constituée chez nous avant la philosophie kantienne. Cette métaphysique n'est cependant quelque chose d'ancien que relativement à l'histoire de la philosophie ; [prise] pour elle-même, elle est d'une façon générale toujours présente, elle est la *simple vision d'entendement* des ob-jets de raison. Considérer de plus près sa manière de procéder et son contenu principal, comporte donc en même temps cet intérêt présent plus proche [de nous].

§ 28

Cette science considérait les déterminations-de-pensée comme les *déterminations fondamentales des choses* ; par cette présupposition que ce qui *est,* du fait qu'il est *pensé,* est connu *en soi,* elle se tenait plus haut que la philosophie critique postérieure. Mais 1° ces déterminations étaient prises en leur abstraction comme valant pour elles-mêmes et comme capables d'être des *prédicats du vrai*. Cette métaphysique présupposait en

Erkenntnis des Absoluten in der Weise geschehen könne, daß *ihm Prädikate beigelegt werden,* und untersuchte weder die Verstandesbestimmungen ihrem eigentümlichen Inhalte und Werte nach, noch auch diese Form, das Absolute durch Beilegung von Prädikaten zu bestimmen.

Solche Prädikate sind z. B. *Dasein,* wie in dem Satze: »*Gott hat Dasein*«; *Endlichkeit* oder *Unendlichkeit,* in der Frage, ob die Welt endlich oder unendlich ist; *einfach, zusammengesetzt,* in dem Satze: »die Seele ist *einfach*«; ferner »das Ding ist *Eines,* ein *Ganzes*« usf. – Es wurde nicht untersucht, ob solche Prädikate an und für sich etwas Wahres seien, noch ob die Form des Urteils Form der Wahrheit sein könne.

§ 29

Dergleichen Prädikate sind für sich ein *beschränkter* Inhalt und zeigen sich schon als der *Fülle* der *Vorstellung* (von Gott, Natur, Geist usf.) nicht angemessen und sie keineswegs erschöpfend. Alsdann sind sie dadurch, daß sie Prädikate *eines* Subjekts seien, miteinander verbunden, durch ihren Inhalt aber verschieden, so daß sie *gegeneinander* von *außen* her aufgenommen werden.

Dem ersten Mangel suchten die Orientalen z. B. bei der Bestimmung Gottes durch die vielen *Namen,* die sie ihm beilegten, abzuhelfen; zugleich aber sollten der Namen *unendlich* viele sein.

général que l'on pouvait arriver à la connaissance de l'absolu *en lui attribuant des prédicats,* et n'examinait ni les déterminations d'entendement suivant leur contenu et leur valeur propres, ni non plus cette forme qui consiste à déterminer l'absolu par attribution de prédicats.

De tels prédicats sont, par exemple : *être-là,* comme dans la proposition : «*Dieu a un être-là* » ; *finité* ou *infinité,* dans la question de savoir si le monde est fini ou infini ; *simple, composé,* dans la proposition : «L'âme est *simple* » ; – ensuite : « La chose est un *Un,* un *Tout* », etc. On n'examinait pas si de tels prédicats étaient en et pour soi quelque chose de vrai, ni si la forme du jugement pouvait être une forme de la vérité.

§ 29

Des prédicats de ce genre sont pour eux-mêmes un contenu *borné,* ils se montrent déjà comme non adéquats à la *plénitude* de la *représentation* (de Dieu, de la nature, de l'esprit, etc.) et ne l'épuisent aucunement. Ensuite, du fait qu'ils sont prédicats d'un sujet un, ils sont liés les uns aux autres, mais ils sont, par leur contenu, divers, de sorte qu'ils sont *les uns par rapport aux autres* accueillis de l'*extérieur.*

Au premier défaut les Orientaux cherchaient à remédier, par exemple dans la détermination de Dieu, au moyen de multiples *noms* qu'ils lui attribuaient ; mais en même temps il devait, de ces noms, y avoir une multiplicité *infinie.*

§ 30

2. Ihre *Gegenstände* waren zwar Totalitäten, welche an und für sich der *Vernunft*, dem Denken des in sich *konkreten* Allgemeinen angehören, – *Seele, Welt, Gott;* aber die Metaphysik nahm sie aus der *Vorstellung* auf, legte sie als *fertige gegebene Subjekte*, bei der Anwendung der Verstandesbestimmungen darauf, zugrunde, und hatte nur an jener Vorstellung den *Maßstab,* ob die Prädikate passend und genügend seien oder nicht.

§ 31

Die Vorstellungen von Seele, Welt, Gott scheinen zunächst dem Denken einen *festen Halt zu* gewähren. Außerdem aber, daß ihnen der Charakter besonderer Subjektivität beigemischt ist und sie hiernach eine sehr verschiedene Bedeutung haben können, so bedürfen sie es vielmehr, erst durch das Denken die feste Bestimmung zu erhalten. Dies drückt jeder Satz aus, als in welchem erst durch das *Prädikat* (d. i. in der Philosophie durch die Denkbestimmung) angegeben werden soll, *was* das Subjekt, d. i. die anfängliche Vorstellung sei.

In dem Satze: »Gott ist ewig usf.« wird mit der Vorstellung »Gott« angefangen; aber was er *ist,* wird noch nicht *gewußt;* erst das Prädikat sagt aus, was er *ist.* Es ist deswegen im Logischen, wo der Inhalt ganz allein in der Form des Gedankens bestimmt wird, nicht nur überflüssig, diese Bestimmungen zu

§ 30

2° Ses ob-jets [29] étaient sans doute des totalités qui appartiennent en pour soi à la *raison,* à la pensée de l'universel en lui-même *concret – l'âme, le monde, Dieu* ; – mais la métaphysique les recevait de la *représentation,* les posait au fondement comme des *sujets donnés tout achevés,* dans l'application qui leur était faite des déterminations d'entendement, et elle avait seulement en cette représentation la *mesure de référence* permettant de décider si les prédicats étaient ou non convenables et suffisants [30].

§ 31

Les représentations de l'âme, du monde, de Dieu paraissent tout d'abord fournir à la pensée un *point d'appui ferme*. Mais, outre que le caractère de subjectivité particulière est mêlé à elles et qu'elles peuvent, par suite, avoir une signification très diverse, elles ont bien plutôt besoin de recevoir préalablement grâce à la seule pensée la détermination ferme. C'est ce qu'exprime toute proposition, en tant qu'en elle c'est seulement au moyen du *prédicat* (c'est-à-dire, en philosophie, au moyen de la détermination-de-pensée) que vient à être indiqué *ce qu'*est le sujet, c'est-à-dire la représentation initiale.

Dans la proposition : «Dieu *est* éternel, etc. », on commence avec la représentation «Dieu » ; mais ce qu'il *est* n'est pas encore *su* ; c'est seulement le prédicat qui énonce ce qu'il *est*. C'est pour cette raison que dans la sphère du logique, où le contenu est déterminé exclusivement dans la forme de la pensée, il est non

Prädikaten von Sätzen, deren *Subjekt* Gott oder das vagere Absolute wäre, zu machen, sondern es würde auch den Nachteil haben, an einen anderen Maßstab, als die Natur des Gedankens selbst ist, zu erinnern. – Ohnehin ist die Form des Satzes oder bestimmter des Urteils ungeschickt, das Konkrete – und das Wahre ist konkret – und Spekulative auszudrücken; das Urteil ist durch seine Forme einseitig und insofern falsch.

§ 32

3. Diese Metaphysik wurde *Dogmatismus,* weil sie nach der Natur der endlichen Bestimmungen annehmen mußte, daß von *zwei entgegengesetzten Behauptungen,* dergleichen jene Sätze waren, die eine *wahr,* die andere aber *falsch* sein müsse.

§ 33

Den *ersten Teil* dieser Metaphysik in ihrer geordneten Gestalt machte die *Ontologie* aus – die Lehre von den *abstrakten Bestimmungen des Wesens.* Für diese in ihrer Mannigfaltigkeit und endlichem Gelten mangelt es an einem Prinzip; sie müssen darum *empirisch* und *zufälligerweise* aufgezählt, und ihr näherer *Inhalt* kann nur auf die *Vorstellung,* auf die *Versicherung,* daß man sich bei einem Worte gerade dies denke, etwa auch auf die Etymologie gegründet werden. Es kann dabei bloß um die mit dem Sprachgebrauch übereinstimmende *Richtigkeit* der Analyse und empirische *Vollständigkeit,*

seulement superflu de faire de ces déterminations des prédicats de propositions dont le *sujet* serait Dieu ou le terme plus vague d'absolu, mais cela aurait aussi le désavantage d'évoquer une autre mesure de référence que la nature de la pensée elle-même. – Sans compter que la forme de la proposition, ou, de manière plus déterminée, du jugement, est impropre à exprimer ce qui est concret – et le vrai est concret – et spéculatif [31] ; le jugement est, par sa forme, unilatéral et, dans cette mesure, faux.

§ 32

3° Cette métaphysique devint du *dogmatisme* parce qu'il lui fallut admettre, suivant la nature des déterminations finies, que, de *deux affirmations opposées,* comme l'étaient les propositions de tout à l'heure, l'une devait nécessairement être *vraie,* mais l'autre *fausse.*

§ 33

La *première partie* de cette métaphysique en sa figure ordonnée était constituée par l'*ontologie,* la théorie des *déterminations abstraites de l'essence.* Pour celles-ci, en leur multiplicité variée et en leur validité finie, il manque un principe ; il faut pour cette raison les dénombrer *empiriquement* et *de manière contingente,* et leur *contenu* plus précis ne peut être fondé que sur la *représentation,* sur l'*assurance* que par un mot on se représente précisément telle chose, éventuellement aussi sur l'étymologie. On ne peut avoir affaire ici qu'avec l'*exactitude* – s'accordant avec l'usage de la langue – de l'analyse, et avec la *complétude* empirique, non pas avec

nicht um die *Wahrheit* und *Notwendigkeit* solcher Bestimmungen an und für sich zu tun sein.

Die Frage, ob Sein, Dasein, oder Endlichkeit, Einfachheit, Zusammensetzung usf. *an und für sich wahre Begriffe* seien, muß auffallend sein, wenn man meint, es könne bloß von der Wahrheit *eines Satzes* die Rede sein und nur gefragt werden, ob ein *Begriff einem Subjekte* mit Wahrheit *beizulegen* sei (wie man es nannte) oder nicht; die Unwahrheit hänge von dem Widerspruche ab, der sich zwischen dem Subjekte der Vorstellung und dem von demselben zu prädizierenden Begriffe fände. Allein der Begriff als Konkretes und selbst jede Bestimmtheit überhaupt ist wesentlich in sich selbst eine Einheit unterschiedener Bestimmungen. Wenn die Wahrheit also weiter nichts wäre als der Mangel des Widerspruchs, so müßte bei jedem Begriffe zuerst betrachtet werden, ob er nicht für sich einen solchen inneren Widerspruch enthalte.

§ 34

Der *zweite* Teil war die *rationelle Psychologie* oder *Pneumatologie,* welche die metaphysische Natur der *Seele,* nämlich des Geistes als eines *Dinges* betrifft.

Die Unsterblichkeit wurde in der Sphäre aufgesucht, wo *Zusammensetzung, Zeit, qualitative Veränderung, quantitatives Zu-* oder *Abnehmen* ihre Stelle haben.

la *vérité* et *nécessité* de telles déterminations en et pour elles-mêmes.

La question de savoir si l'être, l'être-là ou la finité, la simplicité, la composition, etc., sont des *concepts vrais en et pour soi* doit nécessairement être choquante si l'on est d'avis qu'il peut être question simplement de la vérité d'une *proposition,* et que l'on peut seulement se demander si un concept peut être *attribué* (comme on le disait) avec vérité *à un sujet, ou* non ; que la non-vérité dépend de la contradiction qui se rencontrerait entre le sujet de la représentation et le concept à lui donner comme prédicat. Mais le concept en tant qu'il est un concret – et même toute déterminité en général – est essentiellement en lui-même une unité de déterminations différentes [32]. Si donc la vérité n'était rien de plus que l'absence de la contradiction, il faudrait dans le cas de chaque concept considérer en premier lieu si, pour lui-même, il ne contient pas une telle contradiction interne.

§ 34

La *deuxième partie* était la *psychologie rationnelle ou pneumatologie,* laquelle concerne la nature méta-physique de l'*âme,* c'est-à-dire de l'esprit en tant qu'une *chose.*

L'immortalité était cherchée dans une sphère où *composition, temps, variation qualitative, augmenta-tion ou diminution quantitative* ont leur place.

§ 35

Der *dritte* Teil, die *Kosmologie,* handelte von der *Welt,* ihrer Zufälligkeit, Notwendigkeit, Ewigkeit, Begrenztsein in Raum und Zeit; den formellen Gesetzen in ihren Veränderungen, ferner von der Freiheit des Menschen und dem Ursprunge des Bösen.

Als absolute Gegensätze gelten hierbei vornehmlich: Zufälligkeit und Notwendigkeit; äußerliche und innerliche Notwendigkeit;wirkende und Endursachen, oder die Kausalität überhaupt und Zweck; Wesen oder Substanz und Erscheinung; Form und Materie; Freiheit und Notwendigkeit; Glückseligkeit und Schmerz; Gutes und Böses.

§ 36

Der *vierte* Teil, die *natürliche* oder *rationelle Theologie,* betrachtete den Begriff Gottes oder dessen Möglichkeit, die Beweise von seinem Dasein und seine Eigenschaften.

a) Bei dieser verständigen Betrachtung Gottes kommt es vornehmlich darauf an, welche Prädikate zu dem passen oder nicht passen, was *wir uns* unter Gott *vorstellen. De* Gegensatz von Realität und Negation kommt hier als absolut vor; daher bleibt für den *Begriff,* wie ihn der Verstand nimmt, am Ende nur die leere Abstraktion des unbestimmten *Wesens,* der reinen Realität oder Positivität, das tote Produkt der modernen Aufklärung. b) Das *Beweisen* des endlichen Erkennens zeigt überhaupt die verkehrte Stellung, daß ein objektiver Grund von Gottes Sein

§ 35

La *troisième partie,* la *cosmologie,* traitait du *monde,* de sa contingence, de sa nécessité, de son éternité, de son être-limité dans l'espace et le temps ; des lois formelles au sein de ses changements, en outre de la liberté de l'homme et de l'origine du mal.

Comme oppositions absolues valent ici principalement celles de la contingence et de la nécessité, de la nécessité extérieure et de la nécessité intérieure, des causes efficientes et des causes finales, ou de la causalité en général et du but, de l'essence ou substance et du phénomène, de la forme et de la matière, de la liberté et de la nécessité, de la félicité et de la souffrance, du bien et du mal.

§ 36

La *quatrième partie,* la *théologie naturelle ou rationnelle,* considérait le concept de Dieu ou sa possibilité, les preuves de son être-là et ses propriétés.

a) Dans cette façon de considérer Dieu selon l'entendement, il importe surtout de savoir quels prédicats conviennent ou ne conviennent pas à ce que *nous nous représentons* par Dieu. L'opposition de la réalité et de la négation se présente ici comme absolue ; d'où vient que pour le concept, tel que l'entendement le prend, il ne reste à la fin que l'abstraction vide de l'*essence* indéterminée, de la pure réalité ou positivité, le produit mort de l'Aufklärung moderne. *b)* La manière de *prouver* propre à la connaissance finie montre en général la position absurde consistant

angegeben werden soll, welches somit sich als *ein* durch ein anderes *Vermitteltes* darstellt. Dies Beweisen, das die Verstandes-Identität zur Regel hat, ist von der Schwierigkeit befangen, den Übergang vom *Endlichen* zum *Unendlichen* zu machen. So konnte es entweder Gott von der positiv bleibenden Endlichkeit der daseiender Welt nicht befreien, so daß er sich als die unmittelbare Substanz derselben bestimmen mußte (Pantheismus), oder er blieb als ein Objekt dem Subjekt gegenüber, somit auf diese Weise ein *Endliches* (Dualismus). c) Die *Eigenschaften,* da sie doch bestimmte und verschiedene sein sollen, sind eigentlich in dem abstrakten Begriffe der reinen Realität, des unbestimmten Wesens untergegangen. Insofern aber noch die endliche Welt als ein *wahres* Scin und Gott ihr gegenüber in der Vorstellung bleibt, so stellt sich auch die Vorstellung verschiedener Verhältnisse desselben zu jener ein, welche, als Eigenschaften bestimmt, einerseits als Verhältnisse zu endlichen Zuständen selbst endlicher Art (z. B. gerecht, gütig, mächtig, weise usf.) sein müssen, andererseits aber zugleich unendlich sein sollen. Dieser Widerspruch läßt auf diesem Standpunkte nur die nebulose Auflösung durch quantitative Steigerung zu, sie ins Bestimmungslose, in den *sensum eminentiorem* zu treiben. Hierdurch aber wird die Eigenschaft in der Tat zunichte gemacht und ihr bloß ein Name gelassen.

en ce qu'il doit être indiqué un fondement objectif de l'être de Dieu, qui se présente par conséquent comme *un être médiatisé* par un autre. Cette manière de prouver qui a pour règle l'identité d'entendement est embarrassée par la difficulté d'opérer le passage du *fini* à l'*infini*. Ainsi, ou bien elle ne pouvait pas libérer Dieu de la finitude – subsistant positivement – du monde qui est-là, de sorte qu'il devait nécessairement se déterminer comme la substance immédiate de ce dernier (panthéisme) ; ou bien il restait comme un objet en face du sujet, donc de cette manière quelque chose de *fini* (dualisme)[33]. c) Les *propriétés,* alors qu'elles doivent pourtant être des propriétés déterminées et diverses, se sont proprement abîmées dans le concept abstrait de la réalité pure, de l'essence indéterminée. Mais dans la mesure où, dans la représentation, le monde fini demeure encore comme un être *vrai,* et Dieu en face de lui, s'introduit aussi la représentation de rapports divers de Dieu au monde, qui, déterminés comme propriétés, d'un côté ne peuvent, en tant que rapports à des états finis, qu'être eux-mêmes d'espèce finie (par exemple : juste, bon, puissant, sage, etc.), mais d'un autre côté doivent en même temps être infinis. Cette contradiction ne permet, quand on se place à ce point de vue, que la solution nébuleuse au moyen d'une élévation quantitative, solution qui consiste à les pousser dans ce qui est sans détermination, dans le « sensum eminentiorem ». Mais, par là, la propriété est en fait anéantie, et il lui est laissé simplement un nom.

B
Zweite Stellung des Gedankens zur Objektivität

I. Empirismus

§ 37

Das Bedürfnis teils eines *konkreten* Inhalts gegen die abstrakten Theorien des Verstandes, der nicht für sich selbst aus seinen Allgemeinheiten zur Besonderung und Bestimmung fortgehen kann, teils eines *festen Halts* gegen die Möglichkeit, auf dem Felde und nach der Methode der endlichen Bestimmungen *alles beweisen zu können,* führte zunächst auf den *Empirismus,* welcher, statt in dem Gedanken selbst das Wahre zu suchen, dasselbe aus der *Erfahrung,* der äußeren und inneren Gegenwart, zu holen geht.

§ 38

Der *Empirismus* hat diese Quelle einerseits mit der Metaphysik selbst gemein, als welche für die Beglaubigung ihrer Definitionen – der Voraussetzungen sowie des bestimmteren Inhalts – ebenfalls die Vorstellungen, d. h. den zunächst von der Erfahrung herrührenden Inhalt zur Gewähr hat.Andernteils ist die einzelne Wahrnehmung von der Erfahrung unterschieden, und der Empirismus erhebt den der Wahrnehmung, dem Gefühl und der Anschauung angehörigen Inhalt in die *Form allgemeiner Vorstellungen, Sätze* und *Gesetze* usf. Dies geschieht jedoch nur in dem Sinne, daß diese allgemeinen Bestimmungen (z. B. Kraft) keine weitere

B
Deuxième position de la pensée relativement à l'objectivité

I. L'empirisme

§ 37

Le besoin, pour une part, d'un contenu *concret* en face des théories abstraites de l'entendement qui, pour lui-même, ne peut progresser de ses généralités jusqu'à la particularisation et détermination, pour une autre part, d'un *point d'appui ferme* face à la possibilité de *pouvoir tout prouver* dans le champ et suivant la méthode des déterminations finies, conduisit tout d'abord à l'*empirisme, qui,* au lieu de chercher le vrai dans la pensée elle-même, va le prendre dans l'*expérience,* dans la présence extérieure et intérieure [34].

§ 38

L'*empirisme,* d'une part, a cette source en commun avec la métaphysique elle-même, en tant que celle-ci, pour confirmer ses définitions – les présuppositions ainsi que le contenu plus déterminé –, a pareillement pour garantie les représentations, c'est-à-dire le contenu provenant tout d'abord de l'expérience. D'autre part, la perception singulière est différente de l'expérience, et l'empirisme élève le contenu appartenant à la perception, au sentiment et à l'intuition, dans la *forme* de *représentations, propositions* et *lois,* etc., *universelles* [35]. Cela ne se produit toutefois que dans ce sens, que ces déterminations universelles (par exemple la force) ne

Bedeutung und Gültigkeit für sich haben sollen als die aus der Wahrnehmung genommene, und kein als in der Erscheinung nachzuweisender Zusammenhang Berechtigung haben soll. Den festen Halt nach der *subjektiven* Seite hat das empirische Erkennen darin, daß das Bewußtsein in der Wahrnehmung seine *eigene unmittelbare Gegenwart* und *Gewißheit* hat.

Es liegt im Empirismus dies große Prinzip, daß, was wahr ist, in der Wirklichkeit sein und für die Wahrnehmung da sein muß. Dies Prinzip ist dem *Sollen* entgegengesetzt, womit die Reflexion sich aufbläht und gegen die Wirklichkeit und Gegenwart mit einem *Jenseits* verächtlich tut, welches nur in dem subjektiven Verstande seinen Sitz und Dasein haben soll. Wie der Empirismus, erkennt (§ 7) auch die Philosophie nur das, was *ist;* sie weiß nicht solches, was nur sein *soll* und somit *nicht da ist.* – Nach der subjektiven Seite ist ebenso das wichtige Prinzip der *Freiheit* anzuerkennen, welches im Empirismus liegt, daß nämlich der Mensch, was er in seinem Wissen gelten lassen soll, *selbst* sehen, sich *selbst* darin *präsent* wissen soll. Die *konsequente* Durchführung des Empirismus, insofern er dem Inhalte nach sich auf Endliches beschränkt, leugnet aber das Übersinnliche überhaupt oder wenigstens die Erkenntnis und Bestimmtheit desselben, und läßt dem Denken nur die Abstraktion und formelle Allgemeinheit und Identität zu. – Die Grundtäuschung im wissenschaftlichen Empirismus ist immer diese, daß er die metaphysischen Kategorien von Materie, Kraft, ohnehin von Einem, Vielem, Allgemeinheit, auch Unendlichem usf. gebraucht, ferner am Faden solcher Kategorien weiter fort*schließt,* dabei die

doivent avoir pour elles-mêmes aucune autre signification et validité que celle qui est tirée de la perception, et qu'aucune connexion autre que celle que l'on peut montrer dans le phénomène ne saurait être justifiée. Le point d'appui ferme, suivant le côté *subjectif,* la connaissance empirique le possède en ce que la conscience a dans la perception sa *propre présence et certitude immédiate.*

Il y a dans l'empirisme ce grand principe, que ce qui est vrai doit nécessairement être dans l'effectivité et être-là pour la perception. Ce principe est opposé au *devoir-être* dont se rengorge la réflexion et qu'elle utilise pour se comporter de façon méprisante envers l'effectivité et la présence en invoquant un *au-delà* qui ne saurait avoir son siège et son être-là que dans l'entendement subjectif. Comme l'empirisme, la philosophie elle aussi ne reconnaît (§ 7) que ce qui *est* ; elle n'a pas savoir de ce qui *doit* seulement être et par conséquent *n'est pas là* [36]. Suivant le côté subjectif, on a de même à reconnaître le principe important de la *liberté,* qui se trouve dans l'empirisme, à savoir que l'homme doit *lui-même* voir ce qu'il doit admettre dans son savoir, s'y savoir *lui-même présent.* – Mais la réalisation *conséquente* de l'empirisme, pour autant qu'il se borne, suivant le contenu, au fini, nie le supra-sensible en général ou du moins sa connaissance et sa déterminité, et n'accorde à la pensée que l'abstraction et l'universalité et identité formelle [37]. L'illusion fondamentale dans l'empirisme scientifique est toujours celle-ci, à savoir qu'il utilise les catégories métaphysiques de matière, de force, et en outre celles d'un, de multiple, d'universalité, d'infini aussi, etc., ensuite, qu'il poursuit l'*enchaîne-*

Formen des Schließens voraussetzt und anwendet, und bei allem nicht weiß, daß er so selbst Metaphysik enthält und treibt und jene Kategorien und deren Verbindungen auf eine völlig unkritische und bewußtlose Weise gebraucht.

§ 39

Über dies Prinzip ist zunächst die richtige Reflexion gemacht worden, daß in dem, was *Erfahrung* genannt wird und von bloßer einzelner Wahrnehmung einzelner Tatsachen zu unterscheiden ist, sich *zwei Elemente* finden, – das eine der für sich vereinzelte, unendlich *mannigfaltige Stoff,* das andere die *Form,* die Bestimmungen der *Allgemeinheit* und *Notwendigkeit.* Die Empirie zeigt wohl viele, etwa unzählbar viele gleiche Wahrnehmungen auf; aber etwas ganz anderes ist noch die *Allgemeinheit* als die große Menge. Ebenso gewährt die Empirie wohl Wahrnehmungen von *aufeinander-folgenden* Veränderungen oder von *nebeneinander-liegenden* Gegenständen, aber nicht einen Zusammenhang *der Notwendigkeit.* Indem nun die Wahrnehmung die Grundlage dessen, was für Wahrheit gelte, bleiben soll, so erscheint die Allgemeinheit und Notwendigkeit als etwas *Unberechtigtes,* als eine subjektive Zufälligkeit, eine bloße Gewohnheit, deren Inhalt so oder anders beschaffen sein kann.

Eine wichtige Konsequenz hiervon ist, daß in dieser empirischen Weise die rechtlichen und sittlichen Bestimmungen und Gesetze sowie der Inhalt der Religion als etwas Zufälliges erscheinen und deren

ment de syllogismes au fil de telles catégories, en cela présuppose et emploie les formes de l'enchaînement syllogistique, et en tout cela ne sait pas qu'il contient et pratique ainsi lui-même une métaphysique et utilise ces catégories et leurs liaisons d'une manière totalement non-critique et inconsciente.

§ 39

Au sujet de ce principe a tout d'abord été faite la réflexion juste, que dans ce que l'on appelle *expérience* et qui est à distinguer d'une simple perception singulière de faits singuliers, se trouvent *deux éléments,* – l'un étant la *matière* pour elle-même dispersée en sa singularité, infiniment *diverse,* – l'autre, la *forme,* les déterminations de l'*universalité* et de la *nécessité.* L'empirie montre bien de nombreuses, peut-être d'infiniment nombreuses perceptions semblables, mais l'*universalité* est encore quelque chose de tout autre que la grande multitude. De même, l'empirie fournit bien des perceptions de changements *se suivant les uns les autres* ou d'ob-jets *situés les uns à côté des autres,* mais non pas une connexion *nécessaire.* En tant donc que la perception doit rester l'assise fondamentale de ce qui peut passer pour vérité, l'universalité et la nécessité apparaissent comme quelque chose *d'injustifié,* comme une contingence subjective, une simple habitude dont le contenu peut être constitué ainsi ou bien autrement.

Une conséquence importante en est que, dans cette manière [de voir] empirique, les déterminations et lois du droit et de l'éthique ainsi que le contenu de la religion apparaissent comme quelque chose de

Objektivität und innere Wahrheit aufgegeben ist.

Der *Humesche* Skeptizismus, von dem die obige Reflexion vornehmlich ausgeht, ist übrigens vom *Griechischen Skeptizismus* sehr wohl zu unterscheiden. Der Humesche legt die *Wahrheit* des Empirischen, des Gefühls, der Anschauung zum Grunde und bestreitet die allgemeinen Bestimmungen und Gesetze von da aus, aus dem Grunde, weil sie nicht eine Berechtigung durch die sinnliche Wahrnehmung haben. Der alte Skeptizismus war so weit entfernt, das Gefühl, die Anschauung zum Prinzip der Wahrheit zu machen, daß er sich vielmehr zu allererst gegen das Sinnliche kehrte. (Über den modernen Skeptizismus in seiner Vergleichung mit dem alten, s. Schellings und Hegels *Kritisches Journal der Philosophie,* 1802, I. Bd., 2. St.)

II. Kritische Philosophie

§ 40

Die kritische Philosophie hat es mit dem Empirismus gemein, die Erfahrung für den *einzigen* Boden der Erkenntnisse anzunehmen, welche sie aber nicht für Wahrheiten, sondern nur für Erkenntnisse von Erscheinungen gelten läßt.

Zunächst wird von dem Unterschiede der Elemente ausgegangen, die sich in der Analyse der Erfahrung finden, des *sinnlichen Stoffes* und der *allgemeinen Beziehungen* desselben. Indem sich hiermit die im vorhergehenden § angeführte Reflexion verbindet, daß in der Wahrnehmung für sich nur *Einzelnes* und nur solches, *was geschehe,* enthalten sei, wird zugleich bei

contingent, et que leur objectivité et vérité interne est abandonnée.

Le scepticisme de *Hume,* dont procède surtout la réflexion mentionnée plus haut, doit d'ailleurs être bien distingué du *scepticisme grec.* Le scepticisme de Hume prend pour base la *vérité* de l'empirique, du sentiment, de l'intuition, et conteste à partir de là les déterminations et lois universelles, pour cette raison qu'elles ne sont pas justifiées par la perception sensible. L'ancien scepticisme était si éloigné de faire du sentiment, de l'intuition, le principe de la vérité, qu'il se tournait bien plutôt avant tout contre le sensible. (Sur le scepticisme moderne, comparé à l'ancien, voir le *Journal critique de la philosophie,* de Schelling et Hegel – 1802, 1, 2) [38].

II. La philosophie critique

§ 40

La philosophie critique a en commun avec l'empirisme, d'admettre l'expérience comme l'*unique sol* des connaissances, qu'elle ne tient cependant pas pour des vérités, mais seulement pour des connaissances de phénomènes.

On part, tout d'abord, de la différence des éléments qui se rencontrent dans l'analyse de l'expérience, la *matière sensible* et ses *relations universelles.* Tandis qu'il s'y joint la réflexion indiquée dans le paragraphe précédent, à savoir que, dans la perception, [prise] pour elle-même, il n'est contenu que du *singulier* et que *ce qui passe,* en même temps on *s'attache avec insistance au*

dem *Faktum beharrt,* daß die *Allgemeinheit* und *Notwendigkeit* als ebenso wesentliche Bestimmungen sich in dem, was Erfahrung genannt wird, vorfinden. Weil dieses Element nun nicht aus dem Empirischen als solchem herstammt, so gehört es der Spontaneität des *Denkens* an oder ist a priori. – Die Denkbestimmungen oder *Verstandesbegriffe* machen die *Objektivität* der Erfahrungserkenntnisse aus. Sie enthalten überhaupt *Beziehungen,* und es formieren sich daher durch sie *synthetische* Urteile a priori (d. i. ursprüngliche Beziehungen Entgegengesetzter).

Daß sich in der Erkenntnis die Bestimmungen der Allgemeinheit und Notwendigkeit finden, dies Faktum stellt der Humesche Skeptizismus nicht in Abrede. Etwas anderes als ein vorausgesetztes Faktum ist es in der Kantischen Philosophie auch nicht; man kann nach der gewöhnlichen Sprache in den Wissenschaften sagen, daß sie nur eine andere *Erklärung* jenes Faktums aufgestellt habe.

§ 41

Die *kritische* Philosophie unterwirft nun den Wert der in der Metaphysik – übrigens auch in den anderen Wissenschaften und im gewöhnlichen Vorstellen – gebrauchten *Verstandesbegriffe* zunächst der Untersuchung. Diese Kritik geht jedoch nicht auf den *Inhalt* und das bestimmte Verhältnis dieser Denkbestimmungen gegeneinander selbst ein, sondern betrachtet sie nach dem Gegensatz von *Subjektivität* und *Objektivität* überhaupt. Dieser Gegensatz, wie er hier genommen wird, bezieht sich (s. vorherg. §) auf den Unterschied

Fait que l'*universalité* et la *nécessité* se trouvent déjà là, comme des déterminations tout aussi essentielles, dans ce que l'on appelle expérience. Or, puisque cet élément ne provient pas de l'empirique en tant que tel, il appartient à la spontanéité de la *pensée* ou il est *a priori*. – Les déterminations-de-pensée ou *concepts de l'entendement* constituent l'*objectivité* des connaissances d'expérience. Ils contiennent en général des *relations,* et grâce à eux se forment, par conséquent, des jugements *synthétiques a priori* (c'est-à-dire des relations originaires de termes opposés).

Que dans la connaissance se rencontrent les déterminations de l'universalité et de la nécessité, c'est là un Fait que le scepticisme de Hume ne conteste pas. Autre chose qu'un Fait présupposé, il ne l'est pas non plus dans la philosophie kantienne ; on peut dire, suivant le langage habituel dans les sciences, qu'elle a seulement établi une autre *explication* de ce Fait.

§ 41

La philosophie *critique* soumet bien tout d'abord à l'examen la valeur des concepts de l'entendement employés dans la métaphysique – et, du reste, aussi dans les autres sciences et dans la représentation ordinaire –. Pourtant, cette critique ne se dirige pas sur le contenu lui-même et le rapport déterminé lui-même de ces déterminations-de-pensée les unes à l'égard des autres, mais elle les considère selon l'opposition de la *subjectivité* et de l'*objectivité* en général. Cette opposition, comme elle est prise ici, se rapporte (voir § précédent) à la différence des éléments *à l'intérieur* de l'expérience.

der Elemente *innerhalb* der Erfahrung. Die *Objektivität* heißt hier das Element von *Allgemeinheit* und *Notwendigkeit,* d. i. von den Denkbestimmungen selbst, dem sogenannten *Apriorischen.* Aber die kritische Philosophie erweitert den Gegensatz so, daß in die *Subjektivität* das *Gesamte* der Erfahrung, d. h. jene beiden Elemente zusammen, fällt, und derselben nichts gegenüber bleibt als das *Ding-an-sich.*

Die näheren *Formen* des *Apriorischen,* d. i. des Denkens, und zwar desselben als der seiner Objektivität ungeachtet nur subjektiven Tätigkeit, ergeben sich auf folgende Weise, – einer Systematisierung, welche übrigens nur auf psychologisch-historischen Grundlagen beruht.

§ 42

a) *Das theoretische Vermögen,* die Erkenntnis als solche.

Als den bestimmten *Grund* der Verstandesbegriffe gibt diese Philosophie die *ursprüngliche Identität* des *Ich* im Denken (transzendentale Einheit des Selbstbewußtseins) an. Die durch Gefühl und die Anschauung gegebenen Vorstellungen sind ihrem *Inhalte* nach ein *Mannigfaltiges,* und ebensosehr durch ihre Form, durch das *Außereinander* der Sinnlichkeit, in ihren beiden Formen, Raum und Zeit, welche als Formen (das Allgemeine) des Anschauens selbst a priori sind. Dieses Mannigfaltige des Empfindens und Anschauens, indem Ich dasselbe auf sich bezieht und in sich als in *einem* Bewußtsein vereinigt (reine Apperzeption), wird hiermit in Identität, in eine ursprüngliche Verbindung

L'*objectivité* signifie ici l'élément *d'universalité* et de *nécessité,* c'est-à-dire celui des déterminations-de-pensée elles-mêmes, – de ce que l'on appelle l'*a priori.* Mais la philosophie critique élargit l'opposition de telle sorte le *Tout* de l'expérience, c'est-à-dire ces deux éléments-là ensemble, tombe dans la *subjectivité,* et qu'il ne subsiste rien en face d'elle si ce n'est la *chose-en-soi.*

Les *formes* plus précises de l'*a priori,* c'est-à-dire de la pensée et, en vérité, de celle-ci en tant qu'activité subjective en dépit de son objectivité, se dégagent de la manière suivante, – celle d'une systématisation qui, du reste, ne repose que sur des bases psychologico-historiques.

§ 42

a) Le *pouvoir théorique,* la connaissance comme telle.

Comme *fondement* déterminé des concepts de l'entendement, cette philosophie indique l'*identité origi-naire* du *Moi* dans la pensée (unité transcendantale de la conscience de soi). Les représentations données par le moyen du sentiment et de l'intuition sont, suivant leur *contenu,* un *divers multiple,* et [elles le sont] tout autant par leur forme, par l'*extériorité réciproque* [des données] de la sensibilité, dans ses deux formes, l'espace et le temps, qui, en tant que formes (l'universel) de l'in-tuitionner, sont en elles-mêmes *a priori.* Ce divers multiple du sentir et de l'intuitionner, en tant que le Moi le rapporte à lui-même et le réunit dans lui-même comme dans une conscience une (aperception pure), est par là amené dans une identité, dans une liaison origi-

gebracht. Die bestimmten Weisen dieses Beziehens sind die reinen Verstandesbegriffe, die *Kategorien*.

Bekanntlich hat es die Kantische Philosophie sich mit der *Auffindung* der Kategorien sehr bequem gemacht. *Ich,* die Einheit des Selbstbewußtseins, ist ganz abstrakt und völlig unbestimmt; wie ist also zu den *Bestimmungen* des Ich, den Kategorien, zu kommen? Glücklicherweise finden sich in der gewöhnlichen Logik die *verschiedenen Arten des Urteils* bereits empirisch angegeben vor. Urteilen aber ist *Denken* eines bestimmten Gegenstandes. Die verschiedenen schon fertig aufgezählten Urteils-weisen liefern also die verschiedenen *Bestimmungen des Denkens.* – Der *Fichteschen* Philosophie bleibt das tiefe Verdienst, daran erinnert zu haben, daß die *Denkbestimmungen* in ihrer *Notwendigkeit* auf-zuzeigen, daß sie wesentlich *abzuleiten* seien. – Diese Philosophie hätte auf die Methode, die Logik ab-zuhandeln, doch wenigstens die Wirkung gehabt haben sollen, daß die Denkbestimmungen überhaupt oder das übliche logische Material, die *Arten* der Begriffe, der Urteile, der Schlüsse, nicht mehr nur aus der Beobachtung genommen und so bloß empirisch aufgefaßt, sondern aus dem Denken selbst abgeleitet würden. Wenn das Denken irgend etwas zu beweisen fähig sein soll, wenn die Logik fordern muß, daß *Beweise* gegeben werden, und wenn sie das Beweisen lehren will, so muß sie doch vor allem ihren eigentümlichsten Inhalt zu beweisen, dessen Notwendigkeit einzusehen, fähig sein.

naire. Les modes déterminés de cette mise en rapport sont les concepts purs de l'entendement, les *catégories*.

Comme c'est bien connu, la philosophie kantienne en a pris très à son aise avec la *découverte* des catégories. Le Moi – l'unité de la conscience de soi – est tout à fait abstrait et complètement indéterminé ; comment donc peut-on parvenir aux *déterminations* du Moi, aux catégories ? Par bonheur, dans la Logique habituelle se trouvent déjà données empiriquement les *diverses espèces du jugement.* Mais le jugement est la *pensée* d'un ob-jet déterminé. Les diverses manières de juger, déjà toutes dénombrées, fournissent donc les diverses *déterminations de la pensée.* – Il reste à la philosophie de *Fichte* le grand mérite d'avoir rappelé que les *déterminations-de-pensée* sont à montrer dans leur *nécessité,* qu'elles sont essentiellement à *déduire.* – Cette philosophie aurait pourtant dû avoir, sur la méthode de traiter de la Logique, au moins pour effet que les déterminations-de-pensée en général ou les matériaux logiques usuels, les *espèces* de concepts, de jugements, de syllogismes, ne fussent plus seulement empruntés à l'observation et ainsi appréhendés de façon simplement empirique, mais dérivés de la pensée elle-même. Si la pensée doit être capable de prouver quoi que ce soit, si la Logique doit exiger que des *preuves* soient données et si elle veut enseigner l'opération de la preuve, il faut bien qu'elle soit capable avant tout de prouver son contenu le plus propre, de discerner la nécessité de celui-ci.

§ 43

Einerseits ist es durch die Kategorien, daß die bloße Wahrnehmung zur Objektivität, zur *Erfahrung* erhoben wird, andererseits aber sind diese Begriffe. als Einheiten bloß des subjektiven Bewußtseins, durch den gegebenen Stoff bedingt, für sich leer und haben ihre Anwendung und Gebrauch allein in der Erfahrung, deren anderer Bestandteil, die Gefühls- und Anschauungs-Bestimmungen, ebenso nur ein Subjektives ist.

§ 44

Die Kategorien sind daher unfähig, Bestimmungen des Absoluten zu sein, als welches nicht in einer Wahrnehmung gegeben ist, und der Verstand oder die Erkenntnis durch die Kategorien ist darum unvermögend, die *Dinge an sich zu* erkennen.

Das *Ding-an-sich* (und unter dem *Ding* wird auch der Geist, Gott, befaßt) drückt den Gegenstand aus, insofern von allem, was er für das Bewußtsein ist, von allen Gefühlsbestimmungen wie von allen bestimmten Gedanken desselben *abstrahiert* wird. Es ist leicht zu sehen, was übrigbleibt – das *völlige Abstraktum,* das ganz *Leere,* bestimmt nur noch als *Jenseits;* das *Negative* der Vorstellung, des Gefühls, des bestimmten Denkens usf. Ebenso einfach aber ist die Reflexion, daß dies *caput mortuum* selbst nur *das Produkt* des Denkens ist, eben des zur reinen Abstraktion fortgegangenen Denkens, des leeren Ich, das diese leere *Identität* seiner selbst sich zum *Gegenstande* macht. Die *negative* Bestimmung,

§ 43

D'une part, c'est par le moyen des catégories que la simple perception est élevée à l'objectivité, à l'*expérience,* mais, d'autre part, ces concepts, en tant qu'unités simplement de la conscience subjective, sont conditionnés par la matière donnée, pour eux-mêmes vides, et ils ont leur application et leur emploi uniquement dans l'expérience, dont l'autre partie constitutive – les déterminations du sentiment et de l'intuition – est de même seulement quelque chose de subjectif.

§ 44

Les catégories sont donc incapables d'être des déterminations de l'absolu, en tant que celui-ci n'est pas donné dans une perception, et l'entendement – ou la connaissance au moyen des catégories – est pour cette raison incapable de connaître les *choses-en-soi.*

La *chose-en-soi* (et sous la *chose* on comprend aussi l'esprit, Dieu) exprime l'ob-jet, dans la mesure où il est fait *abstraction* de tout ce qu'il est pour la conscience, de toutes les déterminations du sentiment comme de toutes les pensées déterminées qu'on en a. Il est aisé de voir ce qui reste, – la *complète abstraction*, l'être totalement *vide,* qui n'est plus déterminé que comme *au-delà* ; le *négatif* de la représentation, du sentiment, de la pensée déterminée, etc. Mais tout aussi simple est la réflexion que ce *caput mortuum* lui-même n'est que *le produit* de la pensée, précisément de la pensée qui a progressé jusqu'à la pure abstraction, du Moi vide qui se donne *pour ob-jet* cette vide *identité* de lui-même. La détermination

welche diese abstrakte Identität als *Gegenstand* erhält, ist gleichfalls unter den Kantischen Kategorien aufgeführt und eben etwas ganz Bekanntes wie jene leere Identität. – Man muß sich hiernach nur wundern, so oft wiederholt gelesen zu haben, man wisse nicht, was das *Ding-an-sich* sei; und es ist nichts leichter, als dies zu wissen.

§ 45

Es ist nun die *Vernunft,* das Vermögen des *Unbedingten*, welche das Bedingte dieser Erfahrungskenntnisse einsieht. Was hier Vernunftgegenstand heißt, das *Unbedingte* oder *Unendliche,* ist nichts anderes als das Sich-selbst-Gleiche, oder es ist die (§ 42) erwähnte *ursprüngliche Identität* des *Ich* im *Denken. Vernunft* heißt dies *abstrakte Ich* oder Denken, welches diese reine *Identität* sich zum Gegenstande oder Zweck macht. Vgl. Anm. z. vorh. §. Dieser schlechthin *bestimmungslosen* Identität sind die Erfahrungserkenntnisse unangemessen, weil sie überhaupt von *bestimmtem* Inhalte sind. Indem solches Unbedingte für das Absolute und Wahre der Vernunft (für die *Idee*) angenommen wird, so werden somit die Erfahrungskenntnisse für das Unwahre, für *Erscheinungen* erklärt.

§ 46

Es tritt aber das Bedürfnis ein, diese Identität oder das leere *Ding-an-sich* zu erkennen. *Erkennen* heißt nun nichts anderes, als einen Gegenstand nach seinem *bestimmten* Inhalte zu wissen. Bestimmter Inhalte aber enthält mannigfaltigen *Zusammenhang* in ihm selbst und

négative que cette identité abstraite reçoit en tant qu'*ob-jet* est également citée parmi les catégories kantiennes et elle est quelque chose de tout à fait bien connu, tout comme cette identité vide. On ne peut, d'après cela, que s'étonner d'avoir lu à de si nombreuses reprises, que l'on ne sait pas ce qu'est la *chose-en-soi* ; alors qu'il n'y a rien de plus aisé que de savoir cela.

§ 45

C'est alors la *raison,* la faculté de l'*inconditionné,* qui discerne ce qu'il y a de conditionné dans ces connaissances d'expérience. Ce qui s'appelle ici ob-jet de la raison, l'*inconditionné* ou *infini,* n'est rien d'autre que l'égal-à-soi-même, ou encore il est l'*identité originaire* – dont on a fait mention (§ 42) – du *Moi* dans la *pensée.* Le terme « *raison* » signifie ce Moi ou penser *abstrait* qui se donne cette *identité* pure pour ob-jet ou but. Cf. la Remarque du paragraphe précédent. A cette identité absolument *sans détermination* sont inadéquates les connaissances d'expérience, parce qu'elles sont en général d'un contenu *déterminé.* En tant qu'un tel inconditionné est pris pour l'absolu et le vrai de la raison (pour l'*Idée),* les connaissances d'expérience sont alors définies comme le non-vrai, comme des *phénomènes.*

§ 46

Mais le besoin survient, de connaître cette identité ou la vide *chose-en-soi.* Or, connaître ne signifie rien d'autre que savoir un ob-jet selon son contenu *déterminé.* Mais un contenu déterminé contient une connexion

begründet Zusammenhang mit vielen anderen Gegenständen. Für diese Bestimmung jenes Unendlichen oder *Dings-an-sich* hätte diese Vernunft nichts als die *Kategorien*; indem sie diese dazu gebrauchen will, wird sie *überfliegend* (transzendent).

Hier tritt die zweite Seite der *Vernunftkritik* ein, und diese zweite ist für sich wichtiger als die erste. Die erste ist nämlich die oben vorgekommene Ansicht, daß die *Kategorien* in der Einheit des Selbstbewußtseins ihre Quelle haben; daß somit die Erkenntnis durch dieselbe[n] in der Tat nichts Objektives enthalte und die ihnen zugeschriebene Objektivität (§ 40, 41) selbst nur etwas *Subjektives* sei. Wird nun hierauf gesehen, so ist die Kantische Kritik bloß ein *subjektiver* (platter) *Idealismus,* der sich nicht auf den *Inhalt* einläßt, nur die abstrakten Formen der Subjektivität vor sich hat, und zwar einseitigerweise bei der ersteren, der Subjektivität, als letzter schlechthin affirmativer Bestimmung stehenbleibt. Bei der Betrachtung aber der sogenannten *Anwendung,* welche die Vernunft von den Kategorien für die Erkenntnis ihrer Gegenstände mache, kommt der Inhalt der Kategorien wenigstens nach einigen Bestimmungen zur Sprache, oder wenigstens läge darin eine Veranlassung, wodurch er zur Sprache kommen könnte. Es hat ein besonderes Interesse zu sehen, wie *Kant* diese *Anwendung der Kategorien auf das Unbedingte,* d. h. die Metaphysik beurteilt; dies Verfahren soll hier mit wenigem angeführt und kritisiert werden.

multiforme dans lui-même et fonde une connexion avec beaucoup d'autres ob-jets [39]. Pour une telle détermination de cet infini ou de cette *chose-en-soi*, cette raison n'aurait rien d'autre que les *catégories ;* en voulant les employer à cette fin, elle devient *survolante* (transcendante).

Ici intervient le second côté de la *Critique de la raison,* et ce second côté est pour lui-même plus important que le premier. Le premier est en effet la manière de voir qui s'est présentée plus haut, à savoir que les *catégories* ont leur source dans l'unité de la conscience de soi ; que par conséquent la connaissance obtenue grâce à elle[s] ne contient en réalité rien d'objectif, et que l'objectivité qui leur est attribuée (§§ 40, 41) est elle-même seulement quelque chose de *subjectif.* Si l'on ne regarde que cela, la critique kantienne est simplement un *idéalisme subjectif* (plat) qui ne s'engage pas dans le *contenu,* n'a devant lui que les formes abstraites de la subjectivité et de l'objectivité, et, en vérité, s'en tient d'une manière unilatérale à la première, la subjectivité, en tant que détermination ultime absolument affirmative. Mais dans l'examen de l'*application* – comme il est dit – que la raison ferait des catégories pour la connaissance de ses ob-jets, le contenu des catégories vient en discussion du moins suivant quelques déterminations, ou du moins il y aurait là une occasion grâce à laquelle il pourrait venir en discussion [40]. Il y a un intérêt particulier à voir comment *Kant* juge *cette application des catégories à l'inconditionné,* c'est-à-dire la métaphysique ; cette démarche doit ici en quelques mots être rapportée et critiquée.

§ 47

1. Das *erste Unbedingte,* welches betrachtet wird, ist (s. oben § 34) die *Seele.* – In meinem Bewußtsein finde Ich mich immer α) als das *bestimmende Subjekt,* β) als ein *Singuläres* oder Abstrakt-Einfaches, γ) als das in allem Mannigfaltigen desjenigen, dessen ich mir bewußt bin, *Ein und Dasselbe,* – als *Identisches,* δ) als ein *mich* als Denkendes von allen *Dingen außer mir Unterscheidendes.*

Das Verfahren der vormaligen Metaphysik wird nun richtig angegeben, daß sie an die Stelle dieser *empirischen* Bestimmungen *Denkbestimmungen,* die entsprechenden *Kategorien* setze, wodurch diese vier Sätze entstehen, α) die *Seele ist Substanz,* β) sie ist *einfache* Substanz, γ) sie ist den verschiedenen Zeiten ihres Daseins nach *numerisch-identisch,* δ) sie steht im *Verhältnisse* zum *Räumlichen.*

An diesem Übergange wird der Mangel bemerklich gemacht, daß zweierlei Bestimmungen miteinander verwechselt werden (*Paralogismus*), nämlich empirische Bestimmungen mit Kategorien, daß es etwas Unberechtigtes sei, aus jenen auf diese zu *schließen,* überhaupt an die Stelle der ersteren die anderen zu setzen.

Man sieht, daß diese Kritik nichts anderes ausdrückt, als die oben § 39 angeführte *Humesche* Bemerkung, daß die Denkbestimmungen überhaupt – Allgemeinheit und Notwendigkeit – nicht in der Wahrnehmung angetroffen werden, daß das Empirische seinem Inhalte wie seiner Form nach verschieden sei von der Gedankenbestimmung.

§ 47

1° Le *premier inconditionné* qui est considéré [41] (voir plus haut, § 34) est l'*âme*. Dans ma conscience, je me trouve, moi, toujours α) comme le *sujet déterminant,* β) comme un être *singularisé* [42] ou abstraitement simple, γ) comme l'être qui, dans tout le divers de ce dont je suis conscient, est *un* et *le même,* – comme être *identique,* δ) comme un être qui *me différencie* en tant qu'être pensant de toutes les *choses hors de moi.*

La démarche de l'ancienne métaphysique est alors indiquée exactement, à savoir qu'elle pose à la place de ces déterminations *empiriques* des *déterminations-de-pensée,* les *catégories* correspondantes, moyennant quoi naissent ces quatre propositions : α) l'*âme est une substance,* β) elle est une substance *simple,* γ) elle est, suivant les divers moments temporels de son être-là, *numériquement identique,* δ) elle est *en rapport* avec ce qui est *spatial.*

Dans ce passage [43], on a fait remarquer le défaut consistant en ce que deux sortes de déterminations sont confondues les unes avec les autres *(paralogisme),* à savoir des déterminations empiriques avec des catégories, en ce que c'est quelque chose d'illégitime que de *conclure par syllogisme* de celles-là à celles-ci, d'une façon générale de poser, à la place des premières, les autres.

On voit que cette critique n'exprime rien d'autre que la remarque de *Hume* citée plus haut, § 39, à savoir que les déterminations-de-pensée en général – universalité et nécessité – ne se rencontrent pas dans la perception, que l'empirique, suivant son contenu comme suivant sa forme, est différent de la détermination de la pensée.

Wenn das Empirische die Beglaubigung des Gedankens ausmachen sollte, so wäre für diesen allerdings erforderlich, in Wahrnehmungen genau nachgewiesen werden zu können. – Daß von der Seele nicht die Substantialität, Einfachheit, Identität mit sich und die in der Gemeinschaft mit der materiellen Welt sich erhaltende Selbständigkeit behauptet werden könne, dies wird in der Kantischen Kritik der metaphysischen Psychologie allein darauf gestellt, daß die Bestimmungen, welche uns das Bewußtsein über die Seele *erfahren* läßt, nicht genau dieselben Bestimmungen sind, welche das *Denken* hierbei produziert. Nach der obigen Darstellung aber läßt auch Kant das *Erkennen* überhaupt, ja selbst das *Erfahren* darin bestehen, daß die *Wahrnehmungen* gedacht werden, d. h. die Bestimmungen, welche zunächst dem Wahrnehmen angehören, in Denk-bestimmungen *verwandelt* werden. – Immer ist es für einen guten Erfolg der Kantischen Kritik zu achten, daß das Philosophieren über den *Geist* von dem Seelendinge, von den Kategorien und damit von den Fragen über die *Einfachheit* oder *Zusammen-gesetztheit, Materialität* usf. der Seele, befreit worden ist. – Der wahrhafte Gesichtspunkt aber von der *Unzulässigkeit* solcher Formen wird selbst für den gewöhnlichen Menschenverstand doch nicht der sein, daß sie *Gedanken* sind, sondern vielmehr, daß solche Gedanken an und für sich nicht die Wahrheit enthalten. – Wenn Gedanke und Erscheinung einan-der nicht vollkommen entsprechen, so hat man zunächst die Wahl, das eine oder das andere für das Mangelhafte anzusehen. In dem Kantischen Idealis-mus, sofern er das Vernünftige betrifft, wird der

Si l'empirique devait constituer ce qui vérifie la pensée, il serait pour celle-ci assurément requis qu'elle puisse être montrée exactement dans des perceptions. – Que la substantialité, la simplicité, l'identité-à-soi et la subsistance-par-soi se conservant dans le commerce avec le monde matériel, ne puissent être affirmées de l'âme, cela repose, dans la critique kantienne de la psychologie métaphysique, uniquement sur ce fait que les déterminations dont la conscience nous fait *faire l'expérience* au sujet de l'âme ne sont pas exactement les mêmes déterminations que celles que la *pensée* produit dans ce cas. Mais, d'après l'exposé qui précède, Kant aussi fait consister le *connaître* en général, et même l'*expérience,* en ce que les *perceptions* sont pensées, c'est-à-dire en ce que les déterminations qui appartiennent tout d'abord au percevoir sont *changées* en déterminations-de-pensée [44]. – Toujours est-il qu'on peut considérer comme un bon résultat de la critique kantienne le fait que la réflexion philosophique sur l'*esprit* a été libérée de l'*âme-chose,* des catégories et par là des questions sur la *simplicité* ou l'*être-composé,* la *matérialité,* etc. de l'âme. – Pourtant, le point de vue vrai concernant le caractère *inadmissible* de telles formes ne va pas être, même pour l'entendement humain ordinaire, celui selon lequel elles sont des *pensées,* mais bien plutôt celui selon lequel de telles pensées, en et pour elles-mêmes, ne contiennent pas la vérité [45]. – Lorsque pensée et phénomène ne correspondent pas parfaitement l'un à l'autre, on a tout d'abord le choix de regarder l'un ou l'autre comme l'élément défectueux. Dans l'idéalisme kantien, pour autant qu'il concerne le rationnel, le

Mangel auf die Gedanken geschoben, so daß diese darum unzulänglich seien, weil sie nicht dem Wahrgenommenen und einem auf den Umfang des Wahrnehmens sich beschränkenden Bewußtsein adäquat, die Gedanken nicht als in solchem angetroffen werden. Der Inhalt des Gedankens für sich selbst kommt hier nicht zur Sprache.

§ 48

2. Bei dem Versuche der Vernunft, das Unbedingte des *zweiten* Gegenstandes (§ 35), *der Welt,* zu erkennen, gerät sie in *Antinomien,* d. h. in die Behauptung zweier *entgegengesetzter* Sätze über *denselben* Gegenstand, und zwar so, daß jeder dieser Sätze mit gleicher Notwendigkeit behauptet werden muß. Hieraus ergibt sich, daß der weltliche Inhalt, dessen Bestimmungen in solchen Widerspruch geraten, nicht *an sich,* sondern nur Erscheinung sein könne. Die *Auflösung* ist, daß der Widerspruch nicht in den Gegenstand an und für sich fällt, sondern allein der erkennenden Vernunft zukommt.

Hier kommt es zur Sprache, daß der Inhalt selbst, nämlich die Kategorien für sich, es sind, welche den Widerspruch herbeiführen. Dieser Gedanke, daß der Widerspruch, der am Vernünftigen durch die Verstandesbestimmungen gesetzt wird, *wesentlich* und *notwendig* ist, ist für einen der wichtigsten und tiefsten Fortschritte der Philosophie neuerer Zeit zu achten. So tief dieser Gesichtspunkt ist, so trivial ist die Auflösung; sie besteht nur in einer Zärtlichkeit

défaut est rejeté sur les pensées, de telle sorte que selon lui celles-ci sont insuffisantes parce qu'elles ne sont pas adéquates à ce qui est perçu et à une conscience se bornant à ce qu'embrasse le percevoir, parce que les pensées ne sont pas rencontrées comme étant dans une telle conscience. Le contenu de la pensée pour lui-même ne vient pas ici en discussion.

§ 48

2° Dans sa tentative pour connaître l'être inconditionné du *deuxième* objet (§ 35), du *monde* [46], la raison tombe dans des *antinomies,* c'est-à-dire dans l'affirmation de deux propositions *opposées* portant sur *le même* ob-jet, et cela de telle sorte que chacune de ces propositions doit être affirmée avec une égale nécessité. Il en résulte que le contenu du monde, dont les déterminations tombent dans une telle contradiction, ne saurait être *en soi,* mais seulement phénomène. La *solution* est que la contradiction ne tombe pas dans l'ob-jet en et pour lui-même, mais appartient uniquement à la raison connaissante.

Ici se trouve exprimé que c'est le contenu lui-même, c'est-à-dire que ce sont les catégories, pour elles-mêmes, qui amènent la contradiction. Cette pensée, que la contradiction qui est posée à même le rationnel par le fait des déterminations d'entendement, est *essentielle* et *nécessaire,* est à considérer comme l'un des plus importants et plus profonds progrès de la philosophie des temps modernes. Aussi profond est ce point de vue, aussi triviale est la solution ; elle consiste seulement en une tendre atten-

für die weltlichen Dinge. Das weltliche Wesen soll es nicht sein, welches den Makel des Widerspruchs an ihm habe, sondern derselbe *nur* der denkenden Vernunft, dem *Wesen* des *Geistes* zukommen. Man wird wohl dawider nichts haben, daß die *erscheinende* Welt dem betrachtenden Geiste Widersprüche zeige, – erscheinende Welt ist sie, wie sie für den subjektiven Geist, für *Sinnlichkeit* und *Verstand* ist. Aber wenn nun das weltliche *Wesen* mit dem geistigen *Wesen* verglichen wird, so kann man sich wundern, mit welcher Unbefangenheit die demütige Behauptung aufgestellt und nachgesprochen worden, daß nicht das weltliche Wesen, sondern das denkende Wesen, die Vernunft, das in sich widersprechende sei. Es hilft nichts, daß die Wendung gebraucht wird, die Vernunft gerate *nur* durch *die Anwendung der Kategorien* in den Widerspruch. Denn es wird dabei behauptet, dieses Anwenden sei *notwendig* und die Vernunft habe für das Erkennen keine anderen Bestimmungen als die Kategorien. Erkennen ist in der Tat *bestimmendes* und *bestimmtes* Denken; ist die Vernunft nur leeres, unbestimmtes Denken, so denkt sie *nichts*. Wird aber am Ende die Vernunft auf jene *leere Identität* reduziert (s. im folg. §), so wird auch sie am Ende glücklich noch von dem Widerspruche befreit durch die leichte Aufopferung alles Inhaltes und Gehaltes.

Es kann ferner bemerkt werden, daß die Ermangelung einer tieferen Betrachtung der Antinomie zunächst noch veranlaßte, daß Kant nur *vier* Antinomien aufführt. Er kam auf diese, indem er wie bei den sogenannten Paralogismen die Kategorientafel voraussetzte, wobei er die späterhin so beliebt

tion pour les choses du monde. Ce n'est pas l'essence du monde qui aurait en elle la tache de la contradiction, mais celle-ci appartiendrait *seulement* à la raison pensante, à l'*essence* de l'*esprit*. On n'aura rien, bien sûr, contre cette idée que le monde qui *apparaît* montre des contradictions à l'esprit qui l'observe, – monde qui apparaît, il l'est, tel qu'il est pour l'esprit subjectif, pour la *sensibilité* et l'*entendement*. Mais, si l'on compare l'*essence* du monde avec l'*essence* de l'esprit, on peut s'étonner [en voyant] avec quelle naïveté a été posée et répétée l'affirmation pleine d'humilité, que ce n'est pas l'essence du monde, mais l'essence de la pensée, la raison, qui se contredit elle-même en elle-même. Il ne sert à rien d'utiliser la tournure [de pensée] selon laquelle la raison tomberait dans la contradiction *seulement* du fait de l'*application des catégories*. Car, à ce sujet, il est affirmé que cette application est *nécessaire* et que la raison n'a pas, pour la connaissance, d'autres déterminations que les catégories. La connaissance est en réalité la pensée *déterminante* et *déterminée* ; si la raison est seulement une pensée vide, indéterminée, elle ne pense *rien*. Mais si, en fin de compte, la raison est réduite à cette *identité vide* (voir le paragraphe suivant), elle aussi est en fin de compte heureusement délivrée également de la contradiction, grâce au sacrifice aisé de tout ce qui a contenu et consistance [47].

On peut ensuite faire remarquer que le manque d'une étude plus approfondie de l'antinomie a d'abord encore amené Kant à ne citer que *quatre* antinomies. Il parvint à celles-ci en présupposant – comme lorsqu'il s'agissait de ce qu'il a appelé les paralogismes – la table des catégories, et, ce faisant, il

gewordene Manier anwendete, statt die Bestimmungen eines Gegenstandes aus dem Begriffe abzuleiten, denselben bloß unter ein sonst fertiges *Schema* zu setzen. Das weitere Bedürftige in der Ausführung der Antinomien habe ich gelegentlich in meiner *Wissenschaft der Logik* aufgezeigt. – Die Hauptsache, die zu bemerken ist, ist, daß nicht nur in den vier besonderen, aus der Kosmologie genommenen Gegenständen die Antinomie sich befindet, sondern vielmehr in *allen* Gegenständen aller Gattungen, in *allen* Vorstellungen, Begriffen und Ideen. Dies zu wissen und die Gegenstände in dieser Eigenschaft zu erkennen, gehört zum Wesentlichen der philosophischen Betrachtung; diese Eigenschaft macht das aus, was weiterhin sich als das *dialektische* Moment des Logischen bestimmt.

§ 49

3. Der *dritte* Vernunftgegenstand ist *Gott* (§ 36); welcher erkannt, d. i. *denkend bestimmt* werden soll. Für den Verstand ist nun gegen die einfache *Identität* alle Bestimmung nur eine *Schranke,* eine Negation als solche; somit ist alle Realität nur schrankenlos, d. i. *unbestimmt zu* nehmen, und Gott wird als Inbegriff aller Realitäten oder als das allerrealste Wesen zum *einfachen Abstraktum,* und für die Bestimmung bleibt nur die ebenso schlechthin abstrakte Bestimmtheit, das *Sein,* übrig. Abstrakte *Identität,* welche auch hier der Begriff genannt wird, und *Sein* sind die zwei Momente,

employa la manière de procéder – devenue plus tard si prisée – consistant, au lieu de dériver du concept les déterminations d'un ob-jet, à le placer simplement sous un *schéma* tout prêt par ailleurs. Ce qu'il y a encore d'indigent dans le développement des antinomies, je l'ai montré à l'occasion dans ma *Science de la Logique* [48]. – La chose principale qui est à remarquer, c'est que ce n'est pas seulement dans les quatre ob-jets particuliers empruntés à la cosmologie, que se rencontre l'antinomie, mais bien plutôt dans *tous* les ob-jets de tout genre, dans *toutes* les représentations, *tous* les concepts et *toutes* les Idées. Savoir cela et connaître les ob-jets selon cette propriété, cela fait partie de ce qu'il y a d'essentiel dans la réflexion philosophique ; cette propriété constitue ce qui se détermine plus loin comme le moment *dialectique* du logique.

§ 49

3° Le *troisième* ob-jet de la raison est *Dieu* (§ 36) [49] ; lequel doit être connu, c'est-à-dire *déterminé de façon pensante.* Or, pour l'entendement, toute détermination n'est à l'égard de l'*identité* simple qu'une *borne,* une négation en tant que telle ; par conséquent toute réalité ne peut être prise que sans borne, c'est-à-dire *qu'indéterminée,* et Dieu, en tant que concept inclusif de toutes les réalités ou en tant que l'essence la plus réelle de toutes, devient l'*abstraction simple,* tandis que pour la détermination il ne reste que la déterminité de même absolument abstraite, l'*être.* L'*identité* abstraite, qui est aussi nommée ici le concept, et l'*être* sont les deux

deren Vereinigung es ist, die von der Vernunft gesucht wird; sie ist das *Ideal* der Vernunft.

§ 50

Diese Vereinigung läßt *zwei Wege* oder Formen zu; es kann nämlich von dem *Sein* angefangen und von da zum *Abstraktum des Denkens* übergegangen, oder umgekehrt kann der Übergang vom *Abstraktum* aus zum *Sein* bewerkstelligt werden.

Was jenen Anfang mit dem Sein betrifft, so stellt sich das Sein, als das Unmittelbare, dar als ein unendlich vielfach bestimmtes Sein, eine erfüllte Welt. Diese kann näher bestimmt werden als eine Sammlung von unendlich vielen Zufälligkeiten überhaupt (im *kosmologischen* Beweise) oder als eine Sammlung von unendlich vielen *Zwecken* und *zweckmäßigen* Verhältnissen (im *physikotheologischen* Beweise). – Dieses erfüllte Sein *denken* heißt, ihm die Form von Einzelheiten und Zufälligkeiten abstreifen und es als ein allgemeines, an und für sich notwendiges und nach allgemeinen Zwecken sich bestimmendes und tätiges Sein, welches von jenem ersten verschieden ist, fassen, – als *Gott*. – Der Hauptsinn der Kritik dieses Ganges ist, daß derselbe ein Schließen, ein Übergang ist. Indem nämlich die *Wahrnehmungen* und deren Aggregat, die Welt, an ihnen als solchen nicht die Allgemeinheit zeigen, zu welcher das Denken jenen Inhalt reinigt, so werde hiermit diese Allgemeinheit nicht durch jene empirische Weltvorstellung berechtigt. Dem Aufsteigen des Gedankens von der empirischen Weltvorstellung zu Gott wird somit der *Humesche* Standpunkt entgegen-

moments dont la réunion est ce qui est recherché par la raison ; elle est l'*Idéal de la raison*.

§ 50

Cette réunion admet *deux voies ou* formes ; on peut en effet commencer par l'*être* et de là passer à l'*abstraction de la pensée*, ou inversement on peut opérer le passage de l'*abstraction* à l'*être*.

Pour ce qui concerne la première façon de commencer, à savoir par l'être, l'être se présente, en tant que l'immédiat, comme un être déterminé de manière infiniment variée, un monde en sa plénitude, Celui-ci peut être déterminé plus précisément comme une collection en général de contingences infiniment nombreuses (dans la preuve *cosmologique*) ou comme une collection de *fins* et de rapports de *finalité* infiniment nombreux (dans la preuve *physico-théologique*) [50]. – *Penser* cet être pris en sa plénitude, cela signifie le dépouiller de la forme [faite] de singularités et de contingences, et le saisir comme un être universel, nécessaire en et pour soi et qui se détermine et agit suivant des fins universelles, être qui est différent de cet être que nous avions en premier lieu ; – comme *Dieu*. – Le sens principal de la critique de cette démarche est que celle-ci est un enchaînement syllogistique, un passage. En tant qu'en effet les *perceptions* et leur agrégat, le monde, ne montrent pas, en eux-mêmes comme tels, l'universalité en direction de laquelle la pensée purifie ce contenu-là, cette universalité ne serait donc pas justifiée par cette représentation empirique du monde. A l'opération par laquelle la pensée s'élève de la représentation empirique du monde à Dieu, on oppose par

gesetzt (wie bei den Paralogismen, s. § 47) – der Standpunkt, der es für unzulässig erklärt, die Wahrnehmungen *zu denken,* d. i. das Allgemeine und Notwendige aus denselben herauszuheben.

Weil der Mensch denkend ist, wird es ebensowenig der gesunde Menschenverstand als die Philosophie sich je nehmen lassen, *von* und *aus* der empirischen Weltanschauung sich zu Gott zu erheben. Dieses Erheben hat nichts anderes zu seiner Grundlage als die *denkende,* nicht bloß sinnliche, tierische Betrachtung der Welt. Für das Denken und *nur* für das Denken ist das *Wesen,* die *Substanz*, die *allgemeine Macht* und *Zweckbestimmung* der Welt. Die sogenannten Beweise vom Dasein Gottes sind nur als die *Beschreibungen* und Analysen *des Ganges des Geistes* in sich anzusehen, der ein *denkender* ist und das Sinnliche denkt. Das *Erheben* des Denkens über das Sinnliche, das *Hinausgehen* desselben über das Endliche zum Unendlichen, der *Sprung,* der mit Abbrechung der Reihen des Sinnlichen ins Übersinnliche gemacht werde, alles dieses ist das Denken selbst, dies Übergehen ist *nur Denken*. Wenn solcher Übergang nicht gemacht werden soll, so heißt dies, es soll nicht gedacht werden. In der Tat machen die Tiere solchen Übergang nicht; *sie* bleiben bei der sinnlichen Empfindung und Anschauung stehen; sie haben deswegen keine Religion. Es ist sowohl überhaupt als insbesondere über die Kritik dieses Erhebens des Denkens zweierlei zu bemerken. *Erstens,* wenn dasselbe in die Form von *Schlüssen* (sogenannten *Beweisen* vom Dasein Gottes) gebracht ist, so ist der *Ausgangspunkt* allerdings die Weltanschauung, auf irgendeine Weise als ein Aggregat

conséquent le point de vue de *Hume* (comme dans les Paralogismes, v. § 47), – le point de vue qui tient pour inadmissible de *penser* les perceptions, c'est-à-dire d'en dégager ce qui est universel et nécessaire.

Parce que l'homme est pensant, pas plus le bon sens que la philosophie ne se laisseront un jour dissuader de s'élever à Dieu *en partant* et *en sortant de* l'intuition empirique du monde. Cette élévation n'a rien d'autre à sa base que la contemplation *pensante,* non simplement sensible, animale, du monde. C'est pour la pensée et *seulement* pour la pensée qu'est l'*essence,* la *substance,* la *puissance universelle* et la *détermination finalisée* du monde. On ne peut regarder ce qu'on appelle les preuves de l'être-là de Dieu que comme les *descriptions* et analyses du *cheminement* en lui-même *de l'esprit,* qui est un esprit *pensant* et pense le sensible. L'*élévation* de la pensée au-dessus du sensible, son mouvement d'*aller au-delà du* fini en direction de l'infini, le *saut* que l'on ferait dans le suprasensible en rompant avec les séries du sensible, tout cela c'est la pensée même, ce passage est *seulement pensée* [51]. Si un tel passage ne doit pas être opéré, cela signifie qu'on ne doit pas penser. En fait, les animaux n'opèrent pas un tel passage ; *ils* en restent à l'impression et intuition sensible ; ils n'ont pour cette raison aucune religion. Il y a, aussi bien d'une façon générale qu'en particulier au sujet de la critique de cette élévation de la pensée, deux sortes de remarques à faire. *Premièrement,* lorsqu'elle est mise sous la forme de *syllogisme* (de ce que l'on appelle *preuves* de l'être-là de Dieu), le *point de départ* est, assurément, l'intuition du monde, déterminé de quelque façon comme un agrégat de contingences ou

von Zufälligkeiten oder von Zwecken und zweck-mäßigen Beziehungen bestimmt. Dieser Ausgangs-punkt kann scheinen, im Denken, insofern es *Schlüsse* macht, als *feste Grundlage* und ganz so empirisch, wie dieser Stoff zunächst ist, zu *bleiben* und *belassen zu* werden. Die Beziehung des Ausgangspunktes auf den Endpunkt, zu welchem fortgegangen wird, wird so als nur *affirmativ* vorgestellt als ein Schließen von *einem,* das *sei* und *bleibe,* auf ein *anderes,* das ebenso *auch sei.* Allein es ist der große Irrtum, die Natur des Denkens nur in dieser Verstandesform erkennen zu wollen. Die empirische Welt denken heißt vielmehr wesentlich, ihre empirische Form umändern und sie in ein Allgemeines verwandeln; das Denken übt zugleich eine *negative* Tatigkeit auf jene Grundlage aus; der wahrgenommene Stoff, wenn er durch Allgemeinheit bestimmt wird, *bleibt nicht* in seiner ersten empirischen Gestalt. Es wird der innere *Gehalt* des Wahrgenommenen mit Entfernung und *Negation* der Schale herausgehoben (vgl. § 13 u. 23). Die metaphysischen Beweise vom Dasein Gottes sind darum mangelhafte Auslegungen und Beschrei-bungen der Erhebung des Geistes von der Welt zu Gott, weil sie das Moment *der Negation,* welches in dieser Erhebung enthalten ist, nicht ausdrücken oder vielmehr nicht herausheben, denn darin, daß die Welt *zufällig* ist, liegt es selbst, daß sie nur ein *Fallendes,* Erscheinendes, an und für sich *Nichtiges* ist. Der Sinn der Erhebung des Geistes ist, daß der Welt zwar Sein zukomme, das aber nur Schein ist, nicht das wahr-hafte Sein, nicht absolute Wahrheit, daß diese

de fins et de relations de finalité. Dans la pensée, pour autant qu'elle fait des syllogismes, ce point de départ peut paraître *demeurer* et être *laissé* comme une *assise fondamentale fixe,* et comme tout aussi empirique que l'est tout d'abord cette matière[52]. La relation du point de départ au point final où mène la progression est ainsi représentée comme seulement *affirmative,* en tant qu'elle est une opération syllogistique qui conclut d'un terme qui *serait* et *demeurerait,* à un autre terme qui, de même, *serait* aussi. Mais c'est la grande erreur, que de vouloir connaître la nature de la pensée seulement dans cette forme propre à l'entendement. Penser le monde empirique signifie bien plutôt essentiellement : changer entièrement sa forme empirique et la transformer en un universel ; la pensée exerce en même temps une activité *négatrice* sur cette assise fondamentale-là ; la matière perçue, lorsqu'elle est déterminée au moyen de l'universalité, *ne demeure pas* dans sa figure empirique première. On fait ressortir le *contenu consistant* intérieur du perçu avec la mise à l'écart et la *négation* de l'écorce (cf. §§ 13 et 23). Les preuves métaphysiques de l'être-là de Dieu sont pour cette raison des explicitations et descriptions défectueuses de l'élévation de l'esprit du monde à Dieu, parce qu'elles n'expriment pas, ou plutôt ne font pas ressortir, le moment de la *négation* qui est contenu dans cette élévation, car, dans le fait que le monde est *contingent,* est impliqué ceci même, à savoir qu'il est seulement quelque chose qui *s'écroule,* qui apparaît, qui est en et pour soi du *néant.* Le sens de l'élévation de l'esprit est qu'au monde peut bien appartenir un être, mais qui est seulement une apparence, non l'être véritable, non

vielmehr jenseits jener Erscheinung nur in Gott ist, Gott nur das wahrhafte Sein ist. Indem diese Erhebung *Übergang* und *Vermittlung* ist, so ist sie ebensosehr *Aufheben* des *Überganges* und der Vermittlung, denn das, wodurch Gott vermittelt scheinen könnte, die Welt, wird vielmehr für das Nichtige erklärt; nur die *Nichtigkeit* des *Seins* der Welt ist das Band der Erhebung, so daß das, was als das Vermittelnde ist, verschwindet, und damit in dieser Vermittlung selbst die Vermittlung aufgehoben wird. – Es ist vornehmlich jenes nur als *affirmativ* gefaßte Verhältnis als Verhältnis zwischen zwei Seienden, an das sich *Jacobi* hält, indem er das Beweisen des Verstandes bekämpft; er macht demselben den gerechten Vorwurf, daß damit *Bedingungen* (die Welt) für das *Unbedingte* aufgesucht werden, daß das *Unendliche* (Gott) auf solche Weise als *begründet* und *abhängig* vorgestellt werde. Allein jene Erhebung, wie sie im Geiste ist, korrigiert selbst diesen Schein; ihr ganzer Gehalt vielmehr ist die Korrektion dieses Scheins. Aber diese wahrhafte Natur des wesentlichen Denkens, in der Vermittlung die Vermittlung selbst aufzuheben, hat Jacobi nicht erkannt und daher fälschlich den richtigen Vorwurf, den er dem nur reflektierenden Verstande macht, für einen das Denken überhaupt, damit auch das vernünftige Denken treffenden Vorwurf gehalten.

Zur Erläuterung von dem Übersehen des *negativen* Moments kann beispielsweise der Vorwurf angeführt werden, der dem *Spinozismus* gemacht wird, daß er Pantheismus und Atheismus sei. Die

une vérité absolue, que celle-ci, bien plutôt, est au-delà de cette apparition, seulement en Dieu, que Dieu seulement est l'être véritable. En tant que cette élévation est *passage* et *médiation,* elle est tout autant *suppression* du *passage* et de la médiation, car ce par quoi Dieu pourrait paraître médiatisé, le monde, est bien plutôt qualifié comme ce qui a un caractère de néant ; c'est seulement le caractère de *néant* de l'*être* du monde, qui est le lien [53] de l'élévation, de sorte que ce qui est comme l'élément médiatisant disparaît, et que par là, dans cette médiation elle-même, la médiation est supprimée. – C'est surtout à ce rapport saisi seulement comme *affirmatif* en tant que rapport entre deux étants, que s'en tient et s'en prend [54] *Jacobi* [55], en combattant l'opération de la preuve propre à l'entendement ; il dirige contre elle le reproche justifié, que par là des *conditions* (le monde) sont cherchées pour l'*inconditionné,* que l'*infini* (Dieu) est de cette manière représenté comme *fondé* et *dépendant.* Mais cette élévation, telle qu'elle est dans l'esprit, corrige elle-même cette apparence ; sa teneur essentielle, bien plutôt, est la correction de cette apparence. Mais cette nature véritable de la pensée en son essence, qui consiste à supprimer dans la médiation la médiation elle-même, Jacobi ne l'a pas reconnue, et de là vient qu'il a tenu, à tort, le juste reproche qu'il fait à l'entendement seulement réfléchissant, pour un reproche atteignant la pensée en général, par là aussi la pensée rationnelle.

En vue d'élucider l'attitude consistant à ne pas voir le moment *négatif,* on peut à titre d'exemple citer le reproche qui est fait au *spinozisme,* à savoir qu'il serait un panthéisme et un athéisme [56]. La *substance*

absolute Substanz Spinozas ist freilich noch nicht der absolute *Geist,* und es wird mit Recht gefordert, daß Gott als absoluter Geist bestimmt werden müsse. Wenn aber Spinozas Bestimmung so vorgestellt wird, daß er Gott mit der Natur, mit der endlichen Welt vermische und die Welt zu Gott mache, so wird dabei vorausgesetzt, daß die endliche Welt wahrhafte Wirklichkeit, *affirmative Realität* besitze. Mit dieser Voraussetzung wird freilich mit einer Einheit Gottes und der Welt Gott schlechthin verendlicht und zur bloßen endlichen, äußerlichen Mannigfaltigkeit der Existenz herabgesetzt. Abgesehen davon, daß Spinoza Gott nicht [so] definiert, daß er die Einheit Gottes und der Welt, sondern daß er die Einheit des *Denkens* und der Ausdehnung (der materiellen Welt) sei, so liegt es schon in dieser Einheit, selbst auch wenn sie auf jene erste, ganz ungeschickte Weise genommen wird, daß in dem Spinozischen Systeme vielmehr die Welt nur als ein Phänomen, dem nicht wirkliche Realität zukomme, bestimmt wird, so daß dieses System vielmehr als *Akosmismus* anzusehen ist. Eine Philosophie, welche behauptet, daß Gott und *nur* Gott *ist,* dürfte wenigstens nicht für Atheismus ausgegeben werden. Schreibt man doch den Völkern, welche den Affen, die Kuh, steinerne, eherne Statuen usf. als Gott verehren, noch Religion zu. Aber im Sinne der Vorstellung geht es noch vielmehr gegen den Mann, ihre eigene Voraussetzung aufzugeben, daß dies ihr Aggregat von Endlichkeit, welches *Welt* genannt wird, wirkliche Realität habe. Daß *es*, wie sie sich etwa ausdrücken könnte, *keine Welt gebe*, so etwas

absolue de Spinoza n'est pas encore, il est vrai, l'*esprit* absolu, et l'on exige à bon droit que Dieu soit déterminé comme esprit absolu. Mais, lorsqu'on représente la détermination qu'on trouve chez Spinoza, d'une manière telle qu'il confondrait Dieu avec la nature, avec le monde fini, et ferait du monde Dieu, on présuppose alors que le monde fini possède une effectivité véritable, une *réalité affirmative*. Avec cette présupposition, Dieu, à la vérité, est, avec [l'affirmation d'] une unité de Dieu et du monde, absolument finitisé et rabaissé à la simple multiplicité variée finie, extérieure, de l'existence. Abstraction faite de ce que Spinoza ne définit pas Dieu en disant qu'il est l'unité de Dieu et du monde, mais en disant qu'il est l'unité de la *pensée* et de l'*étendue* (du monde matériel), il est impliqué déjà dans cette unité, même encore lorsqu'elle est prise de cette première manière-là, tout à fait gauche, que dans le système spinoziste le monde est bien plutôt déterminé seulement comme un phénomène auquel ne saurait appartenir une réalité effective, de sorte que ce système est à regarder bien plutôt comme un *acosmisme* [57]. Une philosophie qui affirme que Dieu, et *seulement* Dieu, *est,* on pourrait, pour le moins, ne pas la donner pour un athéisme. On attribue bien encore une religion aux peuples qui révèrent comme Dieu le singe, la vache, des statues de pierre, d'airain, etc. ! Mais dans l'esprit qui est celui de la représentation, il est encore bien plus contraire à l'homme, de renoncer à la présupposition propre à celle-ci, à savoir que cet agrégat de finitude qui est en elle et qu'on appelle le *monde* a une réalité effective. Qu'*il n'y ait* – comme elle pourrait à peu près s'exprimer – *aucun monde :* admettre

anzunehmen, hält man leicht für ganz unmöglich oder wenigstens für viel weniger möglich, als daß es einem in den Kopf kommen könne, daß *es keinen Gott gebe.* Man glaubt, und dies eben nicht zur eigenen Ehre, viel leichter, daß ein System Gott leugne, als daß es die Welt leugne; man findet viel begreiflicher, daß Gott geleugnet werde, als daß die Welt geleugnet werde.

Die *zweite* Bemerkung betrifft die Kritik des *Gehalts,* den jene denkende Erhebung zunächst gewinnt. Dieser Gehalt, wenn er nur in den Bestimmungen der *Substanz* der Welt, des *notwendigen Wesens* derselben, einer *zweckmäßig einrichtenden* und *dirigierenden Ursache* usf. besteht, ist freilich dem nicht angemessen, was unter *Gott* verstanden wird oder verstanden werden soll. Allein abgesehen von der Manier, eine Vorstellung von Gott vorauszusetzen und nach solcher Voraussetzung ein Resultat zu beurteilen, so haben jene Bestimmungen schon großen Wert und sind notwendige Momente in der Idee Gottes. Um in diesem Wege den Gehalt in seiner wahrhaften Bestimmung, die wahrhafte Idee Gottes vor das Denken zu bringen, dafür muß freilich der Ausgangspunkt nicht von untergeordnetem Inhalte aus genommen werden. Die *bloß zufälligen* Dinge der Welt sind eine sehr abstrakte Bestimmung. Die organischen Gebilde und deren Zweckbestimmungen gehören dem höheren Kreise, *dem Leben,* an. Allein außerdem, daß die Betrachtung der lebendigen Natur und der sonstigen Beziehung der vorhandenen Dinge auf *Zwecke* durch Geringfügigkeit von Zwecken, ja durch selbst kindische Anführungen von Zwecken und deren Beziehungen verunreinigt werden kann, so

quelque chose de tel, on le tient facilement pour tout à fait impossible ou du moins pour bien moins possible que le fait qu'il pourrait venir en l'esprit de quelqu'un, qu'il *n'y a aucun Dieu.* On croit, et cela ne fait pas précisément honneur, beaucoup plus facilement qu'un système nie Dieu, que l'on ne croit qu'il nie le monde ; on trouve beaucoup plus concevable la négation de Dieu que la négation du monde.

La *deuxième* remarque concerne la critique du *contenu consistant* que cette élévation pensante atteint tout d'abord. Ce contenu consistant, s'il est constitué seulement par les déterminations de la *substance* du monde, de son *essence nécessaire,* d'une *cause organisant* et *dirigeant* [les choses] selon la *finalité,* etc., n'est pas, en vérité, adéquat à ce qu'on entend ou doit entendre par *Dieu.* Mais, abstraction faite de la manière de procéder qui consiste à présupposer une représentation de Dieu et à apprécier un résultat d'après une telle représentation, ces déterminations-là ont déjà une grande valeur et sont des moments nécessaires dans l'Idée de Dieu. Pour, dans cette voie [58], amener devant la pensée le contenu consistant en sa détermination vraie, l'Idée vraie de Dieu, il faut, en vérité, que le point de départ ne soit pas emprunté à un contenu subordonné. Les choses *simplement contingentes* du monde constituent une détermination très abstraite. Les formations organiques et leurs déterminations finalisées appartiennent à la sphère supérieure, à la *vie.* Mais, outre que la considération de la nature vivante et de la relation aussi qui rapporte les choses existantes à des *fins,* peut être viciée par l'insignifiance des fins, voire par même des citations puériles de fins et de relations entre celles-ci,

ist die nur lebendige Natur selbst in der Tat noch nicht dasjenige, woraus die wahrhafte *Bestimmung* der Idee Gottes gefaßt werden kann; Gott ist mehr als lebendig, er ist Geist. Die *geistige* Natur ist allein der würdigste und wahrhafteste *Ausgangspunkt* für das Denken des Absoluten, insofern das Denken sich einen Ausgangspunkt nimmt und den nächsten nehmen will.

§ 51

Der *andere Weg der Vereinigung,* durch die das *Ideal* zustande kommen soll, geht vom *Abstraktum des Denkens* aus fort zur Bestimmung, für die nur *das Sein* übrigbleibt; *ontologischer Beweis vom Dasein Gottes.* Der Gegensatz, der hier vorkommt, ist der des *Denkens* und *Seins,* da im ersten Wege das *Sein* den beiden Seiten gemeinschaftlich ist und der Gegensatz nur den Unterschied von dem Vereinzelten und Allgemeinen betrifft. Was der Verstand diesem anderen Wege entgegenstellt, ist an sich dasselbe, was soeben angeführt worden, daß nämlich, wie in dem Empirischen sich das Allgemeine nicht vorfinde, so sei ebenso umgekehrt im Allgemeinen das Bestimmte nicht enthalten, und das Bestimmte ist hier das Sein. Oder das Sein könne nicht aus dem Begriffe abgeleitet und herausanalysiert werden.

Die Kantische Kritik des ontologischen Beweises hat ohne Zweifel auch dadurch eine so unbedingt günstige Auf- und Annahme gefunden, daß Kant zur Verdeutlichung, welch ein Unterschied sei zwischen Denken und Sein, das Beispiel von den *hundert Talern* gebraucht hat, die dem *Begriffe* nach gleich

la nature seulement vivante elle-même n'est pas encore en réalité ce à partir de quoi la vraie *détermination* de l'Idée de Dieu peut être saisie : Dieu est plus que vivant, il est esprit. La nature *spirituelle* est seule le *point de départ* le plus digne et le plus vrai pour la pensée de l'absolu, pour autant que la pensée se donne un point de départ et veut se donner le plus proche.

§ 51

L'autre *voie de la réunion* par laquelle l'*Idéal* doit être réalisé part de l'*abstraction de la pensée* et progresse *en direction de* la détermination, pour laquelle il ne reste que l'*être* ; – *preuve ontologique* de l'*être-là de Dieu*. L'opposition qui se présente ici est celle de la *pensée* et de l'*être,* alors que dans la première voie l'*être* est commun aux deux côtés et que l'opposition ne concerne que la différence de ce qui est singularisé et de l'universel. Ce que l'entendement oppose à cette autre voie est en soi la même chose que ce qui vient d'être rapporté, à savoir que, de même que dans l'empirique l'universel ne se trouverait pas déjà là, de même, inversement, dans l'universel, ce qui est déterminé ne serait pas contenu, et ce qui est déterminé est ici l'être. Ou encore, l'être ne pourrait pas être dérivé du concept et tiré de lui par analyse [59].

Si la critique kantienne de la preuve ontologique a rencontré un accueil et une approbation si inconditionnellement favorables, cela vient sans doute aussi du fait que Kant, pour rendre plus claire la différence qu'il y avait entre la pensée et l'être, a utilisé l'exemple des *cent thalers* [60] qui, suivant le *concept,*

hundert seien, ob sie nur möglich oder wirklich seien; aber für *meinen* Vermögenszustand mache dies einen wesentlichen Unterschied aus. – Nichts kann so einleuchtend sein, als daß dergleichen, was ich mir denke oder vorstelle, darum noch nicht *wirklich ist,* – der Gedanke, daß Vorstellen oder auch der Begriff zum Sein nicht hinreicht. – Abgesehen davon, daß es nicht mit Unrecht eine Barbarei genannt werden könnte, dergleichen wie hundert Taler einen Begriff zu nennen, so sollten doch wohl zunächst diejenigen, die immer und immer gegen die philosophische Idee wiederholen, daß *Denken und Sein verschieden* seien, voraussetzen, den Philosophen sei dies gleichfalls nicht unbekannt; was kann es in der Tat für eine trivialere Kenntnis geben? Alsdann aber müßte bedacht werden, daß, wenn von *Gott* die Rede ist, dies ein Gegenstand anderer Art sei als hundert Taler und *irgendein* besonderer Begriff, Vorstellung oder wie es Namen haben wolle. In der Tat ist alles *Endliche* dies und *nur* dies, daß das *Dasein desselben von seinem Begriffe verschieden ist.* Gott aber soll ausdrücklich das sein, das nur »*als existierend gedacht*« werden kann, wo der Begriff das Sein in sich schließt. Diese Einheit des Begriffs und des Seins ist es, die den Begriff Gottes ausmacht. Es ist dies freilich noch eine formale Bestimmung von Gott, die deswegen in der Tat nur die Natur des *Begriffes* selbst enthält. Daß aber dieser schon in seinem ganz abstrakten Sinne das *Sein* in sich schließe, ist leicht einzusehen. Denn der Begriff, wie er sonst bestimmt werde, ist wenigstens die durch Aufhebung der Vermittlung hervor-

seraient également cent, qu'ils soient seulement possibles ou effectifs ; alors que pour l'état de *ma* fortune cela constituerait une différence essentielle. – Rien ne peut être aussi évident que l'idée que quelque chose dont j'ai une pensée ou une représentation n'est pas encore *effectif* pour autant, – la pensée que la représentation ou encore le concept ne suffisent pas pour [donner] l'être. – Abstraction faite de ce que l'on pourrait, non à tort, nommer barbare le fait de nommer quelque chose de tel que cent thalers un concept, ceux qui répètent sans cesse à l'encontre de l'Idée philosophique que *pensée et être* sont *différents* [61], devraient pourtant bien tout d'abord présupposer que cela n'est également pas inconnu des philosophes ; quelle connaissance plus triviale peut-il y avoir en réalité ? Mais il faudrait ensuite songer que, lorsqu'il est question de *Dieu,* c'est là un ob-jet d'une autre espèce que cent thalers et qu'un *quelconque* concept – représentation, ou quelque nom qu'on emploie – particulier. En réalité tout être *fini* est ceci et *seulement* ceci, à savoir que *son être-là est différent de son concept.* Mais Dieu doit être expressément ce qui peut être seulement « *pensé comme existant* » [62], où le concept inclut en lui l'être. C'est cette unité du concept et de l'être qui constitue le concept de Dieu. – C'est là, en vérité, encore une détermination formelle de Dieu, qui pour cette raison contient en fait seulement la nature du *concept* lui-même [63]. Mais que celui-ci, déjà en son sens tout à fait abstrait, inclue en lui l'être, c'est facile à discerner. Car le concept, de quelque manière qu'il soit déterminé par ailleurs, est du moins la *relation* à soi-même qui vient au jour moyennant la suppression

gehende, somit selbst *unmittelbare Beziehung* auf sich
selbst; das Sein ist aber nichts anderes als dieses. – Es
müßte, kann man wohl sagen, sonderbar zugehen,
wenn dies Innerste des Geistes, der Begriff, oder auch
wenn Ich oder vollends die konkrete Totalität, welche
Gott ist, nicht einmal so reich wäre, um eine so arme
Bestimmung, wie *Sein* ist, ja welche die allerärmste,
die abstrakteste ist, in sich zu enthalten. Es kann für
den Gedanken dem Gehalte nach nichts Geringeres
geben als *Sein.* Nur dies mag noch geringer sein, was
man sich etwa beim Sein zunächst vorstellt, nämlich
eine *äußerliche, sinnliche* Existenz wie die des
Papiers, das ich hier vor mir habe; von einer sinnlichen Existenz eines beschränkten, vergänglichen
Dinges aber wird man ohnehin nicht sprechen wollen.
– Übrigens vermag die triviale Bemerkung der
Kritik, daß der Gedanke und das Sein verschieden
seien, dem Menschen etwa den Gang seines Geistes
vom *Gedanken* Gottes aus zu der Gewißheit, daß er
ist, höchstens zu stören, aber nicht zu benehmen.
Dieser Übergang, die absolute Unzertrennlichkeit des
Gedankens Gottes von seinem Sein ist es auch, was in
der Ansicht *des unmittelbaren Wissens* oder *Glaubens*
in sein Recht wieder hergestellt worden ist, wovon
nachher.

§ 52

Dem *Denken* bleibt auf diese Weise auf seiner
höchsten Spitze die *Bestimmtheit* etwas *Äußerliches*; es
bleibt nur schlechthin *abstraktes Denken,* welches hier
immer *Vernunft* heißt. Diese, ist hiermit das Resultat,

de la médiation, par conséquent la relation elle-même *immédiate* à soi-même ; mais l'être n'est rien d'autre que cela. – Il devrait, peut-on bien dire, en aller singulièrement si cet être le plus intime de l'esprit, le concept, ou encore si le Moi ou, qui plus est, la totalité concrète qu'est Dieu n'étaient pas même assez riches pour contenir en eux une détermination aussi pauvre que l'*être,* et même, qui est la plus pauvre de toutes, la plus abstraite. Pour la pensée il ne peut rien y avoir, suivant le contenu consistant, de plus mince que l'*être.* Seul, peut être encore plus mince ce que l'on vient à se représenter tout d'abord quand il est question de l'être, à savoir une existence *sensible extérieure* comme celle du papier que j'ai ici devant moi ; mais d'une existence sensible d'une chose bornée, passagère, on ne voudra d'ailleurs pas parler. – Du reste, la remarque triviale de la Critique, selon laquelle la pensée et l'être seraient différents, a peut-être le pouvoir, quant au cheminement qui mène l'esprit de l'homme de la *pensée* de Dieu à la certitude qu'il *est,* tout au plus de le troubler, mais non de l'interrompre. Ce passage, l'inséparabilité absolue de la pensée de Dieu d'avec son être, est aussi ce qui a été restauré dans son droit dans la manière de voir qui est celle du *savoir immédiat ou* de la *croyance,* ce dont on parlera plus tard [64].

§ 52

Pour la *pensée,* prise à sa pointe extrême, la *déterminité* reste, de cette manière, quelque chose d'*extérieur* ; il ne reste qu'une *pensée* absolument *abstraite* qui s'appelle ici toujours *raison.* Cette raison – en cela

liefert nichts als *die formelle Einheit* zur Vereinfachung und Systematisierung der Erfahrungen, ist ein *Kanon,* nicht ein *Organon* der *Wahrheit,* vermag nicht eine *Doktrin* des Unendlichen, sondern nur eine *Kritik* der Erkenntnis zu liefern. Diese Kritik besteht in ihrer letzten Analyse in der *Versicherung,* daß das Denken in sich nur die *unbestimmte Einheit* und die *Tätigkeit* dieser *unbestimmten Einheit* sei.

§ 53

b) Die *praktische Vernunft* wird als der sich selbst und zwar auf *allgemeine* Weise bestimmende, d. i. *denkende* Wille gefaßt. Sie soll imperative, objektive Gesetze der Freiheit geben, d. i. solche, welche sagen, was *geschehen soll.* Die Berechtigung, hier das Denken als *objektiv bestimmende* Tätigkeit (d. i. in der Tat *eine* Vernunft) anzunehmen, wird darein gesetzt, daß die praktische Freiheit *durch Erfahrung bewiesen,* d. i. in der Erscheinung des Selbstbewußtseins nachgewiesen werden könne. Gegen diese Erfahrung im Bewußtsein rekurriert alles, was der Determinismus ebenso aus der Erfahrung dagegen vorbringt, insbesondere die skeptische (auch Humesche) Induktion von der *unendlichen Verschiedenheit* desjenigen, was für Recht und Pflicht unter den Menschen gilt, d. i. der objektiv sein sollenden Gesetze der Freiheit.

§ 54

Für das, was das praktische Denken sich zum Gesetz mache, für das Kriterium *des Bestimmens* seiner in sich

consiste le résultat – ne fournit rien d'autre que l'*unité formelle* en vue de la simplification et systématisation des expériences, est un *canon,* non un *organon* de la vérité, ne peut fournir une *doctrine* de l'infini, mais seulement une *critique* de la connaissance. Cette critique consiste, en dernière analyse, dans l'*assurance* que la pensée n'est en elle-même que l'*unité indéterminée* et l'*activité* de cette *unité indéterminée.*

§ 53

b) La *raison pratique* est appréhendée comme la volonté se déterminant elle-même et cela d'une manière *universelle,* c'est-à-dire comme la volonté *pensante.* Elle doit donner des lois impératives, objectives, de la liberté, c'est-à-dire des lois qui énoncent ce qui *doit se faire.* L'autorisation d'admettre ici la pensée comme une activité qui *détermine de façon objective* (c'est-à-dire, en réalité, une *raison*) est placée en ce que la liberté pratique pourrait être *prouvée par expérience,* c'est-à-dire montrée dans le phénomène de la conscience de soi. Contre cette expérience intérieure à la conscience on voit revenir tout ce que le déterminisme met en avant contre elle en partant aussi bien de l'expérience, en particulier l'induction sceptique (aussi humienne) de la *diversité infinie* de ce qui passe pour droit et devoir parmi les hommes, c'est-à-dire des lois – qui devraient être objectives – de la liberté.

§ 54

Pour ce que la pensée pratique se proposerait comme loi, pour le critère de la *détermination* de soi en soi-

selbst, ist wieder nichts anderes vorhanden als dieselbe *abstrakte Identität* des Verstandes, daß kein Widerspruch in dem Bestimmen stattfinde; – die *praktische* Vernunft kommt damit über den Formalismus nicht hinaus, welcher das Letzte der *theoretischen* Vernunft sein soll.

Aber diese praktische Vernunft setzt die allgemeine Bestimmung, *das Gute,* nicht nur *in sich,* sondern ist erst eigentlicher *praktisch* in der Forderung, daß das Gute weltliches Dasein, äußerliche Objektivität habe, d. i. daß der Gedanke nicht bloß *subjektiv,* sondern objektiv überhaupt sei. Von diesem Postulate der praktischen Vernunft nachher.

§ 55

c) Der *reflektierenden Urteilskraft* wird das Prinzip eines *anschauenden Verstandes* zugeschrieben, d. i. worin das *Besondere,* welches für das *Allgemeine* (die abstrakte Identität) *zufällig* sei und davon nicht abgeleitet werden könne, durch dies Allgemeine selbst bestimmt werde, – was in den Produkten der *Kunst* und der *organischen* Natur erfahren werde.

Die *Kritik der Urteilskraft* hat das Ausgezeichnete, daß Kant in ihr die Vorstellung, ja den Gedanken *der Idee* ausgesprochen hat. Die Vorstellung eines *intuitiven Verstandes, innerer* Zweckmäßigkeit usf. ist das *Allgemeine* zugleich als an ihm selbst *konkret* gedacht. In diesen Vorstellungen allein zeigt daher die Kantische Philosophie sich *spekulativ.* Viele, namentlich *Schiller,* haben an der Idee des

même, il n'est, à nouveau, rien donné d'autre que la même *identité abstraite* de l'entendement, à savoir ceci : qu'aucune contradiction ne trouve place dans l'acte de la détermination ; – la raison *pratique,* ainsi, ne va pas au-delà du formalisme qui doit être ce qu'il y a d'ultime dans la raison *théorique.*

Cependant, cette raison pratique ne pose pas la détermination universelle, *le Bien,* seulement *en elle-même,* mais elle n'est plus proprement *pratique* que dans l'exigence que le Bien ait un être-là dans le monde, une objectivité extérieure, c'est-à-dire que la pensée ne soit pas simplement *subjective,* mais objective en général. De ce postulat de la raison pratique on parlera plus tard.

§ 55

c) A la *faculté du jugement réfléchissant* est attribué le principe d'un *entendement intuitif,* c'est-à-dire dans lequel le *particulier,* qui pour l'*universel* (l'identité abstraite) serait *contingent* et ne pourrait être dérivé de lui, serait déterminé par le moyen de cet universel lui-même ; – ce dont on aurait l'expérience dans les produits de l'*art* et de la nature *organique.*

La *Critique du jugement* a ceci de remarquable, que Kant a exprimé en elle la représentation, et même la pensée, de l'*Idée* [65]. La représentation d'un *entendement intuitif,* d'une finalité *interne,* etc., est l'*universel,* pensé en même temps comme étant, en lui-même, *concret.* C'est, par suite, uniquement dans ces représentations que la philosophie kantienne se montre *spéculative.* Beaucoup, notamment *Schiller,*

Kunstschönen, der *konkreten* Einheit des Gedankens und der sinnlichen Vorstellung, den Ausweg aus den *Abstraktionen* des trennenden Verstandes gefunden; andere an der Anschauung und dem Bewußtsein der *Lebendigkeit* überhaupt, es sei natürlicher oder intellektueller Lebendigkeit. – Das Kunstprodukt wie die lebendige Individualität sind zwar beschränkt in ihrem Inhalte; aber die auch dem Inhalte nach umfassende Idee stellt Kant in der postulierten Harmonie der Natur oder Notwendigkeit mit dem Zwecke der Freiheit, in dem als realisiert gedachten Endzwecke der Welt auf. Aber die Faulheit des *Gedankens,* wie es genannt werden kann, hat bei dieser höchsten Idee an dem *Sollen* einen zu leichten Ausweg, gegen die wirkliche Realisierung des Endzwecks an dem Geschiedensein des Begriffs und der Realität festzuhalten. Die *Gegenwart* hingegen der lebendigen Organisationen und des Kunstschönen zeigt auch für den *Sinn* und die *Anschauung* schon die *Wirklichkeit* des *Ideals.* Die Kantischen Reflexionen über diese Gegenstände wären daher besonders geeignet, das Bewußtsein in das Fassen und Denken der *konkreten* Idee einzuführen.

§ 56

Hier ist der Gedanke eines anderen Verhältnisses vom *Allgemeinen* des Verstandes zum *Besonderen* der Anschauung aufgestellt, als in der Lehre von der theoretischen und praktischen Vernunft zugrunde liegt. Es verknüpft sich damit aber nicht die Einsicht, daß jenes das *wahrhafte,* ja die *Wahrheit* selbst *ist.* Vielmehr wird diese Einheit nur aufgenommen, wie sie in

ont découvert, dans l'Idée du *Beau artistique,* de l'unité *concrète* de la pensée et de la représentation sensible, l'issue faisant sortir des *abstractions* de l'entendement séparateur ; d'autres l'ont découverte dans l'intuition et la conscience de la vitalité en général, que ce soit une vitalité naturelle ou une vitalité intellectuelle. – Le produit artistique comme l'individualité vivante sont, il est vrai, bornés dans leur contenu ; mais Kant place l'Idée qui a de l'ampleur aussi suivant le contenu, dans l'harmonie postulée de la nature ou nécessité avec le but de la liberté, dans le but final du monde, pensé comme réalisé. Mais la paresse de la *pensée,* comme on peut appeler cela, a, lorsqu'il s'agit de cette Idée suprême, dans le devoir-être un expédient qui lui permet trop facilement de tenir ferme, à l'encontre de la réalisation effective du but final, à l'être-séparé du concept et de la réalité. Au contraire, la *présence actuelle* des organisations vivantes et du Beau artistique rend visible, aussi pour le *sens* et l'*intuition,* déjà la *réalité effective* de l'*Idéal.* C'est pourquoi les réflexions kantiennes sur ces ob-jets seraient particulièrement propres à introduire la conscience dans la saisie et la pensée de l'Idée *concrète* [66].

§ 56

Ici est établie la pensée d'un rapport de l'*universel* de l'entendement au *particulier* de l'intuition, autre que celui qui est au fondement de la doctrine de la raison théorique et de la raison pratique [67]. Mais il ne s'y joint pas le discernement que ce rapport-là est le *vrai,* mieux, *est* la *vérité* même. Bien plutôt, cette unité est seulement

endlichen Erscheinungen zur Existenz kommt, und wird in der *Erfahrung* aufgezeigt. Solche Erfahrung zunächst im *Subjekte* gewährt teils das *Genie,* das Vermögen, ästhetische Ideen zu produzieren, d. i. Vorstellungen der freien *Einbildungskraft,* die einer Idee dienen und zu *denken* geben, ohne daß solcher Inhalt in einem *Begriffe* ausgedrückt wäre oder sich darin ausdrücken ließe, – teils das *Geschmacksurteil,* das Gefühl der *Zusammenstimmung* der *Anschauungen* oder Vorstellungen in ihrer Freiheit zum *Verstande* in seiner Gesetzmäßigkeit.

§ 57

Das Prinzip der reflektierenden Urteilskraft ferner für die *lebendigen Naturprodukte* wird als der *Zweck* bestimmt, der tätige *Begriff,* das in sich bestimmte und bestimmende Allgemeine. Zugleich wird die Vorstellung der *äußerlichen* oder *endlichen Zweckmäßigkeit* entfernt, in welcher der Zweck für das Mittel und das Material, worin er sich realisiert, nur äußerliche Form ist. Wohingegen im *Lebendigen* der Zweck in der Materie immanente Bestimmung und Tätigkeit ist und alle Glieder ebenso sich gegenseitig Mittel als Zweck sind.

§ 58

Wenn nun gleich in solcher Idee das Verstandesverhältnis von Zweck und Mittel, von Subjektivität und Objektivität aufgehoben ist, so wird nun doch wieder im Widerspruch hiermit der Zweck für eine Ursache erklärt, welche *nur als Vorstellung,* d. h. als ein

accueillie telle qu'elle vient à l'existence dans des phénomènes finis, et elle est montrée dans l'*expérience*. Une telle expérience offre tout d'abord, dans le sujet, pour une part le *génie* [68], le pouvoir de produire des idées esthétiques, c'est-à-dire des représentations de l'*imagination* libre qui sont au service d'une Idée et donnent à *penser,* sans qu'un tel contenu soit exprimé dans un *concept* ou s'y laisse exprimer ; pour une autre part, le *jugement de goût* [69], le sentiment de la *concordance* des *intuitions ou* représentations en leur liberté avec l'*entendement* en sa légalité.

§ 57

Le principe de la faculté du jugement réfléchissant, pour ce qui concerne ensuite les *produits vivants de la nature* [70], est déterminé comme le but, le *concept* actif, l'universel en lui-même déterminé et déterminant. En même temps, est écartée la représentation de la *finalité externe* ou *finie,* dans laquelle le but n'est pour le moyen et les matériaux où il se réalise qu'une forme extérieure. Tandis qu'au contraire, dans le vivant, le but est une détermination et activité immanente dans la matière, et que tous les membres sont réciproquement l'un pour l'autre aussi bien moyen que but.

§ 58

Or, bien que dans une telle Idée le rapport d'entendement du but et du moyen, de la subjectivité et de l'objectivité soit supprimé, cependant, en contradiction avec cela, le but est, à nouveau, interprété comme une cause qui existerait et serait active *seulement comme*

Subjektives existiere und tätig sei, – hiermit denn auch
die Zweckbestimmung nur für ein *unserem* Verstande
angehöriges Prinzip der Beurteilung erklärt.

Nachdem es einmal Resultat der kritischen
Philosophie ist, daß die Vernunft nur *Erscheinungen*
erkennen könne, so hätte man doch wenigstens für die
lebendige Natur eine Wahl zwischen zwei *gleich
subjektiven* Denkweisen und nach der Kantischen
Darstellung selbst eine Verbindlichkeit, die Naturprodukte nicht bloß nach den Kategorien von
Qualität, Ursache und Wirkung, Zusammensetzung,
Bestandteilen usf. zu erkennen. Das Prinzip *der
inneren Zweckmäßigkeit,* in wissenschaftlicher
Anwendung festgehalten und entwickelt, würde eine
ganz andere, höhere Betrachtungsweise derselben
herbeigeführt haben.

§ 59

Die Idee nach diesem Prinzip in ihrer ganzen Un-
beschränktheit wäre, daß die von der Vernunft
bestimmte Allgemeinheit, der absolute Endzweck, *das
Gute,* in der Welt verwirklicht würde, und zwar durch
ein Drittes, die diesen Endzweck selbst setzende und ihn
realisierende Macht, *Gott,* in welchem, der absoluten
Wahrheit, hiermit jene Gegensätze von Allgemeinheit
und Einzelheit, von Subjektivität und Objektivität
aufgelöst und für unselbständig und unwahr erklärt
sind.

représentation, c'est-à-dire comme quelque chose de *subjectif* ; en cela donc, la détermination-par-le-but elle aussi est interprétée seulement comme un principe d'appréciation appartenant à *notre* entendement.

Alors que c'est un premier résultat de la philosophie critique, que la raison ne peut connaître que des *phénomènes,* on aurait pourtant, du moins pour la nature vivante, le choix entre deux manières de penser *également subjectives,* et, d'après l'exposé kantien lui-même, l'obligation de ne pas connaître les produits de la nature simplement suivant les catégories de qualité, cause et effet, composition, parties constitutives, etc. – Le principe de la *finalité interne,* maintenu ferme et développé dans une application scientifique, aurait entraîné une manière tout autre, plus élevée, de les considérer.

§ 59

Suivant ce principe, l'Idée, en son être totalement dépourvu de bornes, consisterait en ce que l'universalité déterminée par la raison – le but final absolu, *le Bien* – , soit réalisée effectivement dans le monde, et cela grâce à un tiers, la puissance posant ce but final lui-même et le réalisant, – *Dieu,* dans lequel, lui qui est la vérité absolue, ces oppositions de l'universalité et de la singularité, de la subjectivité et de l'objectivité sont par là [même] dissoutes et présentées comme ne-subsistant-pas-par-soi et non-vraies.

§ 60

Allein das *Gute,* worin der Endzweck der Welt gesetzt wird, ist von vornherein nur als *unser* Gutes, als das moralische Gesetz *unserer* praktischen Vernunft bestimmt; so daß die Einheit weiter nicht geht als auf die Übereinstimmung des Weltzustands und der Weltereignisse mit unserer Moralität *. – Außerdem, daß selbst mit dieser Beschränkung der *Endzweck,* das *Gute,* ein bestimmungsloses Abstraktum ist, wie auch das, was *Pflicht* sein soll. Näher wird gegen diese Harmonie der Gegensatz, der in ihrem Inhalte als *unwahr* gesetzt ist, wieder erweckt und behauptet, so daß die Harmonie als ein nur *Subjektives* bestimmt wird, – als ein solches, das nur sein *soll,* d. i. das zugleich *nicht Realität* hat, – als ein *Geglaubtes,* dem nur subjektive Gewißheit, nicht Wahrheit, d. i. *nicht* jene der Idee entsprechende Objektivität zukomme. – Wenn dieser Widerspruch dadurch

---

* In den eigenen Worten von Kants Kritik der Urteilskraft [1. Aufl.], S. 427 [§ 88] : »Endzweck ist bloß ein Begriff unserer praktischen Vernunft und kann *aus keinen Datis der Erfahrung* zu theoretischer Beurteilung der Natur gefolgert, noch auf Erkenntnis derselben bezogen werden. Es ist kein Gebrauch von diesem Begriffe möglich als lediglich für die praktische Vernunft nach moralischen Gesetzen; und der *Endzweck der Schöpfung ist* diejenige Beschaffenheit der Welt, die zum dem, was wir allein nach Gesetzen bestimmt angeben können, nämlich dem Endzwecke *unserer reinen praktischen Vernunft,* und zwar sofern sie praktisch sein soll, übereinstimmt.«

§ 60

Mais le *Bien*, – dans lequel est placé le but final du monde, est d'emblée déterminé seulement comme *notre* Bien, comme la loi morale de *notre* raison pratique ; de sorte que l'unité ne va pas plus loin que l'accord de l'état du monde et des événements du monde avec notre moralité *. Outre que, même avec la position de cette borne, le *but final*, le *Bien*, est une abstraction sans détermination, comme aussi ce qui doit être un *devoir*. Plus précisément, face à cette harmonie, l'opposition qui dans le contenu de celle-ci est posée comme *non-vraie* est à nouveau réveillée et affirmée, de sorte que l'harmonie est déterminée comme quelque chose de seulement *subjectif,* – comme quelque chose qui *doit* seulement être, c'est-à-dire qui en même temps *n'a pas de réalité* ; – comme un *ob-jet de foi* auquel appartiendrait seulement une certitude subjective, non pas une vérité, c'est-à-dire *non pas* cette objectivité qui correspond à l'Idée. – Si cette contradiction paraît être

---

* Selon les propres paroles de la *Critique du jugement* de Kant – p. 427 –, le « but final est simplement un concept de notre raison pratique et ne peut être induit *d'aucune donnée de l'expérience* en vue d'un jugement théorique sur la nature, ni être rapporté à une connaissance de celle-ci. Aucun usage de ce concept n'est possible, excepté uniquement pour la raison pratique suivant des lois morales, et le *but final de la Création* est cette constitution du monde qui est en accord avec ce que nous seulement pouvons déclarer déterminé suivant des lois, c'est-à-dire avec le but final de *notre raison pratique pure,* et cela pour autant qu'elle doit être pratique [71].

verdeckt zu werden scheint, daß die Realisierung der Idee in die *Zeit,* in eine Zukunft, wo die Idee auch *sei,* verlegt wird, so ist solche sinnliche Bedingung wie die Zeit das Gegenteil vielmehr von einer Auflösung des Widerspruchs, und die entsprechende Verstandesvorstellung, *der unendliche Progreß,* ist unmittelbar nichts als der perennierend gesetzte Widerspruch selbst.

Es kann noch eine allgemeine Bemerkung über das Resultat gemacht werden, welches sich aus der kritischen Philosophie für die Natur des *Erkennens* ergeben und zu einem der Vorurteile, d. i. allgemeinen Voraussetzungen der Zeit erhoben hat.

In jedem dualistischen System, insbesondere aber im Kantischen, gibt sich sein Grundmangel durch die Inkonsequenz, das zu *vereinen,* was einen Augenblick vorher als selbständig, somit als *unvereinbar* erklärt worden ist, zu erkennen. Wie soeben das Vereinte für das Wahrhafte erklärt worden ist, so wird sogleich vielmehr für das Wahrhafte erklärt, daß die *beiden Momente,* denen in der Vereinung als ihrer Wahrheit das Fürsichbestehen abgesprochen worden ist, nur so, wie sie getrennte sind, Wahrheit und Wirklichkeit haben. Es fehlt bei solchem Philosophieren das einfache Bewußtsein, daß mit diesem Herüber- und Hinübergehen selbst jede dieser einzelnen Bestimmungen für unbefriedigend erklärt wird, und der Mangel besteht in der einfachen Unvermögenheit, zwei Gedanken – und es sind der Form nach nur *zwei* vorhanden – zusammenzubringen. Es ist darum die größte Inkonsequenz, einerseits zuzugeben, daß der Verstand nur Erscheinungen erkennt, und anderer-

recouverte, du fait que la réalisation de l'Idée est reportée dans le *temps,* dans un avenir où l'Idée aurait aussi l'*être,* [il faut dire qu'] une condition sensible telle que le *temps* est bien plutôt le contraire d'une solution de la contradiction, et [que] la représentation d'entendement correspondante, *le progrès à l'infini,* n'est immédiatement rien d'autre que la contradiction elle-même perpétuellement posée [72].

On peut encore faire une remarque générale sur le résultat qui s'est dégagé de la philosophie critique quant à la nature de la *connaissance,* et érigé en l'un des préjugés, c'est-à-dire l'une des présuppositions générales, de l'époque.

Dans tout système dualiste, mais particulièrement dans celui de Kant, le défaut fondamental qui le caractérise se fait connaître par l'inconséquence consistant à réunir ce qui un instant auparavant a été déclaré comme subsistant-par-soi, donc comme *ne pouvant être réuni.* Tout comme à l'instant même ce qui est réuni a été défini comme le vrai, ce qui est aussitôt bien plutôt défini comme le vrai, c'est que *les deux moments* auxquels, dans la réunion, [prise] comme leur vérité, la subsistance-pour-soi a été refusée, n'ont de vérité et d'effectivité qu'autant qu'ils sont des moments séparés. Dans une telle manière de philosopher fait défaut la conscience simple que, par ce va-et-vient lui-même, chacune de ces déterminations singulières est tenue pour insatisfaisante, et le défaut consiste dans la simple incapacité où l'on est de rassembler deux pensées – et suivant la forme il n'y en a que *deux* de présentes. C'est pour cette raison la plus grande inconséquence que, d'une part, d'accorder que l'entendement ne connaît que des phéno-

seits dies Erkennen als *etwas Absolutes zu* behaupten,
indem man sagt, das Erkennen *könne* nicht weiter,
dies sei die *natürliche,* absolute *Schranke* des mensch-
lichen Wissens. Die natürlichen Dinge sind
beschränkt, und nur natürliche Dinge sind sie, insofern sie *nichts* von ihrer allgemeinen *Schranke
wissen,* insofern ihre Bestimmtheit nur eine Schranke
für uns ist, nicht *für sie.* Als *Schranke,* Mangel wird
etwas nur gewußt, ja empfunden, indem man zugleich
darüber *hinaus* ist. Die lebendigen Dinge haben das
Vorrecht des Schmerzes vor den leblosen; selbst für
jene wird eine *einzelne* Bestimmtheit zur Empfindung eines *Negativen,* weil sie als lebendig die
Allgemeinheit der Lebendigkeit, die über das
Einzelne *hinaus* ist, in ihnen haben, in dem Negativen
ihrer selbst sich noch erhalten und diesen *Widerspruch* als in ihnen existierend empfinden. Dieser
Widerspruch ist nur in ihnen, insofern beides in dem
einen Subjekt ist, die Allgemeinheit seines Lebens-
gefühls und die gegen dasselbe negative Einzelheit.
Schranke, Mangel des Erkennens ist ebenso nur *als*
Schranke, Mangel bestimmt durch die *Vergleichung*
mit der *vorhandenen* Idee des Allgemeinen, eines
Ganzen und Vollendeten. Es ist daher nur Bewußtlosigkeit, nicht einzusehen, daß eben die Bezeichnung
von etwas als einem Endlichen oder Beschränkten den
Beweis von der *wirklichen Gegenwart* des Unendlichen, Unbeschränkten enthält, daß das Wissen von
Grenze nur sein kann, insofern das Unbegrenzte
diesseits im Bewußtsein ist.

mènes, et, d'autre part, d'affirmer cette connaissance comme *quelque chose d'absolu* en disant que la connaissance ne *peut* pas davantage, que c'est là la *borne*[73] naturelle, absolue, du savoir humain. Les choses naturelles sont bornées, et elles ne sont des choses naturelles que dans la mesure où elles *ne savent rien* de leur *borne* universelle, dans la mesure où leur déterminité est seulement une borne *pour nous,* non *pour elles.* Quelque chose n'est su – et même ressenti – comme *borne,* manque, que pour autant que l'on est en même temps *au-delà* de lui. Les choses vivantes ont le privilège de la douleur par rapport à celles qui sont sans vie ; même pour celles-là une déterminité *singulière* devient la sensation de quelque chose de *négatif,* parce qu'elles ont en elles, en tant que vivantes, l'*universalité* de la vitalité, qui est *au-delà* du singulier, parce que dans le négatif d'elles-mêmes elles se conservent encore et ressentent cette *contradiction* comme *existant* en elles. Cette contradiction n'est en elles que pour autant que ces deux éléments-ci sont dans le sujet un : l'universalité de son sentiment vital et la singularité négative à l'égard de celui-ci. Une borne, un manque de la connaissance ne sont de même déterminés comme borne, manque, que par la *comparaison* avec l'Idée *présente* de l'universel, d'un être total et achevé. Ce n'est, par suite, que de l'inconscience que de ne pas discerner que précisément la désignation de quelque chose comme quelque chose de fini ou de borné contient la preuve de la *présence effective* de l'infini, du non-borné, que le savoir d'une limite[74] ne peut être que dans la mesure où l'illimité est *de ce côté-ci* dans la conscience.

Über jenes Resultat vom Erkennen kann noch *die weitere Bemerkung* angeschlossen werden, daß die Kantische Philosophie auf die Behandlung der Wissenschaften keinen Einfluß hat haben können. *Sie läßt die Kategorien und die Methode des gewöhnlichen Erkennens ganz unangefochten.* Wenn in wissenschaftlichen Schriften damaliger Zeit zuweilen der Anlauf mit Sätzen der Kantischen Philosophie genommen ist, so zeigt sich im Verfolge der Abhandlung selbst, daß jene Sätze nur ein überflüssiger Zierat waren und derselbe empirische Inhalt aufgetreten wäre, wenn jene etlichen ersten Blätter weggelassen worden wären *.

Was die nähere Vergleichung der Kantischen Philosophie mit dem *metaphysizierenden Empirismus* betrifft, so hält sich zwar der *unbefangene* Empirismus an die sinnliche Wahrnehmung, aber läßt ebenso eine geistige Wirklichkeit, eine übersinnliche Welt zu, wie auch ihr *Inhalt* beschaffen sei, ob er aus dem Gedanken, aus der Phantasie usf. abstamme. Der *Form* nach hat dieser Inhalt die Beglaubigung, wie der sonstige Inhalt des empirischen Wissens in der Autorität der äußeren Wahrnehmung, in geistiger Autorität. Aber der *reflektierende* und die *Konsequenz* sich zum Prinzip machende *Empirismus*

---

* Sogar im *Handbuch der Metrik* von Hermann ist der Anfang mit Paragraphen Kantischer Philosophie gemacht; ja, in § 8 wird gefolgert, daß das Gesetz des Rhytmus 1. ein *objektives*, 2. ein *formales*, 3. ein a priori *bestimmtes* Gesetz sein müsse. Man vergleiche nun mit diesen Forderungen und den weiter folgenden Prinzipien von Kausalität und Wechselwirkung die Abhandlungen der Versmaße selbst, auf welche jene formellen Prinzipien nicht den geringsten Einfluß ausüben.

Au sujet de ce résultat concernant la connaissance, on peut encore ajouter *cette autre remarque,* que la philosophie kantienne n'a pu avoir aucune influence sur la pratique des sciences. *Elle laisse les catégories* et la *méthode de la connaissance ordinaire en dehors de toute contestation.* Si dans des écrits scientifiques d'alors on prend parfois son élan en s'appuyant sur des propositions de la philosophie kantienne, il se révèle, dans la suite de l'étude, que ces propositions n'étaient qu'un ornement superflu et que le même contenu empirique se serait présenté si ces quelques premières feuilles avaient été omises *.

Pour ce qui concerne la comparaison plus précise de la philosophie kantienne avec l'*empirisme qui fait de la métaphysique,* [disons que] l'empirisme *naïf* s'en tient, il est vrai, à la perception sensible, mais admet aussi bien une effectivité spirituelle, un monde suprasensible, de quelque façon que soit constitué son contenu, qu'il tire son origine de la pensée, de l'imagination ; etc. Suivant la *forme,* ce contenu a sa confirmation – comme l'autre contenu, celui du savoir empirique, a la sienne dans l'autorité de la perception extérieure – dans une autorité spirituelle. Mais l'*empirisme réfléchissant* et faisant de la *conséquence [avec soi]* son principe combat un tel

---

* Même dans le *Manuel de Métrique* de Hermann [75], on commence avec des paragraphes de la philosophie kantienne ; et même, dans le § 8, on conclut que la loi du rythme doit être 1) : une loi *objective,* 2) une loi *formelle,* 3) une loi *déterminée a priori.* Que l'on compare donc avec ces exigences et les principes de causalité et d'action réciproque qui viennent ensuite, l'étude traitant des mètres eux-mêmes, étude sur laquelle ces principes formels n'exercent pas la moindre influence !

bekämpft solchen Dualismus des letzten, höchsten
Inhalts und negiert die Selbständigkeit des denkenden
Prinzips und einer in ihm sich entwickelnden
geistigen Welt. Der *Materialismus, Naturalismus* ist
das *konsequente* System des Empirismus. – Die
Kantische Philosophie stellt diesem Empirismus das
Prinzip des Denkens und der Freiheit schlechthin
gegenüber und schließt sich dem ersten Empirismus
an, ohne im geringsten aus dessen allgemeinem
Prinzip herauszutreten. Die eine Seite ihres Dualismus bleibt die Welt der Wahrnehmung und des über
sie reflektierenden Verstandes. Diese Welt wird zwar
für eine Welt von *Erscheinungen* ausgegeben. Dies ist
jedoch ein bloßer Titel, eine nur formelle Bestimmung, denn Quelle, Gehalt und Betrachtungsweise
bleiben ganz dieselben. Die andere Seite ist dagegen
die Selbständigkeit des sich erfassenden Denkens, das
Prinzip der Freiheit, welches sie mit der vormaligen,
gewöhnlichen Metaphysik gemein hat, aber alles
Inhaltes entleert und ihm keinen wieder zu ver-
schaffen vermag. Dies Denken, hier *Vernunft*
genannt, wird, als aller Bestimmung beraubt, aller
Autorität enthoben. Die Hauptwirkung, welche die
Kantische Philosophie gehabt hat, ist gewesen, das
Bewußtsein dieser absoluten Innerlichkeit erweckt zu
haben, die, ob sie um ihrer Abstraktion willen zwar
aus sich zu nichts sich entwickeln und keine
Bestimmungen, weder Erkenntnisse noch moralische
Gesetze, hervorbringen kann, doch schlechthin sich
weigert, etwas, das den Charakter einer *Äußer-
lichkeit* hat, in sich gewähren und gelten zu lassen.
Das Prinzip der *Unabhängigkeit der Vernunft,* ihrer
absoluten Selbständigkeit in sich, ist von nun an als

dualisme du contenu ultime, suprême, et nie la subsistance-par-soi du principe pensant et d'un monde spirituel se développant en lui. Le *matérialisme,* le *naturalisme,* est le système *conséquent* de l'empirisme. – La philosophie kantienne oppose sans réserve à cet empirisme le principe de la pensée et de la liberté, et se rattache au premier empirisme, sans le moins du monde sortir du principe général de celui-ci. L'un des côtés de son dualisme reste le monde de la perception et de l'entendement réfléchissant sur elle. Ce monde, il est vrai, est donné pour un monde de *phénomènes.* C'est là pourtant un simple titre, une détermination simplement formelle, car sa source, sa teneur essentielle et la manière de le considérer restent tout à fait les mêmes. L'autre côté est, par contre, la subsistance-par-soi de la pensée qui se saisit elle-même, le principe de la liberté, qu'elle [76] a en commun avec la métaphysique antérieure, habituelle, mais qu'elle vide de tout contenu et auquel elle n'en peut, à nouveau, procurer aucun. Cette pensée, appelée ici *raison,* est, en tant que dépouillée de toute détermination, libérée de toute *autorité.* L'effet principal qu'a eu la philosophie kantienne a été d'avoir éveillé la conscience de cette intériorité absolue qui, si elle ne peut, en vérité, à cause de son abstraction, à partir d'elle-même se développer en quoi que ce soit ni produire aucune détermination : ni connaissances ni lois morales, se refuse pourtant absolument à laisser agir et valoir en elle quelque chose qui ait le caractère d'une *extériorité* [77]. Le principe de l'*indépendance de la raison,* de son absolue subsistance-par-soi en elle-même, est désormais à

allgemeines Prinzip der Philosophie, wie als eines der Vorurteile der Zeit, anzusehen.

C

Dritte Stellung des Gedankens zur Objektivität

Das unmittelbare Wissen

§ 61

In der kritischen Philosophie wird das Denken so aufgefaßt, daß es *subjektiv* und dessen *letzte,* unüberwindliche Bestimmung die *abstrakte Allgemeinheit,* die formelle Identität sei; das Denken wird so der Wahrheit als in sich konkreter Allgemeinheit entgegengesetzt. In dieser höchsten Bestimmung des Denkens, welche die Vernunft sei, kommen die Kategorien nicht in Betracht. – Der entgegengesetzte Standpunkt ist, das Denken als Tätigkeit nur *des Besonderen* aufzufassen und es auf diese Weise gleichfalls für unfähig zu erklären, Wahrheit zu fassen.

§ 62

Das Denken als Tätigkeit des Besonderen hat nur die *Kategorien* zu seinem Produkte und Inhalte. Diese, wie sie der Verstand festhält, sind *beschränkte* Bestimmungen, Formen des *Bedingten, Abhängigen, Vermittelten.* Für das darauf beschränkte Denken ist das Unendliche, das Wahre, nicht; es kann keinen Übergang zu demselben machen (gegen die Beweise vom Dasein Gottes). Diese Denkbestimmungen werden auch *Begriffe*

regarder comme principe universel de la philosophie, ainsi que comme l'un des préjugés de l'époque.

C
Troisième position de la pensée relativement à l'objectivité

Le savoir immédiat

§ 61

Dans la philosophie critique, la pensée est appréhendée de telle sorte qu'elle serait *subjective* et que sa détermination *ultime,* insurmontable, serait l'*universalité abstraite,* l'identité formelle ; la pensée est ainsi opposée à la vérité en tant qu'universalité concrète en elle-même. Dans cette détermination suprême de la pensée, qui serait la raison, les catégories n'entrent pas en considération. – Le point de vue opposé consiste à appréhender la pensée comme activité seulement du *particulier,* et à la déclarer, de cette manière, pareillement, incapable de saisir la vérité [78].

§ 62

La pensée, en tant qu'activité du particulier, a seulement les *catégories* pour produit et contenu. Celles-ci, telles que l'entendement les fixe, sont des déterminations bornées, des formes de ce qui est *conditionné, dépendant, médiatisé.* Pour la pensée bornée à elles, l'infini, le vrai, n'est pas ; elle ne peut opérer aucun passage à celui-ci (ce qui va contre les preuves de l'être-là de Dieu). Ces déterminations-de-pensée sont appelées

genannt; und einen Gegenstand *begreifen* heißt insofern nichts als ihn in der Form eines *Bedingten* und *Vermittelten* fassen, somit, insofern er das Wahre, Unendliche, Unbedingte ist, ihn in ein Bedingtes und Vermitteltes verwandeln und auf solche Weise, statt das Wahre denkend zu fassen, es vielmehr in Unwahres verkehren.

Dies ist die einzige, einfache Polemik, welche der Standpunkt vorbringt, der das nur unmittelbare Wissen von Gott und von dem Wahren behauptet. Früher sind von Gott die sogenannten anthropopathischen Vorstellungen aller Art als endlich und daher des Unendlichen unwürdig entfernt worden, und er war dadurch bereits zu einem erklecklich leeren Wesen gediehen. Aber die Denkbestimmungen wurden im allgemeinen noch nicht unter dem Anthropopathischen befaßt; vielmehr galt das Denken dafür, daß es den Vorstellungen des Absoluten die Endlichkeit abstreife, – nach dem oben bemerkten Vorurteile aller Zeiten, daß man erst durch das Nachdenken zur Wahrheit gelange. Nun sind zuletzt auch die Denkbestimmungen überhaupt für Anthropopathismus und das Denken für die Tätigkeit, *nur zu verendlichen,* erklärt worden. – In der VII. Beilage zu den Briefen über Spinoza hat *Jacobi* diese Polemik am bestimmtesten vorgetragen, welche er übrigens aus Spinozas Philosophie selbst geschöpft und für die Bekämpfung des Erkennens überhaupt angewendet hat. Von dieser Polemik wird das Erkennen nur als Erkennen des Endlichen aufgefaßt, als das denkende Fortgehen durch *Reihen* von *Bedingtem* zu *Bedingtem,* in denen jedes, was Bedingung, selbst wieder nur

aussi *concepts ;* et *concevoir* un ob-jet ne signifie dans cette mesure rien d'autre que le saisir dans la forme de quelque chose de *conditionné* et de *médiatisé*[79], par conséquent, dans la mesure où il est le vrai, l'infini, l'inconditionné, le changer en quelque chose de conditionné et de médiatisé, et de cette manière, au lieu de saisir le vrai de façon pensante, bien plutôt le renverser en un non-vrai.

C'est là l'argument polémique unique, simple, que met en avant le point de vue qui affirme le savoir seulement immédiat de Dieu et du vrai. Dans le passé, les représentations – dites anthropomorphiques – de toutes sortes ont été écartées de Dieu en tant que finies et, par suite, indignes de l'infini, et il devint de ce fait déjà une essence fort vide. Mais les déterminations-de-pensée n'étaient en général encore pas comprises parmi l'anthropomorphique ; bien plutôt, la pensée passait pour ce par quoi la finitude était ôtée aux représentations de l'absolu, – selon le préjugé de tous les temps, remarqué plus haut, d'après lequel on accède à la vérité seulement par la réflexion. Or, on a finalement présenté aussi les déterminations-de-pensée en général comme de l'anthropomorphisme, et la pensée comme l'activité qui *ne fait que finitiser.* – Dans le 7e Appendice aux Lettres sur Spinoza[80], *Jacobi* a exposé de la manière la plus précise cet argument polémique qu'il a d'ailleurs puisé dans la philosophie de Spinoza elle-même et utilisé pour combattre la connaissance en général. Par cet argument polémique la connaissance est appréhendée seulement comme connaissance du fini, comme la progression pensante à travers des *séries* allant de *conditionné* à *conditionné,* dans lesquelles tout ce qui

ein Bedingtes ist; – durch *bedingte Bedingungen.*
Erklären und Begreifen heißt hiernach, etwas als
vermittelt durch ein *Anderes* aufzeigen; somit ist
aller Inhalt nur ein *besonderer, abhängiger* und
endlicher; das Unendliche, Wahre, Gott liegt außer
dem Mechanismus solchen Zusammenhangs, auf
welchen das Erkennen eingeschränkt sei. – Es ist
wichtig, daß, indem die Kantische Philosophie die
Endlichkeit der Kategorien vornehmlich nur in die
formelle Bestimmung ihrer *Subjektivität* gesetzt hat,
in dieser Polemik die Kategorien nach ihrer
Bestimmtheit zur Sprache kommen, und die Kategorie als solche für endlich erkannt wird. – Jacobi hat
insbesondere die glänzenden Erfolge der Wissenschaften, die sich auf die Natur beziehen (der *sciences
exactes*), im Erkennen der natürlichen Kräfte und
Gesetze vor Augen gehabt. Immanent auf diesem
Boden des Endlichen läßt sich freilich das Unendliche
nicht finden; wie denn *Lalande* gesagt hat, daß er den
ganzen Himmel durchsucht, aber Gott nicht gefunden
habe (vgl. Anm. zu § 60). Als letztes Resultat ergab
sich auf diesem Boden das *Allgemeine* als das
unbestimmte Aggregat des äußerlichen Endlichen,
die *Materie*; und Jacobi sah mit Recht keinen anderen
Ausgang auf dem Wege des bloßen Fortgehens in
Vermittlungen.

§ 63

Zugleich wird behauptet, daß *die Wahrheit für den
Geist ist,* so sehr, daß es die *Vernunft* allein ist, durch
welche der Mensch besteht, und daß sie *das Wissen von
Gott* ist. Weil aber das vermittelte Wissen nur auf

est condition est soi-même à son tour seulement un conditionné ; – à travers des *conditions conditionnées.* Expliquer et concevoir signifie d'après cela montrer quelque chose comme *médiatisé* par quelque chose d'autre, par conséquent tout contenu n'est qu'un contenu *particulier, dépendant* et *fini ;* l'infini, le vrai, Dieu, se trouve en dehors du mécanisme d'une telle connexion à laquelle la connaissance serait bornée. – Il est important que, tandis que la philosophie kantienne n'a surtout placé la finitude des catégories que dans la détermination formelle de leur *subjectivité,* dans cet argument polémique les catégories viennent en discussion selon leur déterminité, et que la catégorie en tant que telle soit reconnue pour finie. – Jacobi a, en particulier, eu devant les yeux les brillants succès des sciences qui se rapportent à la nature (des sciences exactes [81]), dans la connaissance des forces et lois naturelles. A vrai dire, l'infini ne se laisse pas rencontrer en une immanence sur ce terrain du fini ; c'est bien ainsi que *Lalande* a dit qu'il avait fouillé le ciel tout entier, mais n'avait pas trouvé Dieu (cf. Rem. du § 60). Comme résultat ultime, se dégagea, sur ce terrain, l'universel, en tant que l'agrégat *indéterminé* du fini extérieur, la *matière ;* et Jacobi ne voyait à bon droit aucune autre issue sur le chemin de la simple progression en des *médiations.*

§ 63

En même temps, il est affirmé que *la vérité est pour l'esprit,* à tel point que c'est par la *raison* seule que l'homme subsiste, et qu'elle est *le savoir de Dieu.* Mais

endlichen Inhalt eingeschränkt sein soll, so ist die Vernunft *unmittelbares Wissen, Glaube.*

Wissen, Glauben, Denken, Anschauen sind die auf diesem Standpunkte vorkommenden Kategorien, die, indem sie als *bekannt vorausgesetzt* werden, nur zu häufig nach bloßen psychologischen Vorstellungen und Unterscheidungen willkürlich gebraucht werden; was ihre Natur und Begriff ist, dies, worauf es allein ankäme, wird nicht untersucht. So findet man das *Wissen* sehr gewöhnlich dem *Glauben* entgegengesetzt, während zugleich Glauben als unmittelbares Wissen bestimmt, hiermit sogleich auch für ein Wissen anerkannt wird. Es wird sich auch wohl als empirische Tatsache finden, daß das im Bewußtsein ist, was man glaubt, daß man somit wenigstens *davon weiß*; auch daß, was man glaubt, als etwas *Gewisses* im Bewußtsein ist, daß man es also weiß. – So wird ferner vornehmlich *Denken* dem unmittelbaren Wissen und Glauben und insbesondere dem Anschauen entgegengesetzt. Wird das Anschauen als *intellektuell* bestimmt, so kann dies nichts als *denkendes* Anschauen heißen, wenn man anders unter dem Intellektuellen hier, wo Gott der Gegenstand ist, etwa nicht auch Phantasievorstellungen und Bilder verstehen will. Es geschieht in der Sprache dieses Philosophierens, daß Glauben auch in Beziehung auf die gemeinen Dinge der *sinnlichen* Gegenwart gesagt wird. Wir *glauben,* sagt Jacobi, daß wir einen *Körper* haben, wir glauben an die *Existenz* der *sinnlichen Dinge.* Allein wenn vom Glauben an das Wahre und Ewige die Rede ist, davon, daß Gott in dem unmittelbaren Wissen, Anschauen geoffenbart, gegeben sei,

puisque le savoir médiatisé doit être borné seulement à un contenu fini, la raison est *savoir immédiat, croyance.*

Savoir, croyance, pensée, intuition sont les catégories qui se présentent à l'intérieur de ce point de vue, [et] qui, en tant qu'elles sont *présupposées* comme *bien connues,* ne sont que trop souvent employées arbitrairement suivant de simples représentations et distinctions psychologiques ; ce qui est leur nature et leur concept, chose qui seule importerait, n'est pas examiné. Ainsi, l'on trouve le *savoir* très couramment opposé à la *croyance,* tandis qu'en même temps la croyance est déterminée comme savoir immédiat, par là aussitôt reconnue aussi pour un savoir. On trouvera bien encore comme un fait d'expérience, que ce que l'on croit est dans la conscience, que par conséquent on *a* au moins *savoir de cela ; et* aussi que ce que l'on croit est dans la conscience comme quelque chose de *certain,* qu'ainsi on *le* sait [82]. De même, ensuite, la *pensée* surtout est opposée au savoir immédiat et à la croyance, et particulièrement à l'intuition. Lorsque l'intuition est déterminée comme *intellectuelle,* cela ne peut rien signifier d'autre qu'intuition *pensante,* si toutefois l'on ne va pas entendre par le terme d'intellectuel, ici où Dieu est l'ob-jet, aussi des représentations relevant de la fiction et des images. Il se produit dans le langage propre à cette manière de philosopher, que l'on parle de croyance aussi relativement aux choses communes de la présence *sensible.* Nous *croyons,* dit Jacobi, que nous avons un *corps,* nous *croyons* en l'*existence* des *choses sensibles* [83]. Mais lorsqu'il est question de la croyance en l'être vrai et éternel, du thème selon lequel Dieu serait révélé, donné dans le

so sind dies keine sinnlichen Dinge, sondern ein *in sich allgemeiner* Inhalt, nur Gegenstände für den *denkenden* Geist. Auch indem die *Einzelheit* als Ich, die *Persönlichkeit,* insofern nicht ein *empirisches* Ich, eine *besondere* Persönlichkeit verstanden wird, vornehmlich indem die Persönlichkeit Gottes vor dem Bewußtsein ist, so ist von *reiner,* d. i. der *in sich allgemeinen* Persönlichkeit die Rede; eine solche ist Gedanke und kommt nur dem Denken zu. – Reines *Anschauen* ferner ist nur ganz dasselbe, was reines Denken ist. Anschauen, Glauben drücken zunächst die bestimmten Vorstellungen aus, die wir mit diesen Worten im gewöhnlichen Bewußtsein verbinden; so sind sie vom Denken freilich verschieden, und dieser Unterschied ist ungefähr jedem verständlich. Aber nun sollen auch Glauben und Anschauen in höherem Sinn, sie sollen als Glauben an Gott, als intellektuelles Anschauen Gottes genommen werden, d. h. es soll gerade von dem abstrahiert werden, was den Unterschied von Anschauen, Glauben und vom Denken ausmacht. Es ist nicht zu sagen, wie Glauben und Anschauen, in diese höhere Region versetzt, noch vom Denken verschieden seien. Man meint mit solchen leer gewordenen Unterschieden sehr Wichtiges gesagt und behauptet zu haben und Bestimmungen zu bestreiten, welche mit den behaupteten dieselben sind. – Der Ausdruck *Glauben* jedoch führt den besonderen Vorteil mit sich, daß er an den *christlich-religiösen* Glauben erinnert, diesen einzuschließen oder gar leicht dasselbe zu sein scheint, so daß dieses

savoir immédiat, l'intuition, ce ne sont pas là des choses sensibles, mais un contenu *en lui-même universel,* [ce sont] seulement des ob-jets pour l'esprit *pensant.* De même encore, en tant que la *singularité* comme Moi, la *personnalité,* dans la mesure où l'on n'entend pas un Moi *empirique,* une personnalité *particulière,* principalement en tant que la personnalité de Dieu est devant la conscience, c'est d'une personnalité *pure,* c'est-à-dire de la personnalité *en elle-même universelle,* qu'il est question ; une telle personnalité est une pensée et n'est donnée qu'à la pensée [84]. – L'*intuition* pure, ensuite, est tout à fait la même chose que la pensée pure. Intuition, croyance expriment tout d'abord les représentations déterminées que nous lions à ces mots dans la conscience ordinaire ; ainsi, elles sont, certes, différentes de la pensée et cette différence est intelligible à peu près à chacun. Mais croyance et intuition doivent aussi être prises en un sens plus élevé, elles doivent être prises comme croyance en Dieu, comme intuition intellectuelle de Dieu, c'est-à-dire qu'on doit faire abstraction précisément de ce qui constitue la différence qui sépare l'intuition, la croyance, de la pensée. On ne peut dire comment croyance et intuition, transportées dans cette région supérieure, seraient encore différentes de la pensée. On s'imagine avoir dit et affirmé, avec de telles différences devenues vides, quelque chose de très important, et contester des déterminations, qui sont les mêmes que celles qu'on affirme. – Le terme de *croyance,* cependant, comporte l'avantage particulier, qu'il rappelle la croyance de la *religion chrétienne,* paraît inclure celle-ci ou même facilement être la même chose, de sorte que cette

gläubige Philosophieren wesentlich fromm und
christlich-fromm aussieht und auf den Grund dieser
Frömmigkeit hin sich die Freiheit gibt, um so mehr
mit Prätension und Autorität seine beliebigen
Versicherungen zu machen. Man muß sich aber vom
Scheine nicht über das, was sich durch die bloße
Gleichheit der Worte einschleichen kann, täuschen
lassen, und den Unterschied wohl festhalten. Der
christliche Glaube schließt eine Autorität der Kirche
in sich; der Glaube aber jenes philosophierenden
Standpunktes ist vielmehr nur die Autorität der
eigenen subjektiven Offenbarung. Ferner ist jener
christliche Glaube ein objektiver, in sich reicher
Inhalt, ein System der Lehre und der Erkenntnis; der
Inhalt dieses Glaubens aber ist so unbestimmt in sich,
daß er jenen Inhalt zwar wohl auch etwa zuläßt, aber
ebensosehr auch den Glauben, daß der Dalai-Lama,
der Stier, der Affe usf. Gott ist, in sich begreift, und
daß er für sich sich auf den *Gott überhaupt,* das
höchste Wesen, einschränkt. Der Glaube selbst in
jenem philosophisch- seinsollenden Sinne ist nichts als
das trockene *Abstraktum* des unmittelbaren Wissens,
eine ganz formelle Bestimmung, die nicht mit der
geistigen Fülle des christlichen Glaubens, weder nach
der Seite des gläubigen Herzens und des ihm
inwohnenden heiligen Geistes, noch nach der Seite
der inhaltsvollen Lehre, zu verwechseln noch für
diese Fülle zu nehmen ist.

Mit dem, was hier Glauben und unmittelbares
Wissen heißt, ist übrigens ganz dasselbe, was sonst
Eingebung, Offenbarung des Herzens, ein von Natur

manière de philosopher pleine de croyance paraît essentiellement pieuse et chrétiennement pieuse et, en se fondant sur ce caractère pieux, se donne la liberté d'assurer ce qui lui plaît, avec d'autant plus de prétention et d'autorité. Mais il ne faut pas se laisser tromper par l'apparence quant à ce qui peut venir s'insinuer là du fait de la simple similitude des termes, et il faut bien maintenir ferme la différence. La croyance chrétienne inclut en elle une autorité de l'Eglise, mais la croyance affirmée dans ce point de vue relevant de la philosophie, est bien plutôt seulement l'autorité de la révélation subjective propre [à chacun]. De plus, la première croyance, la croyance chrétienne, est un contenu objectif, riche en lui-même, un système de la doctrine et de la connaissance ; mais le contenu de la seconde croyance est si indéterminé en lui-même qu'il peut bien, en vérité, admettre aussi le premier contenu, mais tout autant comprendre en lui aussi la croyance que le Dalaï-Lama, le taureau, le singe, etc., sont Dieu, et que pour lui-même il se borne au *Dieu en général*, à l'*Etre suprême* [85]. La croyance elle-même, dans ce sens qui veut être philosophique, n'est rien d'autre que la sèche *abstraction* du savoir immédiat, une détermination entièrement formelle, qui ne peut être confondue avec la plénitude spirituelle de la croyance chrétienne, ni selon le côté du cœur plein de foi et de l'esprit plein de sainteté qui l'habite, ni selon le côté de la doctrine riche en contenu –, ni être prise pour cette plénitude [86].

Ce qui s'appelle ici croyance et savoir immédiat est du reste tout à fait la même chose que ce qui a été nommé ailleurs inspiration, révélation du cœur,

in den Menschen eingepflanzter Inhalt, ferner insbesondere auch gesunder Menschenverstand, *common sense*, Gemeinsinn, genannt worden ist. Alle diese Formen machen auf die gleiche Weise die Unmittelbarkeit, wie sich ein Inhalt im Bewußtsein findet, eine Tatsache in diesem ist, zum Prinzip.

§ 64

Das, was dieses unmittelbare Wissen weiß, ist, daß das Unendliche, Ewige, Gott, das in unserer *Vorstellung* ist, auch *ist,* – daß im Bewußtsein mit dieser *Vorstellung* unmittelbar und unzertrennlich die Gewißheit ihres *Seins* verbunden ist.

Es kann der Philosophie am wenigsten in Sinn kommen, diesen Sätzen des unmittelbaren Wissens widersprechen zu wollen; sie könnte sich vielmehr Glück wünschen, daß diese *ihre* alten Sätze, welche sogar ihren ganzen allgemeinen Inhalt ausdrücken, auf solche freilich unphilosophische Weise gewissermaßen ebenfalls zu allgemeinen Vorurteilen der Zeit geworden sind. Vielmehr kann man sich nur darüber wundern, daß man meinen konnte, der Philosophie seien diese Sätze entgegengesetzt, – die Sätze: daß das, was für wahr gehalten wird, dem Geiste immanent (§ 63) und daß für den Geist Wahrheit sei (ebenda). In formeller Rücksicht ist insbesondere der Satz interessant, daß nämlich mit dem *Gedanken* Gottes sein *Sein,* mit der *Subjektivität,* die der Gedanke zunächst hat, die *Objektivität* unmittelbar und unzertrennlich verknüpft ist. Ja, die Philosophie des unmittelbaren Wissens geht in ihrer Abstraktion so

contenu implanté en l'homme par la nature, puis, en particulier, aussi bon sens, *common sense,* sens commun. Toutes ces formes font, de la même manière, de l'immédiateté selon laquelle un contenu se trouve dans la conscience, est un fait en celle-ci, le principe.

§ 64

Ce que sait ce savoir immédiat, c'est que l'être infini, éternel, Dieu, qui est dans notre *représentation, est* aussi, que, dans la conscience, à cette *représentation* est liée immédiatement et inséparablement la certitude de son *être.*

A la philosophie il ne peut pas venir le moins du monde à l'esprit, de vouloir contredire ces propositions du savoir immédiat ; elle pourrait bien plutôt se féliciter de ce que ces vieilles propositions qui sont *les siennes* et qui, même, expriment son contenu universel tout entier, soient, d'une telle manière, il est vrai, non philosophique, devenues dans une certaine mesure également des préjugés universels de l'époque. On peut, bien plutôt, seulement s'étonner de ce que l'on ait pu croire que ces propositions étaient opposées à la philosophie, – les propositions : que ce qui est tenu pour vrai est immanent à l'esprit (§ 63), et que la vérité est pour l'esprit *(ibid.).* D'un point de vue formel, est particulièrement intéressante la proposition affirmant qu'à la *pensée* de Dieu son *être* est lié immédiatement et inséparablement, que l'*objectivité* l'est à la *subjectivité* qu'a tout d'abord la pensée. Et même, la philosophie du savoir immédiat va si loin

weit, daß nicht nur mit dem Gedanken Gottes allein, sondern auch in der Anschauung mit der *Vorstellung* meines *Körpers* und der *äußerlichen* Dinge die Bestimmung ihrer *Existenz* ebenso unzertrennlich verbunden sei. – Wenn die Philosophie solche Einheit zu beweisen, d. i. zu zeigen bestrebt ist, daß es in der Natur des Gedankens oder der Subjektivität selbst liege, unzertrennlich von dem Sein oder der Objektivität zu sein, so möchte es mit solchen Beweisen eine Bewandtnis haben, welche es wollte, die Philosophie muß auf allen Fall damit ganz zufrieden sein, daß behauptet und gezeigt wird, daß ihre Sätze auch *Tatsachen des Bewußtseins* sind, hiermit mit der *Erfahrung* übereinstimmen. – Der Unterschied zwischen dem Behaupten des unmittelbaren Wissens und der Philosophie läuft allein darauf hinaus, daß das unmittelbare Wissen sich eine *ausschließende* Stellung gibt, oder allein darauf, daß es sich dem Philosophieren entgegenstellt. – Aber auch in der Weise der Unmittelbarkeit ist jener Satz, um den, *wie* man sagen kann, sich das ganze Interesse der neueren Philosophie dreht, sogleich von deren Urheber ausgesprochen worden: *Cogito, ergo sum.* Man muß von der Natur des Schlusses etwa nicht viel mehr wissen, als daß in einem Schlusse »ergo« vorkomme, um jenen Satz für einen Schluß anzusehen; wo wäre der *medius terminus?* und ein solcher gehört doch wohl wesentlicher zum Schlusse als das Wort »ergo«. Will man aber, um den Namen zu rechtfertigen, jene Verbindung bei Descartes einen *unmittelbaren* Schluß nennen, so heißt diese überflüssige Form nichts anderes als eine *durch nichts vermittelte Verknüpfung unterschiedener* Bestimmungen. Dann aber ist die

en son abstraction, que ce n'est pas seulement avec la pensée de Dieu uniquement, mais aussi, dans l'intuition, avec la *représentation* de mon *corps* et des *choses extérieures,* que la détermination de leur *existence* est liée tout aussi inséparablement. – Si la philosophie s'efforce de prouver une telle unité, c'est-à-dire de montrer qu'il est impliqué dans la nature de la pensée ou de la subjectivité elle-même, d'être inséparable de l'être ou de l'objectivité, quoi qu'il en soit d'une telle preuve, la philosophie doit en tout cas être tout à fait satisfaite de ce qu'il est affirmé et montré que ses propositions sont aussi des *faits de la conscience,* par là sont en accord avec l'*expérience.* – La différence entre l'affirmation propre au savoir immédiat et la philosophie se ramène uniquement à ce que le savoir immédiat se donne une position *exclusive,* ou uniquement à ce qu'il s'oppose à l'acte de philosopher. – Mais c'est aussi sous le mode de l'immédiateté, que cette proposition-là, autour de laquelle, comme on peut dire, tourne tout l'intérêt de la philosophie moderne, a d'emblée été exprimée par son auteur : « cogito, ergo sum ». Il ne faut pas savoir, de la nature du syllogisme, beaucoup plus que le fait que dans un syllogisme se rencontre « ergo », pour regarder cette proposition comme un syllogisme ; où serait le *medius terminus ?* et un tel *medius terminus* appartient pourtant bien plus essentiellement au syllogisme que le mot « ergo ». Mais si l'on veut, pour justifier cette appellation, nommer cette liaison-là chez Descartes un syllogisme *immédiat* [87], cette forme superflue ne signifie rien d'autre qu'une *liaison – médiatisée par rien –* de déterminations *différentes.* Mais alors, la liaison de l'être avec nos

Verknüpfung des Seins mit unseren Vorstellungen, welche der Satz des unmittelbaren Wissens ausdrückt, nicht mehr und nicht weniger ein Schluß. – Aus Herrn *Hothos* Dissertation über die *Cartesische* Philosophie, die im Jahre 1826 erschienen ist, entnehme ich die Zitate, in denen auch *Descartes* selbst ausdrücklich sich darüber erklärt, daß del Satz *cogito, ergo sum* kein Schluß ist; die Stellen sind *Respons. ad object.*; *De Methodo IV Ep. I,* 118. Aus ersterer Stelle führe ich die näheren Ausdrücke an; Descartes sagt zunächst, daß wir denkende Wesen seien, sei »prima quaedam notio quae ex nullo syllogismo concluditur« und fährt fort: »neque cum quis dicit: ego cogito, ergo sum sive existo, *existentiam ex cogitatione per syllogis*mum deducit«. Da Descartes weiß, was zu einem Schlusse gehört, so fügt er hinzu, daß, wenn bei jenem Satz eine Ableitung durch einen Schluß stattfinden sollte, so gehörte hierzu der Obersatz: »illud omne, quod cogitat, est sive existit«. Dieser letztere Satz sei aber ein solcher, den man erst aus jenem ersten Satze vielmehr ableite.

Die Ausdrücke Descartes' über den Satz der Unzertrennlichkeit meiner als Denkenden vom Sein, daß in der *einfachen Anschauung* des Bewußtseins dieser Zusammenhang enthalten und angegeben, daß dieser Zusammenhang schlechthin Erstes, Prinzip, das Gewisseste und Evidenteste sei, so daß kein

représentations, qu'exprime la proposition du savoir immédiat, n'est ni plus ni moins un syllogisme. – A la Dissertation de *Hotho* sur la philosophie *cartésienne,* qui a paru dans l'année 1826 [88], j'emprunte les citations dans lesquelles Descartes lui-même aussi s'explique expressément sur ce point, que la proposition : « cogito, ergo sum » n'est pas un syllogisme ; les passages sont : *Respons. ad II. Object., D e Methodo* IV, *Ep.* I, 118 [89]. – Du premier passage, je cite les termes plus précis ; Descartes dit tout d'abord que nous sommes des êtres pensants, que c'est « prima quaedam notio quae ex nullo syllogismo concluditur [une première notion qui n'est tirée d'aucun syllogisme] », et poursuit : « neque cum quis dicit : ego cogito, ergo sum sive existo, *existentiam ex cogitatione per syllogismum deducit* [et lorsque quelqu'un dit : je pense, donc je suis ou j'existe, il ne conclut pas son existence de sa pensée par la force de quelque syllogisme] » [90]. Comme Descartes sait ce qui appartient à un syllogisme, il ajoute que si, dans le cas de cette proposition, pouvait trouver place une déduction moyennant un syllogisme, il lui appartiendrait la majeure : « illud omne, quod cogitat, est sive existit [tout ce qui pense est ou existe] » [91]. Mais cette dernière proposition est, selon lui, une proposition telle qu'on la déduit bien plutôt seulement de la première proposition.

Les expressions de Descartes au sujet de la proposition de l'inséparabilité de moi en tant qu'être pensant et de l'être, à savoir que dans l'*intuition simple* de la conscience est contenue et donnée cette connexion, que cette connexion est quelque chose d'absolument premier, un principe, ce qu'il y a de

Skeptizismus so enorm vorgestellt werden könne, um dies nicht zuzulassen, – sind so sprechend und bestimmt, daß die modernen Sätze Jacobis und anderer über diese unmittelbare Verknüpfung nur für überflüssige Wiederholungen gelten können.

§ 65

Dieser Standpunkt begnügt sich nicht damit, von dem *vermittelten* Wissen gezeigt zu haben, daß es, *isoliert* genommen, für die Wahrheit ungenügend sei, sondern seine Eigentümlichkeit besteht darin, daß das *unmittelbare* Wissen nur *isoliert* genommen, mit *Ausschließung* der Vermittlung, die Wahrheit zum Inhalte habe. – In solchen Ausschließungen selbst gibt sich sogleich der genannte Standpunkt als ein Zurückfallen in den metaphysischen Verstand kund, in das *Entweder-Oder* desselben, damit in der Tat selbst in das Verhältnis der äußerlichen Vermittlung, das auf dem Festhalten an Endlichem, d. i. einseitigen Bestimmungen beruht, über die jene Ansicht fälschlich sich hinausgesetzt zu haben meint. Doch lassen wir diesen Punkt unentwickelt; das ausschließend unmittelbare Wissen wird nur als *eine Tatsache* behauptet, und hier in der Einleitung ist es nur nach dieser äußerlichen Reflexion aufzunehmen. An sich kommt es auf das Logische des Gegensatzes von Unmittelbarkeit und Vermittlung an. Aber jener Standpunkt weist es ab, die Natur der Sache, d. i. den Begriff zu betrachten, denn eine solche Betrachtung führt auf Vermittlung und gar auf Erkenntnis. Die wahrhafte Betrachtung, die des Logischen, hat ihre Stelle innerhalb der Wissenschaft selbst zu finden.

plus certain et de plus évident, de sorte qu'on ne peut se représenter aucun scepticisme assez énorme pour ne pas admettre cela, – sont si parlantes et explicites que les propositions modernes de Jacobi et d'autres, concernant cette liaison immédiate, ne peuvent passer que pour des répétitions superflues.

§ 65

Ce point de vue ne se contente pas d'avoir montré du savoir *médiatisé* que, pris *isolément*, il n'est pas suffisant pour [la saisie de] la vérité, mais son caractère propre consiste en ce que selon lui le savoir *immédiat,* pris seulement *isolément,* avec *exclusion* de la médiation, a pour contenu la vérité. Dans de telles exclusions mêmes, le point de vue cité se révèle aussitôt comme une rechute dans l'entendement métaphysique, dans son « ou *bien – ou bien »,* par là, en réalité, dans le Rapport, même, de la médiation extérieure, qui repose sur le fait de tenir fixement au fini, c'est-à-dire à des déterminations unilatérales au-delà desquelles cette manière de voir s'imagine faussement s'être placée[92]. Laissons toutefois ce point sans le développer ; le savoir exclusivement immédiat est affirmé seulement comme *un fait,* et ici, dans l'introduction, on ne peut le prendre que suivant cette réflexion extérieure[93]. En soi, ce qui importe, c'est l'être logique de l'opposition de l'immédiateté et de la médiation. Mais ce point de vue-là refuse de considérer la nature de la Chose, c'est-à-dire le concept, car une telle considération conduit à de la médiation et même à de la connaissance. La considération vraie, celle du logique, doit trouver sa place à l'intérieur de la science elle-même.

Der ganze zweite Teil der *Logik,* die Lehre von dem *Wesen,* ist Abhandlung der wesentlichen sich setzenden Einheit der Unmittelbarkeit und der Vermittlung.

§ 66

Wir bleiben hiermit dabei stehen, daß das unmittelbare Wissen als *Tatsache* genommen werden soll. Hiermit aber ist die Betrachtung auf das Feld der *Erfahrung,* auf ein *psychologisches* Phänomen geführt. – In dieser Rücksicht ist anzuführen, daß es zu den gemeinsten Erfahrungen gehört, daß Wahrheiten, von welchen man sehr wohl weiß, daß sie Resultat der verwickeltsten, höchst vermittelten Betrachtungen sind, sich demjenigen, dem solche Erkenntnis geläufig geworden, *unmittelbar* in seinem Bewußtsein präsentieren. Der Mathematiker, wie jeder in einer Wissenschaft Unterrichtete, hat Auflösungen unmittelbar gegenwärtig, zu denen eine sehr verwickelte Analysis geführt hat; jeder gebildete Mensch hat eine Menge von allgemeinen Gesichtspunkten und Grundsätzen unmittelbar gegenwärtig in seinem Wissen, welche nur aus vielfachem Nachdenken und langer Lebenserfahrung hervorgegangen sind. Die Geläufigkeit, zu der wir es in irgendeiner Art von Wissen, auch Kunst, technischer Geschicklichkeit gebracht haben, besteht eben darin, solche Kenntnisse, Arten der Tätigkeit im vorkommenden Falle *unmittelbar* in seinem Bewußtsein, ja selbst in einer nach außen gehenden Tätigkeit und in seinen Gliedern zu haben. – In allen diesen Fällen schließt die Unmittelbarkeit des Wissens nicht nur die Vermittlung desselben nicht aus, sondern sie sind so

Toute la deuxième partie de la *Logique,* la théorie de l'*essence,* est l'étude traitant de l'unité essentielle – qui se pose – de l'immédiateté et de la médiation.

§ 66

Nous nous en tenons ainsi à ceci, que le savoir immédiat doit être pris comme un *fait.* Mais par là, la réflexion est dirigée sur le champ de l'*expérience,* sur un phénomène *psychologique.* – A cet égard, il faut indiquer qu'il relève des expériences les plus communes, que des vérités dont on sait très bien qu'elles sont un résultat des considérations les plus compliquées, au plus haut point médiatisées, se présentent *immédiatement* à la conscience de celui à qui une telle connaissance est devenue familière. Le mathématicien, comme tout homme instruit dans une science, a présentes à lui immédiatement des solutions auxquelles a conduit une analyse très compliquée ; tout homme cultivé a immédiatement présents dans son savoir une foule de points de vue et principes généraux qui sont issus seulement d'une réflexion réitérée et d'une longue expérience de la vie. L'aisance à laquelle nous sommes parvenus dans un genre quelconque de savoir et aussi d'art, de savoir-faire technique, consiste précisément dans le fait d'avoir de telles connaissances, de tels modes de l'activité, lorsque le cas se présente, *immédiatement* dans sa conscience, et même dans une activité se dirigeant vers le dehors, ainsi que dans ses membres. Dans tous ces cas, non seulement l'immédiateté du savoir n'exclut pas sa médiation, mais elles sont tellement liées que le savoir

verknüpft, daß das unmittelbare Wissen sogar Produkt und Resultat des vermittelten Wissens ist.

Eine ebenso triviale Einsicht ist die Verknüpfung von unmittelbarer *Existenz* mit der Vermittlung derselben; Keime, Eltern sind eine unmittelbare, anfangende Existenz in Ansehung der Kinder usf., welche Erzeugte sind. Aber die Keime, Eltern, sosehr sie als existierend überhaupt *unmittelbar* sind, sind gleichfalls Erzeugte, und die Kinder usf., der Vermittlung ihrer Existenz unbeschadet, sind nun unmittelbar, denn sie *sind.* Daß ich in Berlin *bin,* diese meine *unmittelbare* Gegenwart, ist *vermittelt* durch die gemachte Reise hierher, usf.

§ 67

Was aber das *unmittelbare Wissen* von *Gott,* vom *Rechtlichen,* vom *Sittlichen* betrifft – und hierher fallen auch die sonstigen Bestimmungen von Instinkt, einge-pflanzten, angeborenen Ideen, Gemeinsinn, von natür-licher Vernunft usf. –, welche Form man dieser Ursprünglichkeit gebe, so ist die allgemeine Erfahrung, daß, damit das, was darin enthalten ist, zum Bewußtsein gebracht werde, wesentlich *Erziehung,* Entwicklung (auch zur *Platonischen Erinnerung)* erforderlich sei (die christliche Taufe, obgleich ein Sakrament, enthält selbst die fernere Verpflichtung einer christlichen Erziehung); d.i. daß Religion, Sittlichkeit, sosehr sie ein *Glauben, unmittelbares* Wissen sind, schlechthin bedingt

immédiat, lui-même, est un produit et un résultat du savoir médiatisé.

C'est tout aussi trivial de discerner la liaison d'une *existence* immédiate avec sa médiation ; les germes, les parents sont une existence immédiate, initiale, par rapport aux enfants, etc., qui sont des êtres engendrés. Mais les germes, les parents, tout autant qu'ils *sont,* comme existants en général, *immédiats,* sont également des êtres engendrés, et les enfants, etc., sans préjudice de la médiatisation de leur existence, sont maintenant immédiats, car ils *sont.* Le fait que je *suis,* moi, à Berlin, cette présence *immédiate* qui est la mienne, sont médiatisés par le voyage fait pour venir ici, etc.

§ 67

Mais pour ce qui concerne le *savoir immédiat* de *Dieu,* de ce qui relève du *droit,* de l'*éthique* – dans ce domaine tombent aussi les autres déterminations que sont celles d'instinct, d'idées implantées, innées, de sens commun, de raison naturelle, etc. –, quelque forme que l'on donne à cette originarité, l'expérience universelle est que, pour que ce qui s'y trouve contenu soit amené à la conscience, il est exigé essentiellement (ce l'est aussi pour la *réminiscence platonicienne)* une *éducation,* un développement (le baptême chrétien, bien qu'il soit un sacrement, contient lui-même l'obligation ultérieure d'une éducation chrétienne) ; c'est-à-dire que la religion, la vie éthique, tout autant qu'elles sont une *croyance,* un *savoir immédiat,* sont absolument condi-

durch die *Vermittlung* seien, welche Entwicklung, Erziehung, Bildung heißt.

Bei der Behauptung *angeborener* Ideen und bei dem Widerspruch gegen dieselbe ist ein ähnlicher Gegensatz ausschließender Bestimmungen herrschend gewesen als der hier betrachtete, nämlich der Gegensatz von der, wie es ausgedrückt werden kann, wesentlichen *unmittelbaren* Verknüpfung gewisser allgemeiner Bestimmungen mit der *Seele*, und von einer anderen Verknüpfung, die auf äußerliche Weise geschähe und durch *gegebene* Gegenstände und Vorstellungen vermittelt wäre. Man machte der Behauptung *angeborener Ideen* den empirischen Einwurf, daß alle Menschen diese Ideen haben, z. B. den Satz des Widerspruchs in ihrem Bewußtsein haben, ihn wissen müßten, als welcher Satz mit anderen dergleichen unter die angeborenen Ideen gerechnet wurde. Man kann diesem Einwurf einen Mißverstand zuschreiben, insofern die gemeinten Bestimmungen als angeborene darum nicht auch schon in der *Form* von Ideen, Vorstellungen von Gewußtem sein sollen. Aber gegen das unmittelbare Wissen ist dieser Einwurf ganz treffend, denn es behauptet ausdrücklich seine Bestimmungen insofern, als sie im Bewußtsein seien. – Wenn der Standpunkt des unmittelbaren Wissens etwa zugibt, daß insbesondere für den religiösen Glauben eine Entwicklung und eine christliche oder religiöse Erziehung *notwendig* sei, so ist es ein Belieben, dies bei dem Reden von dem Glauben wieder ignorieren zu wollen, oder es ist die Gedankenlosigkeit, nicht zu wissen, daß mit der zugegebenen Notwendigkeit einer Erziehung eben die Wesentlichkeit der Vermittlung ausgesprochen ist.

tionnées par la *médiation,* qui s'appelle développement, éducation, culture.

Dans l'affirmation d'idées *innées* et la contradiction qu'on lui a portée, a régné une opposition de déterminations exclusives analogue à celle qui est considérée ici, à savoir l'opposition de la liaison essentielle *immédiate* – comme on peut exprimer la chose – de certaines déterminations universelles avec l'*âme,* et d'une autre liaison qui se produirait d'une manière extérieure et serait médiatisée par des ob-jets et représentations *données.* On dirigea contre l'affirmation d'*idées innées* l'objection empirique, que tous les hommes devraient nécessairement avoir ces idées, par exemple avoir la proposition de la contradiction dans leur conscience, la savoir pour autant que cette proposition était, avec d'autres du même genre, comptée parmi les idées innées. On peut imputer a à cette objection une méprise, dans la mesure où les déterminations visées, en tant qu'innées, ne doivent pas pour autant être aussi déjà dans la *forme* d'idées, de représentations de ce qui est su. Mais, s'adressant au savoir immédiat, cette objection est tout à fait pertinente, car il affirme expressément ses déterminations en tant qu'elles seraient dans la conscience. – Si le point de vue du savoir immédiat en vient à accorder qu'en particulier pour la croyance religieuse un développement et une éducation chrétienne ou religieuse sont *nécessaires,* il est arbitraire de vouloir à nouveau ignorer cela lorsqu'on parle de la croyance, ou [encore] c'est faire preuve d'absence de pensée que de ne pas savoir qu'avec la nécessité accordée d'une éducation est exprimée précisément l'essentialité de la médiation.

§ 68

In den angeführten Erfahrungen ist sich auf das berufen, was sich als mit dem unmittelbaren Wissen *verbunden* zeigt. Wenn diese Verbindung etwa zunächst als nur ein *äußerlicher,* empirischer Zusammenhang genommen wird, so erweist er sich für die empirische Betrachtung selbst als wesentlich und unzertrennlich, weil er konstant ist. Aber ferner, wenn nach der Erfahrung dieses unmittelbare Wissen für sich selbst genommen wird, insofern es Wissen von Gott und vom Göttlichen ist, so wird solches Bewußtsein allgemein als ein *Erheben über* das Sinnliche, Endliche, wie über die unmittelbaren Begierden und Neigungen des natürlichen Herzens beschrieben, – ein Erheben, welches in den Glauben an Gott und Göttliches übergeht und in demselben endigt, so daß dieser Glaube ein unmittelbares Wissen und Fürwahrhalten ist, aber nichtsdestoweniger jenen Gang der Vermittlung zu seiner Voraussetzung und Bedingung hat.

Es ist schon bemerkt worden, daß die sogenannten Beweise vom Dasein Gottes, welche von dem endlichen Sein ausgehen, diese Erhebung ausdrücken und keine Erfindungen einer künstelnden Reflexion, sondern die eigenen, notwendigen Vermittlungen des Geistes sind, wenn sie auch in der gewöhnlichen Form jener Beweise nicht ihren vollständigen und richtigen Ausdruck haben.

§ 69

Der (§ 64) bezeichnete Übergang von der subjektiven Idee zum Sein ist es, welcher für den Stand-

§ 68

Dans les expériences citées, on invoque ce qui se montre comme *lié* au savoir immédiat. Si cette liaison se trouve être prise tout d'abord comme étant seulement une connexion *extérieure,* empirique, celle-ci s'avère, pour la manière empirique elle-même de considérer les choses, comme essentielle et indissociable parce qu'elle est constante. Mais, de plus, si suivant l'expérience ce savoir immédiat est pris pour lui-même, dans la mesure où il est savoir de Dieu et du divin, une telle conscience est décrite en général comme une *élévation au-dessus* du sensible, du fini, ainsi qu'au-dessus des désirs et penchants immédiats du cœur naturel, – élévation qui passe dans la croyance en Dieu et au divin et finit en elle, de sorte que cette croyance est un savoir et une certitude immédiats, mais néanmoins a ce chemin de la médiation pour présupposition et condition [94].

On a déjà remarqué que les preuves – comme on dit – de l'être-là de Dieu qui partent de l'être fini expriment cette élévation et ne sont pas des inventions d'une réflexion à la recherche de subtilités, mais les médiations propres, nécessaires, de l'esprit, bien qu'elles n'aient pas dans la forme habituelle de ces preuves leur expression complète et juste [95].

§ 69

C'est le passage indiqué (§ 64) de l'Idée subjective à l'être, qui, pour le point de vue du savoir immédiat,

punkt des unmittelbaren Wissens das Hauptinteresse ausmacht und wesentlich als ein ursprünglicher, vermittlungsloser Zusammenhang behauptet wird. Ganz ohne Rücksicht auf empirisch-scheinende Verbindungen genommen, zeigt gerade dieser Mittelpunkt *in ihm* selbst die Vermittlung, und zwar in ihrer Bestimmung, wie sie wahrhaft ist, nicht als eine Vermittlung mit und durch ein Äußerliches, sondern als sich in sich selbst beschließend.

§ 70

Die Behauptung dieses Standpunkts ist nämlich, daß weder die *Idee* als ein bloß *subjektiver* Gedanke, noch bloß ein *Sein* für sich das Wahre ist; – das Sein nur für sich, ein Sein nicht der Idee, ist das sinnliche, endliche Sein der Welt. Damit wird also unmittelbar behauptet, daß die Idee nur *vermittels* des Seins und umgekehrt das Sein nur *vermittels* der Idee *das Wahre ist.* Der Satz des unmittelbaren Wissens will mit Recht nicht die unbestimmte, leere Unmittelbarkeit, das abstrakte Sein oder reine Einheit für sich, sondern die Einheit *der Idee* mit dem Sein. Es ist aber Gedankenlosigkeit, nicht zu sehen, daß die Einheit *unterschiedener* Bestimmungen nicht bloß rein unmittelbare, d. i. ganz unbestimmte und leere Einheit, sondern daß eben darin gesetzt ist, daß die eine der Bestimmungen nur durch die andere vermittelt Wahrheit hat – oder, wenn man will, jede nur durch die andere mit der Wahrheit vermittelt ist. – Daß die Bestimmung der Vermittlung in jener Unmittelbarkeit selbst enthalten ist, ist hiermit als *Faktum* aufgezeigt, gegen welches der *Verstand,* dem eigenen Grundsatze

constitue l'intérêt principal et est affirmé essentiellement comme une connexion originaire, ne comportant
pas de médiation. Pris sans qu'on tienne aucunement
compte de liaisons qui paraissent de manière empirique [96], ce point central, précisément, montre *dans lui-
même* la médiation [97], et cela en sa détermination,
comme elle est en sa vérité, non pas comme une médiation avec et par quelque chose d'extérieur, mais comme
se résolvant dans elle-même [98].

§ 70

Ce qu'affirme en effet ce point de vue, c'est que ni
l'*Idée* en tant qu'une pensée simplement *subjective,* ni
simplement un *être,* pour lui-même, ne sont le vrai ; –
l'être, seulement pour lui-même, un être qui n'est pas
celui de l'Idée, c'est l'être sensible, fini, du monde. Par
là est ainsi immédiatement affirmé que l'Idée n'est *le
vrai* que *par la médiation* de l'être, et inversement que
l'être ne l'est que *par la médiation* de l'Idée. La proposition du savoir immédiat ne veut pas, à bon droit,
l'immédiateté indéterminée, vide, l'être abstrait ou une
unité pure [prise] pour elle-même, mais l'unité *de l'Idée*
avec l'être. Cependant, c'est être dépourvu de pensée
que de ne pas voir que l'unité de déterminations
différentes n'est pas simplement une unité purement
immédiate, c'est-à-dire totalement indéterminée et vide,
mais qu'il est posé justement en elle, que l'une des
déterminations n'a de vérité que médiatisée par l'autre,
– ou si l'on veut, que chacune n'est médiatisée avec la
vérité que par l'autre. – Que la détermination de la
médiation est contenue dans cette immédiateté-là elle-
même, est par là montré comme un *Fait* contre lequel

des unmittelbaren Wissens gemäß, nichts einzuwenden haben darf. Es ist nur gewöhnlicher abstrakter Verstand, der die Bestimmungen von Unmittelbarkeit und von Vermittlung, jede für sich, als absolut nimmt und an ihnen etwas *Festes* von Unterscheidung zu haben meint; so erzeugt er sich die unüberwindliche Schwierigkeit, sie zu vereinigen, – eine Schwierigkeit, welche ebensosehr, wie gezeigt, im Faktum nicht vorhanden ist, als sie im spekulativen Begriffe verschwindet.

§ 71

Die Einseitigkeit dieses Standpunktes bringt Bestimmungen und Folgen mit sich, deren Hauptzüge nach der geschehenen Erörterung der Grundlage noch bemerklich zu machen sind. *Vors erste,* weil nicht die *Natur* des *Inhalts,* sondern das *Faktum* des *Bewußtseins* als das Kriterium der Wahrheit aufgestellt wird, so ist das *subjektive* Wissen und die *Versicherung,* daß Ich in *meinem* Bewußtsein einen gewissen Inhalt vorfinde, die Grundlage dessen, was als wahr ausgegeben wird. Was Ich in *meinem* Bewußtsein vorfinde, wird dabei dazu gesteigert, in dem Bewußtsein *aller* sich vorzufinden, und für die *Natur* des Bewußtseins selbst ausgegeben.

Vormals wurde unter den sogenannten Beweisen vom Dasein Gottes der *consensus gentium* aufgeführt, auf den sich auch schon Cicero beruft. Der *consensus gentium* ist eine bedeutende Autorität, und der Übergang davon, daß ein Inhalt sich in dem Bewußtsein *aller* finde, dazu, daß er in der Natur des

l'*entendement,* conformément au propre principe du savoir immédiat, ne peut rien avoir à objecter [99]. C'est seulement l'entendement courant .abstrait qui prend les déterminations de l'immédiateté et de la médiation, chacune pour elle-même, comme absolues, et s'imagine avoir en elles quelque chose de *ferme* en fait de distinction ; il se crée ainsi la difficulté insurmontable, de les réunir ; – difficulté qui, comme on l'a montré, n'est pas présente dans le Fait, tout comme elle disparaît dans le concept spéculatif [100].

§ 71

L'unilatéralité de ce point de vue entraîne avec elle des déterminations et conséquences dont on a encore, après la discussion qu'on a faite de l'assise fondamentale, à souligner les traits principaux. *Premièrement,* puisque ce n'est pas la *nature* du *contenu,* mais le *Fait* de la *conscience* qui est institué comme le critère de la vérité, le savoir *subjectif* et l'*assurance* que, moi, je trouve là dans ma conscience un certain contenu, sont l'assise fondamentale de ce qui est donné comme vrai. Ce que, moi, je trouve là dans *ma* conscience est alors élevé au rang de quelque chose qui se trouverait dans la conscience de *tous,* et donné pour la *nature* de la conscience elle-même.

Autrefois, on citait parmi ce qu'on nommait les preuves de l'être-là de Dieu celle du « consensus gentium » auquel Cicéron, déjà, en appelle aussi [101]. Le « consensus gentium » est une autorité importante, et le passage de l'idée qu'un contenu se trouverait dans la conscience de *tous,* à l'idée qu'il résiderait

Bewußtseins selbst liege und ihm notwendig sei, liegt nahe bei der Hand. Es lag in dieser Kategorie *allgemeiner* Übereinstimmung das wesentliche, dem ungebildetsten Menschensinne nicht entgehende Bewußtsein, daß das Bewußtsein des Einzelnen zugleich ein *Besonderes, Zufälliges* ist. Wenn die Natur dieses Bewußtseins nicht selbst untersucht, d. i. das Besondere, Zufällige desselben nicht abgesondert wird, als durch welche mühsame Operation des Nachdenkens das an und für sich Allgemeine desselben allein herausgefunden werden kann, so kann nur die Übereinstimmung *aller* über einen Inhalt ein respektables Vorurteil begründen, daß derselbe zur Natur des Bewußtseins selbst gehöre. Für das Bedürfnis des Denkens, das, was sich als *allgemein* vorhanden zeigt, als *notwendig* zu wissen, ist der *consensus gentium* allerdings nicht genügend, aber auch innerhalb der Annahme, daß jene Allgemeinheit des Faktums ein befriedigender Beweis wäre, ist er um der Erfahrung willen, daß es Individuen und Völker gebe, bei denen sich der Glaube an Gott nicht vorfinde, als ein Beweis dieses Glaubens aufgegeben worden *. – Kürzer und bequemer aber gibt es nichts, als die bloße *Versicherung* zu machen zu haben, daß Ich einen Inhalt in meinem Bewußtsein mit der Gewißheit seiner Wahrheit finde und daß daher diese Gewißheit nicht mir als besonderem Subjekte, sondern der Natur des Geistes selbst angehöre.

----

* Um in der Erfahrung den Atheismus und den Glauben an Gott mehr oder weniger ausgebreitet zu finden, kommt es darauf an, ob man mit der Bestimmung

dans la nature de la conscience elle-même et lui serait nécessaire, se présente immédiatement. Cette catégorie d'un accord *universel* impliquait la conscience essentielle, n'échappant pas à l'intelligence humaine la moins cultivée, que la conscience de l'être singulier est en même temps quelque chose de *particulier,* de *contingent.* Lorsque la nature de cette conscience n'est pas elle-même examinée, c'est-à-dire lorsque ce qu'elle a de particulier, de contingent, n'est pas mis à part, en tant que c'est uniquement par le moyen de cette opération pénible de la réflexion, que l'universel en et pour soi qui est en elle peut être dégagé, c'est seulement l'accord de *tous* sur un contenu qui peut fonder un préjugé respectable selon lequel il [102] appartiendrait à la nature de la conscience elle-même. Le besoin de la pensée, de savoir comme *nécessaire* ce qui se montre comme *universellement* présent, ne peut assurément pas se satisfaire du « consensus gentium », mais même à l'intérieur de l'attitude admettant que cette universalité du Fait était une preuve satisfaisante, on a, parce qu'on a fait l'expérience qu'il y avait des individus et des peuples chez lesquels la croyance en Dieu ne se trouvait pas déjà là, renoncé au « consensus gentium » comme preuve de cette croyance *. Mais il n'y a rien de plus rapide et de plus commode que d'avoir à poser la simple *assurance,* que, moi, je trouve en ma conscience un contenu avec la certitude de sa vérité, et que, par suite, cette certitude n'appartient pas à moi en tant que sujet particulier, mais à la nature de l'esprit lui-même.

---

* Pour trouver dans l'expérience l'athéisme et la croyance en Dieu plus ou moins répandus, ce qui importe,

von einem Gott *überhaupt* zufrieden ist, oder ob eine bestimmtere Erkenntnis desselben gefordert wird. Von den chinesischen und indischen usf. Götzen wenigstens, ebensowenig von den afrikanischen Fetischen, auch von den griechischen Göttern selbst wird in der christlichen Welt nicht zugegeben werden, daß solche Götzen Gott sind; wer an solche glaubt, glaubt daher nicht an Gott. Wird dagegen die Betrachtung gemacht, daß in solchem Glauben an Götzen doch *an sich* der Glaube an Gott *überhaupt, wie* im besonderen Individuum die Gattung, liege, so gilt der Götzendienst auch für einen Glauben, nicht nur an einen Götzen, sondern an Gott. Umgekehrt haben die Athenienser die Dichter und Philosophen, welche den Zeus usf. nur für Wolken usf. hielten und etwa nur einen *Gott überhaupt* behaupteten, als Atheisten behandelt. – Es kommt nicht darauf an, was *an sich* in einem Gegenstande enthalten sei, sondern was davon für das Bewußtsein *heraus* ist. Jede, die gemeinste sinnliche Anschauung des Menschen wäre, wenn man die Verwechslung dieser Bestimmungen gelten läßt, Religion, weil allerdings *an sich* in jeder solchen Anschauung, in jedem Geistigen, das *Prinzip* enthalten ist, welches entwickelt und gereinigt sich zur Religion steigert. Ein anderes aber ist, der Religion *fähig zu sein* (und jenes *Ansich* drückt die Fähigkeit und Möglichkeit aus), ein anderes, Religion zu *haben*. – So haben in neueren Zeiten wieder Reisende (z. B. die Kapitäne *Ross* und *Parry*) Völkerschaften (Eskimos) gefunden, denen sie alle Religion absprachen, sogar so etwas von Religion, was man noch in afrikanischen *Zauberern* (den *Goeten* Herodots) finden möchte. Nach einer ganz andern Seite hin sagt ein Engländer, der die ersten Monate des letztverflossenen Jubeljahres in Rom zubrachte, in seiner Reisebeschreibung von den heutigen *Römern,* daß das gemeine Volk bigott, daß aber die, die lesen und schreiben können, sämtlich Atheisten seien. – Der

c'est si l'on se contente de la détermination d'un Dieu *en général ou* si l'on exige une connaissance plus déterminée de lui. Des idoles – du moins – des Chinois, des Hindous, etc., de même des fétiches africains, et aussi des dieux grecs eux-mêmes, on n'accorde pas, dans le monde chrétien, que de telles idoles soient Dieu ; qui croit en de telles idoles ne croit donc pas en Dieu. Si, par contre, on considère que dans une telle croyance en des idoles se trouve pourtant *en soi* la croyance en Dieu *en général,* comme l'est le genre dans l'individu particulier, le service d'une idole lui aussi vaut comme une croyance non seulement en une telle idole, mais en Dieu. Inversement, les Athéniens ont traité comme des athées les poètes et les philosophes qui tenaient Zeus, etc., seulement pour des nuées, etc., et venaient à affirmer seulement un *Dieu en général.* – Ce qui importe, ce n'est pas ce qui serait contenu *en soi* dans un ob-jet, mais ce qui de lui est *extériorisé* pour la conscience Toute intuition sensible de l'homme, même la plus commune, serait, si l'on accepte la confusion de ces déterminations, religion, puisque assurément *en soi* dans toute intuition de ce genre, dans tout ce qui relève de l'esprit, est contenu le principe qui, développé et purifié, s'élève à la religion. Mais c'est une chose que d'être *capable* de religion (et cet *en-soi* exprime la capacité et la possibilité), c'en est une autre que *d'avoir* de la religion. – Ainsi, dans les temps modernes, des voyageurs (par exemple les capitaines *Ross* et *Parry* [103]) ont a nouveau trouvé des peuplades (Esquimaux) auxquelles ils refusèrent toute religion, même cet élément de religion que l'on pourrait trouver encore chez des *sorciers* africains (les *Goètes* d'Hérodote [104]), Suivant un tout autre côté, un Anglais qui passa à Rome les premiers mois de la dernière année jubilaire écoulée, dit dans son récit de voyage, en parlant des *Romains* d'aujourd'hui [105], que le commun peuple est bigot, mais que ceux qui savent lire et écrire sont, en leur totalité, des athées. – Si,

§ 72

Daraus, daß das *unmittelbare Wissen* das Kriterium der Wahrheit sein soll, folgt *fürs zweite,* daß aller Aberglaube und Götzendienst für Wahrheit erklärt wird und daß der unrechtlichste und unsittlichste Inhalt des Willens gerechtfertigt ist. Dem Inder gilt nicht aus sogenanntem vermittelten Wissen, aus Räsonnements und Schlüssen, die Kuh, der Affe oder der Brahmane, der Lama als Gott, sondern er *glaubt* daran. Die natürlichen Begierden und Neigungen aber legen von selbst ihre Interessen ins Bewußtsein, die unmoralischen Zwecke finden sich ganz unmittelbar in demselben; der gute oder böse Charakter drückte das *bestimmte Sein* des Willens aus, welches in den Interessen und Zwecken gewußt, und zwar am unmittelbarsten gewußt wäre.

§ 73

Endlich soll das unmittelbare Wissen von Gott sich nur darauf erstrecken, *daß* Gott ist, nicht *was* Gott ist; denn das letztere würde eine Erkenntnis sein und auf vermitteltes Wissen führen. Damit ist Gott als Gegenstand der Religion ausdrücklich auf den *Gott überhaupt,* auf das unbestimmte Übersinnliche beschränkt, und die Religion ist in ihrem Inhalte auf ihr Minimum reduziert.

―――

Vorwurf des Atheismus ist übrigens in neueren Zeiten wohl vornehmlich darum seltener geworden, weil der Gehalt und die Forderung über Religion *sich* auf ein Minimum reduziert hat (§ 73).

§ 72

De ce que le *savoir immédiat* doit être le critère de la vérité, il s'ensuit, *en deuxième lieu,* que tout ce qui est superstition et service des idoles est qualifié de vérité, et que le contenu de la volonté le plus contraire au droit et à l'éthique est justifié. Pour l'Indien, ce n'est pas en vertu d'un savoir, comme on dit, médiatisé, de raisonnements et de syllogismes, que la vache, le singe ou le Brahmane, le Lama valent comme Dieu, mais il *croit* en eux. Mais les désirs et penchants naturels déposent spontanément leurs intérêts dans la conscience, les buts immoraux se trouvent en elle tout à fait immédiatement ; le caractère bon ou mauvais exprimerait l'*être déterminé* de la volonté, qui serait su dans les intérêts et les buts, et, à la vérité, su de la façon la plus immédiate.

§ 73

Enfin le savoir immédiat de Dieu doit seulement s'étendre jusqu'à affirmer *que* Dieu est, non pas *ce que* Dieu est ; car cette dernière affirmation serait une connaissance et conduirait à un savoir médiatisé [106]. Par là, Dieu, en tant qu'ob-jet de la religion, est expressément borné au *Dieu en général,* au supra-sensible indéterminé, et la religion est, en son contenu, réduite à son minimum.

———

d'ailleurs, le reproche d'athéisme est, dans les temps modernes, devenu plus rare, c'est bien principalement parce que le contenu consistant de la religion et l'exigence en matière de religion se réduisent à un minimum (v. § 73).

Wenn es wirklich nötig wäre, nur so viel zu bewirken, daß der Glaube, *es sei ein Gott,* noch erhalten werde, oder gar, daß solcher Glaube zustande komme, so wäre sich nur über die Armut der Zeit zu verwundern, welche das Dürftigste des religiösen Wissens für einen Gewinn halten läßt und dahin gekommen ist, in ihrer Kirche zu dem Altar zurückzukehren, der sich längst in *Athen* befand, welcher *dem unbekannten Gotte!* gewidmet war.

§ 74

Noch ist die allgemeine Natur der *Form der Unmittelbarkeit* kurz anzugeben. Es ist nämlich diese Form selbst, welche, weil sie *einseitig* ist, ihren Inhalt selbst einseitig und damit *endlich* macht. Dem *Allgemeinen* gibt sie die Einseitigkeit einer *Abstraktion,* so daß Gott zum bestimmungslosen Wesen wird; Geist aber kann Gott nur heißen, insofern er als *sich* in sich selbst *mit sich vermittelnd* gewußt wird. Nur so ist er *konkret,* lebendig und Geist; das *Wissen* von Gott als Geist enthält eben damit Vermittlung in sich. – Dem *Besonderen* gibt die Form der Unmittelbarkeit die Bestimmung, zu *sein, sich auf sich* zu beziehen. Das Besondere ist aber eben dies, sich auf *Anderes* außer ihm zu beziehen; durch jene Form wird das *Endliche* als absolut gesetzt. Da sie als ganz abstrakt gegen *jeden Inhalt gleichgültig* und eben damit jeden Inhalts empfänglich ist, so kann sie abgöttischen und unmoralischen ebensogut sanktionieren als den entgegengesetzten Inhalt. Nur diese Einsicht in denselben, daß er nicht selbständig, sondern

S'il était effectivement nécessaire de ne faire que ce qu'il faut pour que la croyance *qu'il y a un Dieu* soit conservée encore ou même pour qu'une telle croyance s'instaure, on ne pourrait qu'admirer la pauvreté de l'époque, qui fait prendre ce qu'il y a de plus indigent dans le savoir religieux pour un gain, et qui en est venue à retourner, dans son église, à l'autel qui se trouvait, il y a longtemps, à *Athènes,* et qui était consacré au *Dieu inconnu.*

§ 74

Il y a encore à indiquer brièvement la nature générale de la *forme de l'immédiateté.* C'est en effet cette forme même qui, parce qu'elle est *unilatérale,* rend son contenu lui-même unilatéral et par là *fini.* A l'*universel,* elle donne l'unilatéralité d'une *abstraction,* de telle sorte que Dieu devient l'essence sans détermination ; mais Dieu ne peut s'appeler esprit que pour autant qu'il est su comme *se* médiatisant *avec lui-même* en lui-même. *Ainsi* seulement, il est *concret,* vivant et esprit [107] ; le *savoir* de Dieu comme esprit contient précisément par là en lui une médiation. – Au *particulier,* la forme de l'immédiateté donne la détermination, d'*être,* de *se* rapporter *à soi.* Mais le particulier a précisément pour être, de se rapporter à *autre chose* en dehors de lui ; du fait de cette forme-là, le *fini* est posé comme absolu. Comme elle est, en tant que totalement abstraite, *indifférente* à l'égard de *tout contenu* et précisément par là susceptible de recevoir tout contenu, elle peut sanctionner un contenu idolâtre et immoral aussi bien que le contenu opposé. C'est seulement cette saisie du contenu qui discerne qu'il n'est pas subsistant-par-soi,

durch ein Anderes vermittelt ist, setzt ihn auf seine Endlichkeit und Unwahrheit herab. Solche Einsicht, weil der Inhalt die Vermittlung mit sich führt, ist ein Wissen, welches Vermittlung enthält. Für das Wahre aber, kann nur ein Inhalt erkannt werden, insofern er nicht mit einem Anderen vermittelt, nicht endlich ist, also sich mit sich selbst vermittelt und so in eins Vermittlung und unmittelbare Beziehung auf sich selbst ist. – Jener Verstand, der sich von dem endlichen Wissen, *der Verstandes-Identität* der Metaphysik und der Aufklärung, losgemacht zu haben meint, macht selbst unmittelbar wieder diese *Unmittelbarkeit,* d. i. *die abstrakte Beziehung-auf-sich,* die abstrakte Identität, zum Prinzip und Kriterium der Wahrheit. *Abstraktes Denken* (die Form der reflektierenden Metaphysik) und *abstraktes Anschauen* (die Form des unmittelbaren Wissens) sind ein und dasselbe.

§ 75

Die *Beurteilung* dieser dritten Stellung, die dem Denken zur Wahrheit gegeben wird, hat nur auf eine Weise vorgenommen werden können, welche dieser Standpunkt unmittelbar in ihm selbst angibt und zugesteht. Es ist hiermit als *faktisch* falsch aufgezeigt worden, daß es ein unmittelbares Wissen *gebe,* ein Wissen, welches ohne Vermittlung, es sei mit Anderem oder in ihm selbst mit sich, sei. Gleichfalls ist es für faktische Unwahrheit erklärt worden, daß das Denken nur an durch *Anderes vermittelten* Bestimmungen – endlichen und bedingten – fortgehe, und daß sich nicht ebenso in der Vermittlung diese Vermittlung selbst aufhebe. Von dem *Faktum* aber solchen Erkennens, das

mais *médiatisé par quelque chose d'autre,* qui le rabaisse à sa finité et non-vérité. Un tel discernement, parce que le contenu comporte la médiation, est un savoir qui contient de la médiation. Mais un contenu ne peut être connu comme ce qui est vrai, que pour autant qu'il n'est pas médiatisé avec quelque chose d'autre, n'est pas fini, donc se médiatise avec lui-même et, ainsi, est tout à la fois médiation et relation immédiate à lui-même [108]. — Cet entendement qui s'imagine s'être affranchi du savoir fini, de l'*identité d'entendement* de la métaphysique et de l'Aufklärung, fait lui-même immédiatement à nouveau de cette *immédiateté, c'est-à-dire de l'abstraite relation-à-soi,* de l'identité abstraite, le principe et le critère de la vérité. *Pensée abstraite* (la forme de la métaphysique réfléchissante) et *intuition abstraite* (la forme du savoir immédiat) sont une seule et même chose [109].

§ 75

L'*appréciation* de cette troisième position qui est donnée à la pensée par rapport à la vérité, n'a pu être entreprise que d'une manière que ce point de vue indique et reconnaît immédiatement en lui-même [110]. Il a été ainsi montré comme étant *en fait* faux qu'*il y ait* un savoir immédiat, un savoir qui soit sans médiation, ou avec autre chose ou, en lui-même, avec soi. Pareillement, il a été déclaré comme étant une non-vérité de fait, que la pensée progresse *seulement* à même des déterminations *médiatisées* par *autre chose* – finies et conditionnées –, et que dans la médiation cette médiation elle-même ne se supprime pas tout autant. Mais, du *Fait*

weder in einseitiger Unmittelbarkeit noch in einseitiger Vermittlung fortgeht, ist die *Logik* selbst und die *ganze Philosophie* das *Beispiel.*

§ 76

In Beziehung auf den Ausgangspunkt, die oben so genannte unbefangene Metaphysik, das Prinzip des un- mittelbaren Wissens betrachtet, so ergibt sich aus der Vergleichung, daß dasselbe zu jenem Anfang, den diese Metaphysik in der neueren Zeit als *Cartesische* Philo- sophie genommen hat, *zurückgekehrt* ist. In beiden ist behauptet:

1. Die einfache Untrennbarkeit des *Denkens* und *Seins* des Denkenden, – *cogito ergo sum* ist ganz dasselbe, [wie] daß mir im Bewußtsein das Sein, Realität, Existenz des Ich unmittelbar geoffenbart sei (Cartesius erklärt zugleich ausdrücklich *Princ. phil.* I, 9, daß er unter Denken das *Bewußtsein* überhaupt als solches verstehe); und daß jene Untrennbarkeit die schlechthin *erste* (nicht vermittelte, bewiesene) und *gewisseste* Erkenntnis sei;

2. ebenso die Unzertrennlichkeit der Vorstellung von *Gott* und seiner *Existenz, so* daß diese in der Vorstellung Gottes selbst enthalten ist, jene Vorstellung schlechthin nicht ohne die Bestimmung der Existenz, diese somit eine notwendige und ewige ist *.

----

* Cart., *Princ. phil.* I, 15: »Magis hoc (ens summe perfeetum existere) *credet, si* attendat, nullius alterius rei ideam apud se inveniri, in qua eodem modo necessariam

d'une telle connaissance qui ne progresse ni dans une immédiateté unilatérale ni dans une médiation unilatérale, la *Logique* elle-même et la *Philosophie tout entière* sont l'*exemple* [111].

§ 76

Si l'on considère le principe du savoir immédiat par rapport au point de départ, la métaphysique qu'on a appelée plus haut *naïve*, il se dégage de cette comparaison, que ce savoir est *retourné* à ce commencement que cette métaphysique s'est donné dans les temps modernes comme philosophie *cartésienne* [112]. Dans les deux [points de vue], il est affirmé :

1° L'inséparabilité simple de la *pensée* et de l'*être* du [sujet] pensant, – « cogito, ergo sum » est tout à fait la même chose que l'idée que dans la conscience me serait immédiatement révélé l'être, la réalité, l'existence du Moi (Descartes déclare en même temps expressément, *Princ. phil.* 1.9 [113], qu'il entend par pensée la *conscience* en général comme telle) ; et que cette inséparabilité est la connaissance absolument *première* (non médiatisée, prouvée) et la plus *certaine*.

2° De même, l'inséparabilité de la représentation de *Dieu* et de son *existence*, de telle sorte que celle-ci est contenue dans la représentation de Dieu elle-même, que cette représentation n'est absolument pas sans la détermination de l'existence, que celle-ci, par conséquent, est une existence nécessaire et éternelle *.

------

* *Cart. Princ. phil.*, 1.15 : « magis hoc (ens summe perfectum existere) *credet* si attendat, nullius alterius rei ideam apud se inveniri, in qua eodem modo necessariam existentiam contineri animadvertat ; ... intelliget, illam

existentiam contineri animadvertat; ... intelliget, illam ideam exhibere veram et immutabilem naturam, quaeque *non potest non existere,* cum necessarim existentiam *in ea contineatur.*« Eine darauf folgende Wendung, die wie eine Vermittlung und Beweis lautet, tut dieser ersten Grundlage keinen Eintrag. – Bei Spinoza ist es ganz dasselbe, daß Gottes *Wesen,* d. i. die abstrakte Vorstellung, die Existenz in sich schließe. Die erste Definition Spinozas ist die von *causa sui,* daß sie ein solches sei, »*cujus essentia* involvit existentiam; sive id, cujus *natura non potest concipi,* nisi existens«; – die Untrennbarkeit des Begriffs vom Sein ist die Grundbestimmmung und Voraussetzung. Aber welcher Begriff ist es, dem diese Untrennbarkeit vom Sein zukommt? Nicht der von *endlichen Dingen,* denn diese sind eben solche, deren Existenz eine *zufällige* und erschaffene ist. Daß bei Spinoza die 11te Proposition: daß Gott notwendig existiere, mit einem Beweise folgt, ebenso die 20ste: daß Gottes Existenz und sein Wesen ein und dasselbe sind, – ist ein überflüssiger Formalismus des Beweisens. Gott ist die (und zwar einzige) Substanz; die Substanz aber ist *causa sui,* also existiert Gott notwendig – heißt nichts anderes, als daß Gott dies ist, dessen Begriff und Sein unzertrennlich ist.

exhibere veram et immutabilem naturam, quaeque *non potest non existere,* cum necessaria existentia in ea contineatur [elle pourra s'assurer encore mieux de la vérité de cela <que l'être absolument parfait existe>, si elle prend garde qu'elle n'a point en soi l'idée ou la notion d'aucune autre chose où elle puisse reconnaître une existence qui soit aussi absolument nécessaire ; ... elle saura que l'idée d'un être tout parfait est empreinte <en elle> par une nature immuable et vraie, et qui doit nécessairement exister, parce qu'elle ne peut être conçue qu'avec une existence nécessaire] » [114]. Une tournure de phrase venant après, qui rend un son de médiation et de preuve, ne porte aucune atteinte à cette assise fondamentale première. – Chez Spinoza, c'est tout à fait la même chose, à savoir que l'*essence* de Dieu, c'est-à-dire la représentation abstraite, inclurait en elle l'existence. La première *Définition* de Spinoza est celle de la *causa sui*, à savoir qu'elle est quelque chose « cujus *essentia* involvit existentiam ; sive id, cujus *natura non potest concipi nisi existens* [dont l'*essence* enveloppe l'existence ; ou encore : ce dont la *nature* ne peut être conçue sinon comme existante] » [115] ; – l'inséparabilité du concept et de l'être est la détermination fondamentale et la présupposition. Mais quel est le concept auquel appartient cette inséparabilité d'avec l'être ? Ce n'est pas celui des choses *finies,* car celles-ci sont précisément des choses dont l'existence est une existence *contingente* et créée. – Que, chez Spinoza, la 11e Proposition [116], à savoir que Dieu existe nécessairement, suive avec une preuve, et de même la 20e [117], à savoir que l'existence de Dieu et son essence sont une seule et même chose, – c'est là un formalisme superflu de la preuve. Dieu est la substance (et, en vérité, l'unique substance), mais la substance est *causa sui,* donc Dieu existe nécessairement, – tout cela ne signifie rien d'autre si ce n'est que Dieu est ce dont le concept et l'être sont inséparables.

3. Was das gleichfalls unmittelbare Bewußtsein von der Existenz *äußerer* Dinge betrifft, so heißt dasselbe nichts anderes als das *sinnliche* Bewußtsein; daß wir ein solches haben, ist die geringste der Erkenntnisse; es hat allein Interesse zu wissen, daß dies unmittelbare Wissen von dem *Sein* der äußerlichen Dinge Täuschung und Irrtum, und in dem Sinnlichen als solchem keine Wahrheit ist, das *Sein* dieser äußerlichen Dinge vielmehr ein zufälliges, vorübergehendes, ein *Schein* ist, – daß sie wesentlich dies sind, nur eine Existenz zu haben, die von ihrem Begriff, Wesen trennbar ist.

§ 77

Unterschieden sind aber beide Standpunkte:

1. Die Cartesische Philosophie geht von diesen unbewiesenen und für unbeweisbar angenommenen Voraussetzungen *fort* zu weiterer entwickelter Erkenntnis und hat auf diese Weise den Wissenschaften der neuen Zeit den Ursprung gegeben. Der moderne Standpunkt dagegen ist zu dem für sich wichtigen Resultate gekommen (§ 62), daß das Erkennen, welches an *endlichen* Vermittlungen fortgehe, nur Endliches erkenne und keine Wahrheit enthalte; und verlangt an das Bewußtsein von Gott, daß es bei jenem, und zwar ganz abstrakten Glauben stehenbleibe *.

------

* *Anselmus* sagt dagegen: »*Negligentiae* mihi videtur, si postquam confirmati sumus in fide, non *studemus. quod credimus, intelligere« (Tractat. Cur Deus homo)*. – Anselm hat dabei an dem konkreten Inhalte der christlichen Lehre

3° Pour ce qui concerne la conscience pareillement immédiate de l'existence de choses *extérieures,* elle ne signifie rien d'autre que la conscience *sensible ;* que nous avons une telle conscience, c'est la plus mince des connaissances ; il y a seulement intérêt à savoir que ce savoir immédiat de l'*être* des choses extérieures est illusion et erreur, et que dans le sensible en tant que tel il n'y a aucune vérité, que l'*être* de ces choses extérieures est bien plutôt un être contingent, passager, une *apparence,* – qu'elles ont essentiellement pour être, d'avoir seulement une existence qui est séparable de leur concept, de leur essence.

§ 77

Mais ces deux points de vue sont différents :

1° La philosophie cartésienne *progresse* de ces présuppositions non démontrées et tenues pour indémontrables, *à* une connaissance *ultérieure* développée, et elle a de cette manière donné naissance aux sciences des temps modernes. Le point de vue moderne, par contre, est parvenu au résultat pour lui-même important (§ 62), que la connaissance qui progresse à même des médiations *finies* ne connaît que du fini et ne contient aucune vérité ; et il demande à la conscience de Dieu[118] de s'en tenir à cette croyance dont on a parlé et qui est, en vérité, totalement abstraite *.

---

* *Anselme* dit par contre : «*Negligentia* mihi videtur, si postquam confirmati sumus in fide, non *studemus,* quod *credimus, intelligere* [il me semble qu'il s'agit de négligence si, lorsque nous sommes fortifiés dans la foi, nous ne nous *efforçons* pas de *comprendre* ce que nous croyons » *(Tract. cur Deus homo)*[119]. – Anselme a alors

2. Der moderne Standpunkt ändert dabei einerseits nichts an der von Cartesius eingeleiteten Methode des gewöhnlichen wissenschaftlichen Erkennens und führt die daraus entsprungenen Wissenschaften des Empirischen und Endlichen ganz auf dieselbe Weise fort, – andererseits aber verwirft dieser Standpunkt diese Methode, und damit, weil er keine andere kennt, *alle* Methoden für das Wissen von dem, was seinem Gehalte nach unendlich ist; er überläßt sich darum der wilden Willkür der Einbildungen und Versicherungen, einem Moralitäts-Eigendünkel und Hochmut des Empfindens oder einem maßlosen Gutdünken und Räsonnement, welches sich am stärksten gegen Philosophie und Philosopheme erklärt. Die Philosophie gestattet nämlich nicht ein bloßes Versichern, noch Einbilden, noch beliebiges Hin- und Herdenken des Räsonnements.

§ 78

Der *Gegensatz* von einer selbständigen Unmittelbarkeit des Inhalts oder Wissens und einer dagegen ebenso selbständigen Vermittlung, die mit jener unvereinbar sei, ist zunächst deswegen beiseite zu setzen, weil er eine bloße *Voraussetzung* und beliebige *Versicherung* ist. Ebenso sind alle anderen Voraussetzungen oder Vorurteile bei dem Eintritt in die Wissenschaft aufzugeben, sie mögen aus der Vorstellung oder dem Denken genommen sein; denn es ist die Wissenschaft, in welcher alle dergleichen Bestimmungen erst untersucht und, was an ihnen und ihren Gegensätzen sei, erkannt werden soll.

———

eine ganz andere schwere Aufgabe für das Erkennen als das, was jener moderne Glaube enthält.

2° Le point de vue moderne ne change rien alors, d'un côté, à la méthode – introduite par Descartes – de la connaissance scientifique habituelle et fait avancer les sciences de l'empirique et du fini, qui en sont nées, tout à fait de la même manière, – mais, d'un autre côté, ce point de vue rejette cette méthode et par là, puisqu'il n'en connaît pas d'autres, *toutes* les méthodes pour le savoir de ce qui, suivant son contenu consistant, est infini ; il s'abandonne pour cette raison à l'arbitraire barbare de ce qu'il s'imagine et de ce qu'il assure, à une suffisance en moralité et à un orgueil du sentiment, ou à un avis et raisonnement sans mesure qui se déclare avec le plus de force contre la philosophie et les philoso-phèmes. C'est que la philosophie ne permet pas qu'on ne fasse qu'assurer, que s'imaginer, qu'aller et venir arbitrairement par la pensée en raisonnant.

§ 78

L'*opposition* d'une immédiateté subsistante-par-soi du contenu ou du savoir, et d'une médiation en face d'elle tout aussi subsistante-par-soi, qui ne pourrait être réunie avec celle-là, est à mettre de côté, tout d'abord, parce qu'elle est une simple *présupposition et assurance* arbitraire. De même, tous les autres présupposés ou pré-jugés sont à abandonner quand on entre dans la science, qu'ils soient empruntés à la représentation ou à la pensée ; car c'est dans la science seulement que sont exa-minées toutes les déterminations de ce genre et que doit être connu ce qui est en elles et dans leurs oppositions.

————

dans le contenu concret de la doctrine chrétienne un problème difficile tout autre pour la connaissance, que ce que contient cette croyance moderne.

Der *Skeptizismus,* als eine durch alle Formen des Erkennens durchgeführte negative Wissenschaft, würde sich als eine Einleitung darbieten, worin die Nichtigkeit solcher Voraussetzungen dargetan würde. Aber er würde nicht nur ein unerfreulicher, sondern auch darum ein überflüssiger Weg sein, weil das Dialektische selbst ein wesentliches Moment der affirmativen Wissenschaft ist, wie sogleich bemerkt werden wird. Übrigens hätte er die endlichen Formen auch nur empirisch und unwissenschaßlich zu finden und als gegeben aufzunehmen. Die Forderung eines solchen vollbrachten Skeptizismus ist dieselbe mit der, daß der Wissenschaft *das Zweifeln an allem,* d. i. die gänzliche *Voraussetzungslosigkeit* an allem vorangehen solle. Sie ist eigentlich in dem Entschluß, *rein denken zu wollen,* durch die Freiheit vollbracht, welche von allem abstrahiert und ihre reine Abstraktion, die Einfachheit des Denkens, erfaßt.

Näherer Begriff und Einteilung der Logik

§ 79

Das *Logische* hat der Form nach drei Seiten: α) *die abstrakte* oder *verständige,* β) *die dialektische* oder *negativ-vernünftige,* γ) *die spekulative* oder *positiv-vernünftige.*

Diese drei Seiten machen nicht drei *Teile* der Logik aus, sondern sind *Momente jedes Logisch-Reellen,* das ist jedes Begriffes oder jedes Wahren überhaupt. Sie können sämtlich unter das erste Moment, das *Verständige,* gesetzt und dadurch abge-

Le *scepticisme,* en tant qu'il est une science négative mise en œuvre à travers toutes les formes de la connaissance, pourrait se présenter comme une introduction où serait montré le caractère de néant de telles présuppositions. Toutefois, il serait non seulement un chemin peu réjouissant, mais aussi un chemin superflu pour cette raison que le dialectique lui-même est un moment essentiel de la science affirmative, comme on va le faire remarquer à l'instant. D'ailleurs, il aurait à trouver les formes finies aussi seulement de façon empirique et non scientifique, et à les accueillir comme données. L'exigence d'un tel scepticisme accompli est la même que celle selon laquelle la science devrait être précédée par *le doute à l'égard de tout,* c'est-à-dire par l'entière *absence de présupposition* en tout. Elle est accomplie proprement dans la résolution *de vouloir purement penser,* grâce à la liberté qui fait abstraction de tout et saisit sa pure abstraction, la simplicité de la pensée.

Concept plus précis et division de la Logique

§ 79

Le logique a, suivant la forme, trois côtés : α) *le côté abstrait* ou relevant de l'*entendement,* β) *le côté dialectique ou négativement-rationnel,* γ) *le côté spéculatif* ou *positivement-rationnel.*

Ces trois côtés ne constituent pas trois *parties* de la Logique, mais sont des *moments de tout ce qui a une réalité logique,* c'est-à-dire de tout concept ou de tout ce qui est vrai en général. Ils peuvent tous être posés sous le premier moment, l'élément relevant de

sondert auseinandergehalten werden, aber so werden sie nicht in ihrer Wahrheit betrachtet. – Die Angabe, die hier von den Bestimmungen des Logischen gemacht ist, sowie die Einteilung ist hier ebenfalls nur antizipiert und historisch.

§ 80

α) Das Denken als *Verstand* bleibt bei der festen Bestimmtheit und der Unterschiedenheit derselben gegen andere stehen; ein solches beschränktes Abstraktes gilt ihm als für sich bestehend und seiend.

§ 81

β) Das *dialektische* Moment ist das eigene Sichaufheben solcher endlichen Bestimmungen und ihr Übergehen in ihre entgegengesetzten.

1. Das Dialektische, vom Verstande für sich abgesondert genommen, macht, insbesondere in wissenschaftlichen Begriffen aufgezeigt, den *Skeptizismus* aus; er enthält die bloße Negation als Resultat des Dialektischen. 2. Die Dialektik wird gewöhnlich als eine äußere Kunst betrachtet, welche durch Willkür eine Verwirrung in bestimmten Begriffen und einen bloßen *Schein* von *Widersprüchen* in ihnen hervorbringt, so daß nicht diese Bestimmungen, sondern dieser Schein ein Nichtiges und das Verständige dagegen vielmehr das Wahre sei. Oft ist die Dialektik auch weiter nichts als ein subjektives Schaukelsystem von hin- und herübergehendem Räsonnement, wo der

l'*entendement,* et par là être maintenus séparés les uns des autres, mais ainsi ils ne sont pas considérés en leur vérité [120]. – L'indication qui est faite ici des déterminations du logique – de même que la division – est ici également seulement anticipée et historique [121].

§ 80

α) La pensée en tant *qu'entendement* s'en tient à la déterminité fixe et à son caractère différenciel par rapport à d'autres ; un tel abstrait borné vaut pour elle comme subsistant et étant pour lui-même.

§ 81

β) Le moment *dialectique* est la propre auto-suppression de telles déterminations finies, et leur passage dans leurs opposées.

1° Le dialectique, pris à part pour lui-même par l'entendement, constitue, particulièrement quand il est présenté dans des concepts scientifiques, le *scepticisme* ; celui-ci contient la simple négation comme résultat du dialectique. 2° La dialectique est habituellement considérée comme un art extérieur qui, arbitrairement, suscite un embrouillement dans des concepts déterminés et une simple *apparence* de *contradictions* en eux, de telle sorte que, non pas ces déterminations, mais cette apparence serait du néant et que ce qui relève de l'entendement, par contre, serait bien plutôt le vrai. Souvent, la dialectique n'est aussi rien de plus qu'un système de bascule subjectif propre à un raisonnement allant de côté et d'autre, où

Gehalt fehlt und die Blöße durch solchen Scharfsinn bedeckt wird, der solches Räsonnement erzeugt. – In ihrer eigentümlichen Bestimmtheit ist die Dialektik vielmehr die eigene, wahrhafte Natur der Verstandesbestimmungen, der Dinge und des Endlichen überhaupt. Die Reflexion ist zunächst das Hinausgehen über die isolierte Bestimmtheit und ein Beziehen derselben, wodurch diese in Verhältnis gesetzt, übrigens in ihrem isolierten Gelten erhalten wird. Die Dialektik dagegen ist dies *immanente* Hinausgehen, worin die Einseitigkeit und Beschränktheit der Verstandesbestimmungen sich als das, was sie ist, nämlich als ihre Negation darstellt. Alles Endliche ist dies, sich selbst aufzuheben. Das Dialektische macht daher die bewegende Seele des wissenschaftlichen Fortgehens aus und ist das Prinzip, wodurch allein *immanenter Zusammenhang und Notwendigkeit* in den Inhalt der Wissenschaft kommt, so wie in ihm überhaupt die wahrhafte, nicht äußerliche Erhebung über das Endliche liegt.

§ 82

γ) Das *Spekulative* oder *Positiv-Vernünftige* faßt die Einheit der Bestimmungen in ihrer Entgegensetzung auf, das *Affirmative,* das in ihrer Auflösung und ihrem Übergehen enthalten ist.

I. Die Dialektik hat ein *positives* Resultat, weil sie einen *bestimmten Inhalt* hat, oder weil ihr Resultat wahrhaft nicht das *leere, abstrakte Nichts,* sondern die Negation von *gewissen Bestimmungen* ist, welche im Resultate eben deswegen enthalten sind, weil dies

le contenu consistant fait défaut et où le dénuement est recouvert par cet esprit aiguisé qui engendre un tel raisonnement. – En sa déterminité propre, la dialectique est bien plutôt la nature propre, véritable, des déterminations d'entendement, des choses et du fini en général. La réflexion est tout d'abord le dépassement de la déterminité isolée et une mise en relation de cette dernière, par laquelle celle-ci est posée dans un rapport, tout en étant par ailleurs maintenue dans sa valeur isolée [122]. La dialectique, par contre, est ce dépassement *immanent* dans lequel la nature unilatérale et bornée des déterminations d'entendement s'expose comme ce qu'elle est, à savoir comme leur négation. Tout ce qui est fini a pour être, de se supprimer soi-même. Le dialectique constitue par suite l'âme motrice de la progression scientifique, et il est le principe par lequel seul une *connexion et nécessité immanente* vient dans le contenu de la science, de même qu'en lui en général réside l'élévation vraie, non extérieure, au-dessus du fini.

§ 82

γ) Le *spéculatif ou positivement-rationnel* appréhende l'unité des déterminations dans leur opposition, l'*affirmatif* qui est contenu dans leur résolution et leur passage [en autre chose].

1° La dialectique a un résultat *positif* parce qu'elle a un *contenu déterminé*, ou parce que son résultat, en vérité, n'est pas le *néant vide, abstrait,* mais la négation de *certaines déterminations* qui sont contenues dans le résultat, précisément parce que celui-ci

nicht ein *unmittelbares Nichts,* sondern ein Resultat ist. 2. Dies Vernünftige ist daher, obwohl ein Gedachtes, auch Abstraktes, zugleich ein *Konkretes,* weil es nicht *einfache, formelle* Einheit, sondern *Einheit unterschiedener Bestimmungen* ist. Mit bloßen Abstraktionen oder formellen Gedanken hat es darum überhaupt die Philosophie ganz und gar nicht zu tun, sondern allein mit konkreten Gedanken. 3. In der spekulativen Logik ist die bloße *Verstandes-Logik* enthalten und kann aus jener sogleich gemacht werden; es bedarf dazu nichts, als daraus das Dialektische und Vernünftige wegzulassen; so wird sie zu dem, was die *gewöhnliche Logik* ist, eine *Historie* von mancherlei zusammengestellten Gedankenbestimmungen, die in ihrer Endlichkeit als etwas Unendliches gelten.

§ 83

Die Logik zerfällt in drei Teile:
  I. *In die Lehre von dem Sein.*
  II. *Die Lehre von dem Wesen.*
  III. *Die Lehre von dem Begriffe und der Idee.*

Nämlich in die Lehre von dem Gedanken:
  I. In seiner *Unmittelbarkeit,* – dem *Begriffe an sich.*
  II. In seiner *Reflexion* und *Vermittlung,* – dem *Fürsichsein* und *Schein* des Begriffes.
  III. In seinem *Zurückgekehrtsein in sich selbst* und seinem *entwickelten Bei-sich-sein,* – dem Begriffe *an* und *für sich.*

n'est pas un *néant immédiat,* mais un résultat. 2° Ce rationnel, par conséquent, bien qu'il soit quelque chose de pensé, d'abstrait aussi, est en même temps un *concret,* parce qu'il n'est pas une unité simple, formelle, mais une *unité de déterminations diffé-rentes.* C'est pourquoi en général la philosophie n'a pas du tout affaire à de simples abstractions ou pensées formelles, mais uniquement à des pensées concrètes. 3° Dans la Logique spéculative la simple *Logique d'entendement* est contenue et elle peut être aussitôt construite à partir de celle-là ; pour cela, il n'est besoin de rien d'autre que de laisser de côté ce qui est dialectique et rationnel ; elle devient ainsi ce qu'est la *Logique habituelle,* une *histoire* de toutes sortes de déterminations-de-pensée rassemblées, qui valent en leur finité comme quelque chose d'infini [123].

§ 83

La Logique se décompose en trois parties :

   I. En *la Théorie de l'être.*
   II. *La Théorie de l'essence.*
   III. *La Théorie du concept et de l'Idée.*

C'est-à-dire, en la Théorie de la pensée :

   I. Dans son *immédiateté,* – le *concept en soi.*
   II. Dans sa *réflexion* et *médiation,* – l'*être-pour-soi* et l'*apparence* du concept.
   III. Dans son *être-retourné-en-soi-même* et son *être-chez-soi développé,* – le concept *en* et *pour soi.*

NOTES

* La traduction ici proposée reprend celle publiée dans notre édition du texte intégral de l'*Encyclopédie* (646 pages in-8 raisin), Paris, Vrin, 1970.

1. Le caractère abstrait de la pensée ne vient pas, selon Hegel, de ce qu'elle serait seulement subjective. La pensée comme telle est antérieure à l'altérité sujet-objet, à la conscience, comme elle est antérieure, dans le processus encyclopédique, à l'esprit, dont la conscience est le phénomène, et à l'altérité naturelle. L'élément concret où l'Idée se réalise adéquatement est l'*esprit* pensant, naturalisation de la pensée comme pensée.

2. La pensée, moment abstrait de l'Idée, érigé en élément où se déploie le Tout concret de celle-ci, est donc en elle-même, en son contenu, concrète, totalité s'auto-différenciant.

3. Le logique est la forme *immanente* universelle du contenu qu'il rend possible comme contenu sensé ou vrai. Mais si elle est ainsi la forme du vrai *comme tel* (quelle que soit sa détermination particulière), c'est-à-dire la forme absolue du vrai, cette forme n'est autre que la vérité pure, non la vérité concrète, identité de la vérité universelle et de son Autre, la réalité particulière.

4. Le logique, qui est en sa vérité le concept, auto-particularisation singulière de l'universel, est *libre* et subsistant par-soi, indépendant, parce qu'il est *chez soi* en tout contenu, parce que toute détermination est son *auto*-détermination.

5. C'est-à-dire comme de simples affirmations.

6. Pour Hegel, le concept se manifeste, la raison se déploie dans l'expérience. Mais la tâche de la philosophie est d'appréhender *conceptuellement* le concept, *rationnellement* la raison (en particulier comme ce qui se déploie dans l'expérience) et non pas de se contenter de saisir (empiriquement) le Fait de la raison.

7. L'être-pour-soi, détermination visée dans l'atome, est l'anticipation abstraite, au niveau de l'être, moment initial du logique, de la singularité, détermination concrète, conceptuelle c'est-à-dire achevée, du logique.

8. L'être-l'un-hors-de-l'autre, l'extériorité réciproque, qui constitue le moment initial de la Nature où s'aliène l'Idée logique, s'y précise comme espace et temps.

9. C'est-à-dire sous l'aspect que revêt la représentation lorsque son contenu procède de la pensée, au lieu d'être reçu du sensible.

10. « Vereinzeln » = singulariser, en donnant à quelque chose un contenu propre qui l'isole formellement d'autre chose.

11. La différence entre représentation et pensée a pour le philosophe une importance qui le touche de plus près que la différence entre donnée sensible et représentation, car non seulement elle peut être, comme cette dernière, l'objet de la réflexion philosophique, mais elle doit déterminer le sujet philosophant, en tant que la philosophie n'est telle que si elle pense ce que la non-philosophie ne fait que se représenter.

12. Le concept est la pensée en sa vérité, comme pure auto-différenciation de son identité.

13. « das Allgemeine » ; litt. : l'universel.

14. Le logique s'achève dans l'Idée, qui n'est pas seulement l'unité neutre, objective, *substantielle,* de la pensée et de l'être, de la subjectivité et de l'objectivité, mais leur unité *subjective,* conceptuelle ; l'universel (logique), en tant qu'universel concret, c'est-à-dire identité de lui-même et de son Autre, le particulier, a prise sur la particularité (naturelle) qui constitue l'élément où il s'est librement aliéné.

15. « Was ich nur *meine,* ist *mein.* » Nous n'avons pu traduire en français ce jeu de mots par lequel Hegel exprime le

caractère individuel de la simple opinion (« Meinung »), dans laquelle *tel ou tel* Moi *vise* le singulier, mais ne peut le proférer, le produire (dans l'élément du langage), puisque lui-même est, comme Moi, l'universel agissant et se produisant en ses produits. – Cf. *Phénoménologie de l'esprit,* chapitre 1 : « La certitude sensible ».

16. « Allgemeinheiten » ; litt. : des universalités, des généralités.

17. Dans l'édition de 1827 de ce même texte, Hegel avait ajouté ici la phrase suivante : « Toutefois, l'universalité du Moi n'est pas une simple communauté, mais une universalité intérieure en soi-même. » – L'universalité du Moi n'est pas simplement une communauté (« Gemeinschaftlichkeit »), la généralité extérieure d'une détermination (la Moïté) que les Moi (en tant qu'êtres essentiellement particuliers) auraient en commun ; elle est l'universalité de cette détermination prise en elle-même, c'est-à-dire l'indétermination intérieure à la Moïté comme telle, le germe universel (abstrait) qui est au fondement de tous les Moi et qui se concrétise dans les déterminations particulières de ceux-ci.

18. La catégorie, unité du Moi et de l'être (cf. *Phénoménologie de l'esprit*, V), est l'expression d'abord abstraite de l'identité de l'identité (l'universel) et de la différence (la détermination ou particularité).

19. La pensée, présence du sens, ignore comme telle la différence subjectivité-objectivité, constitutive de la conscience en tant que forme médiane de l'esprit subjectif où le sens vient à l'être de façon encore imparfaite ; elle n'est donc pas, comme pensée, affectée de la particularité que la conscience reçoit de l'âme, esprit-nature, dont elle est la vérité ; elle n'est pas la détermination de la subjectivité individuelle. La détermination, la différence de la pensée n'est pas l'altérité (formelle) du sujet pensant et de l'objet pensé, ni l'altérité (originellement naturelle) des sujets particuliers, mais l'auto-différenciation du sens, du contenu universel qui reste ainsi auprès de lui-même, libre, dans sa détermination.

20. Cf. ARISTOTE, *Métaphysique,* 1, 2. Cf. aussi HEGEL, *Vorlesungen über die Geschichte der Philosophie [Cours sur l'histoire de la philosophie]*, in *Hegel Sämtliche Werke [Œuvres*

complètes] – *SW* –, éd. Glockner, t. 18 – *G* –, Stuttgart, Frommann Verlag, 1961, pp. 315 et suiv.

21. On reconnaît là un thème fondamental du hégélianisme. Cf. la *Préface* de la Phénoménologie *de l'esprit,* où Hegel définit le sens de son entreprise philosophique : élever la philosophie, de son statut limité traditionnel de simple amour du savoir, au statut d'un, du savoir effectif.

22. L'expression de « pensées objectives » lie deux termes dont l'opposition définit le problème moderne-kantien. Selon Hegel, l'opposition de la pensée et de l'objectivité, la finité de la pensée, repose sur l'opposition entre elles des déterminations de la pensée, la finité des pensées elles-mêmes, laquelle finité renvoie comme à sa source à l'entendement. L'idéalisme subjectif est bien la philosophie de l'entendement.

23. L'étude, qui va suivre, des positions de la pensée relativement à l'objectivité, est la justification négative, par la raison utilisant l'entendement contre l'entendement, de l'affirmation de l'objectivité de la pensée, de l'identité de l'être et du sens, c'est-à-dire de l'affirmation qui constitue la Logique hégélienne comme ontologie.

24. Il s'agit de la *Phénoménologie de l'esprit* de 1807, première partie du Système de la science, en tant qu'elle est l'introduction *scientifique* à la science.

Si la sous-section de l'*Encyclopédie des sciences philosophiques,* intitulée *Phénoménologie de l'esprit,* étudie ce qui est strictement conscientiel dans l'esprit, c'est-à-dire les moments purs (conscience proprement dite, conscience de soi et raison) de l'esprit comme scission sujet-objet, comme objectivation, apparition ou phénomène, bref, le *phénomène* de l'esprit, moment formel de celui-ci, – par contre l'œuvre de 1807 étudie le phénomène de l'*esprit,* l'*esprit* comme phénomène ou apparaître ; mais l'*esprit* ne peut apparaître, c'est-à-dire apparaître comme esprit, unité infinie, achever son apparition, que pour autant que, tout en restant dans l'élément formel de l'apparaître, de la conscience, il excède par son contenu la simple, abstraite scission sujet-objet et, par le développement de ce contenu, est lui-même conduit à dépasser toute scission et toute finitude, c'est-à-dire à

résoudre la forme même de la conscience dans la forme infinie – identique au contenu infini – du savoir philosophique absolu. La *Phénoménologie de l'esprit* de 1807, qui *expose* l'élévation de la conscience la plus immédiate, abstraite, à ce savoir philosophique absolu, est donc la description scientifique du cheminement de In conscience, au sens large de ce terme, au sens où il désigne l'esprit – même déjà absolu par son contenu – encore affecté de finitude pour autant qu'il vise son contenu comme *autre*, comme *ob-jet*, et par conséquent maintient en lui-même l'opposition sujet-objet constitutive de son apparaître. Mais ce cheminement fait passer la conscience par toute la richesse des figures concrètes de l'esprit, les figures de la vie éthico-politique, de la morale, de l'art, de la religion, dont la dialectique amène au jour la présence adéquate du contenu infini dans la conception duquel la conscience s'achève. En tant que le développement même par lequel la conscience se supprime ainsi absolument est le mouvement de ce contenu et non pas le mouvement de la conscience comme pure conscience (comme pure dialectique formelle et tôt épuisée de l'opposition sujet-objet, certitude-vérité), ce développement (exposé *pour lui-même* dans l'*Encyclopédie des sciences philoso-phiques*) est celui d'un *en-soi* de la conscience ; il lui est purement intérieur, et donc purement extérieur (en tant qu'elle est pure conscience), il s'opère dans son dos. L'exposition du processus de l'esprit apparaissant, dans l'ouvrage de 1807, revêt de la sorte une grande complexité – et la maîtrise de Hegel s'y révèle de façon étonnante –, du fait de l'entrecroisement constant de la dialectique du contenu de l'*esprit* apparaissant et de la dialectique de la *forme* de l'esprit *apparaissant*.

25. La difficulté de l'exposition phénoménologique (de 1807) vient de ce que, dans la science de l'expérience de la conscience, la dialectique intérieure du contenu de l'être comme esprit s'entrecroise avec la dialectique de l'extériorité sujet-objet, au lieu de se développer en sa pureté, comme dans l'*Encyclopédie*. Plus grand encore semble l'inconvénient qu'il y a à procéder comme Hegel dit qu'il le fait dans cette introduction au point de vue de la science (point de vue affirmant l'identité spéculative du sens et de l'être, de la pensée et de l'objectivité), que constitue le *Concept préliminaire* en tant qu'il fait avouer aux philosophes non-

spéculatifs la négativité de leurs divers points de vue. En effet, la dialectique de la *nécessité rationnelle* des déterminations de l'être s'y réfracte à travers une considération apparemment non scientifique dans la mesure où, s'appliquant à la *succession* historique de philosophies caractéristiques, elle utilise contre ces philosophies, qui toutes, finalement, relèvent de *l'entendement,* le « raisonnement » même où se complaît celui-ci. En réalité, cet examen est en soi rationnel, car c'est bien la raison qui anime l'histoire et qui s'exprime dans l'auto-négation de l'entendement, et il fait précisément apparaître que le noyau de sens des thèmes critiqués consiste dans des déterminations-de-pensée dont la Logique spéculative, ainsi négativement introduite, est le processus auto-critique. – Nous avons traduit « räsonnierend » par : « en raisonnant », mais nous rappelons que pour Hegel, le « raisonnement » (« Räsonnement ») relève de l'entendement et non pas de la raison (« Vernunft »).

26. « unbefangen » : non prévenu, naïf.

27. La pensée naïve de l'objectivité, parce qu'elle ignore l'*être* négatif de l'opposition intérieure à elle, peut développer innocemment l'identité spéculative de la pensée et de l'objectivité, tout autant qu'elle peut, parce qu'elle ignore l'être *négatif* de cette opposition, rester prise en celle-ci.

28. C'est-à-dire de la métaphysique naïve qui séjourne dans des déterminations-de-pensée finies, de la métaphysique d'entendement.

29. C'est-à-dire les ob-jets de la science métaphysique.

30. La métaphysique traditionnelle, selon Hegel, relève bien de l'entendement en tant qu'elle ne peut dépasser la différence abstraite dans l'identité concrète :

a) Elle se fonde dans son Autre, la non-philosophie, différente d'elle en étant différente en elle-même (tel est l'élément de la représentation), en lui empruntant ses objets et en lui demandant la confirmation de ses affirmations ;

b) Elle maintient la différence de ces objets entre eux, et de leurs déterminations entre elles ;

c) Elle maintient la différence de ces objets par rapport à leurs déterminations, le jugement prédicatif étant le moment scindant de la pensée ;

31. Le processus logique, auto-détermination de la pensée, n'a pas à être exprimé dans la forme de la proposition. Celle-ci, en effet, est pour lui :

– *inutile*, car, en elle, seul le prédicat est une détermination de la pensée ;

– *dangereuse*, car elle risque de faire paraître à tort le sujet, substrat des prédicats, comme mesure de référence substantielle de la détermination prédicative ;

– *inappropriée*, car, dans le jugement par exemple, la copule affirme seulement l'identité (alors abstraite, unilatérale) des moments du jugement, mais non pas en même temps leur différence, alors que la pensée en sa vérité est l'auto-différenciation de l'identité, l'identité concrète ou spéculative, c'est-à-dire l'identité de l'identité et de la différence de ses déterminations. Pour la pensée spéculative, le sujet n'est rien d'autre que l'auto-mouvement du prédicat, le processus par lequel il se différencie en lui-même et s'identifie, s'enchaîne avec lui-même, le syllogisme immanent par lequel son contenu se révèle comme sujet absolu. – On pourra se reporter, sur ce point, à la *Préface* de la *Phénoménologie de l'esprit*.

32. La pensée d'entendement ne voit pas dans la vérité une identité concrète, c'est-à-dire différenciée, l'identité d'un terme différent en lui-même, mais l'identité de termes différents l'un de l'autre, indifférents à leur identité, l'identité abstraite, différente des différences.

33. L'entendement croit pouvoir fonder l'être de l'infini sur l'*être* du fini qui, parce qu'il est, limite l'infini et le rend par là même fini. Au contraire, la raison discerne que l'être de l'infini est le non-être du fini, sa finitude, son auto-négation en tant qu'il est lui-même la négation de soi de l'infini.

34. Le formalisme de l'entendement, qui ignore le processus *nécessaire* de l'*auto-détermination* de la pensée, le conduit naturellement à l'empirisme : seule l'expérience lui paraît capable de

fournir à la pensée la matière de sa détermination et le fondement de sa démonstration.

35. L'entendement, pensée en quelque sorte non pensante, sépare ce que conjoint la pensée en son exercice vrai, à savoir la différenciation et l'identification des éléments du contenu pensé. La différence de ces éléments n'étant pas saisie comme différenciation de l'identité, est reçue immédiatement comme telle, c'est-à-dire selon l'appréhension *empirique* d'elle-même. Inversement, l'identité des éléments, n'étant pas saisie comme l'identification opérée par eux-mêmes, leur est imposée de manière *formelle*. Empirisme et formalisme sont ainsi intimement liés dans la pensée d'entendement.

36. La contradiction du rationnel (naturel) et du positif, de la raison et de l'expérience (qui comprend aussi la révélation, notamment religieuse), contredit elle-même la raison en sa vérité, l'Idée – identité du concept et de l'objectivité – dont la philosophie spéculative veut être l'auto-présentation. La philosophie ne contredit pas l'expérience saisie en toute sa richesse, mais seulement les abstractions de l'entendement qui, en sa réflexion incomplète, s'oppose et à l'expérience et à la raison. Car l'expérience, non mutilée par l'empirisme de l'entendement, est la présentation imagée du concept, de la raison, dont l'essence est d'apparaître, de se faire expérience.

37. L'empirisme (du contenu) affirme le formalisme de la pensée, réduite à la position de l'identité abstraite. Cf. ci-dessus, note 35.

38. L'article de Hegel a pour titre : *Rapport du scepticisme à la philosophie, exposé de ses diverses modifications et comparaison du tout récent scepticisme avec le scepticisme ancien.* On pourra trouver ce texte dans le tome I de l'édition GLOCKNER des *Œuvres complètes de Hegel (Hegel. SW, G, op. cit.,* 1, pp. 213-275), ainsi que dans le tome 4 de la nouvelle édition des *Œuvres complètes de Hegel* entreprise sous la *direction* de la « Deutsche Forschungsgemeinschaft » *(Jenaer kritische Schriften [Ecrits critiques de Iéna],* éd. BUCHNER-PÖGGELER, Hambourg, F. Meiner, 1968, pp. 197-238).

39. La déterminité contient en elle, essentiellement, le moment de l'être-pour-un-autre. Cf. *Science de la Logique, Théorie de l'être.*

40. C'est seulement dans la *Dialectique transcendantale* que Kant, selon Hegel, s'intéresse au *contenu* de certaines déterminations de la pensée, mais pour l'oublier aussitôt, car pour lui la dialectique n'est pas celle du *contenu* de ces déterminations de l'*entendement,* mais celle de leur *emploi* par la *raison.*

41. Cf. KANT, *Critique de la raison pure, Dialectique transcendantale, 2ᵉ Livre, I :* « Des paralogismes de la raison pure ». Hegel va examiner ici les quatre paralogismes de la raison pure selon Kant, ceux de la substantialité, de la simplicité, de la personnalité et de l'idéalité.

42. Nous avons traduit ici « ein Singuläres » par « un être singularisé », en entendant par là l'être *séparé* des autres et de l'Autre, différent, en son identité (abstraitement) simple, de la différence. L'être singularisé (« das Singuläre ») est le *singulier* (« das Einzelne ») en tant qu'*individu* singulier, en tant qu'il est pris dans son être-là immédiat, non-vrai ; le singulier en sa vérité est le Tout qui n'a rien hors de lui, l'auto-différenciation de l'identité, l'auto-particularisation de l'universel, la simplicité *concrète.*

43. Il s'agit du passage des déterminations empiriques aux catégories, de l'empirique au transcendantal.

44. Hegel souligne l'absence d'unité de la pensée kantienne, qui présente la différence de l'affirmation de l'identité de la raison et de l'expérience, et de l'affirmation de leur différence. Kant, d'une façon générale, a bien aperçu, selon Hegel, l'identité spéculative, mais il s'est détourné d'elle. C'est là un thème qui revient constamment dans le jugement que Hegel porte sur le kantisme.

45. Le caractère négatif des déterminations de la raison métaphysicienne ne consiste pas en ce qu'elles seraient – comme Kant l'affirme – seulement des *pensées* (qui ne pourraient, par suite de l'absence d'une intuition correspondante, être des *connaissances*), mais *en* ce qu'elles sont des pensées *sans vérité*, c'est leur *contenu* même – que Kant, pris en son formalisme, n'examine pas – qui constitue leur non-vérité.

46. Cf. KANT, *Critique de la raison pure*, Dialectique transcendantale, 2ᵉ Livre, II : « L'antinomie de la raison pure ».

47. Selon Kant, ce n'est pas l'essence du monde pensé par la raison, qui est, en ses déterminations mêmes, contradictoire, mais l'essence de la raison qui pense le monde ; pour Hegel, c'est bien plutôt le monde, la nature, qui est la contradiction non résolue, alors que la raison est la solution de toute contradiction. Il est vrai que la raison n'est pas pour lui ce qu'elle est finalement pour Kant : l'identité vide, comme telle apparemment délivrée de toute contradiction (car toute détermination qu'elle se donnerait pour saisir l'identité absolue, l'inconditionné, ne pourrait être qu'une catégorie de l'entendement, une détermination conditionnée – ce qui la plongerait dans l'antinomie) et en fait condamnée à la contradiction d'être, comme une *telle identité, différente* de toutes les différences ; la raison est pour Hegel l'identité *concrète,* remplie de toutes *ses* différences, et par là même absolue, non relative à des différences dont elle serait abstraitement séparée. Sur cette critique du kantisme, voir les cours de Hegel sur l'histoire de la philosophie, où, parlant des antinomies provoquées selon Kant par l'application au monde de certaines déterminations spatio-temporelles, Hegel poursuit : « ...toutes ces déterminations, de commencement dans le temps, etc., n'appartiennent pas aux choses elles-mêmes, à l'en-soi lui-même, qui existerait pour lui-même hors de notre pensée subjective. Si de telles déterminations appartenaient au monde, à Dieu, aux êtres libres, une contradiction objective serait présente : cependant cette contradiction n'est pas présente en et pour soi, mais elle appartient seulement à nous : elle a sa source uniquement dans notre pensée. Ou encore, cet idéalisme transcendantal laisse subsister la contradiction, sauf que l'en-soi ne serait pas, de la sorte, contradictoire, mais que cette contradiction tomberait uniquement dans notre âme. C'est bien, de la sorte, la même antinomie qui demeure dans notre âme ; de même que Dieu était autrefois ce qui devait prendre en lui toutes les contradictions, de même maintenant la conscience de soi. Toutefois, que ce ne soit pas les choses qui se contredisent, mais celle-ci, cela n'inquiète pas davantage la philosophie kantienne... L'expérience enseigne que la conscience de soi ne se dissout pas ; nous savons que le Moi est. On peut donc ne pas se mettre en

peine de ses contradictions, car il ne les résout pas, il peut les supporter. – Mais ainsi la contradiction n'est pas résolue ; elle subsiste après comme avant. C'est là par trop de délicate attention pour les choses ; ce serait dommage si elles se contredisaient. Mais que l'esprit (ce qu'il y a de plus élevé) soit la contradiction, cela ne doit en rien être dommage. L'idéalisme transcendantal ne résout donc pas la contradiction. Le monde phénoménal a un en-soi auquel elle n'appartient pas. Cet en-soi est quelque chose d'autre que l'esprit. Ce qui se contredit se détruit ; ainsi l'esprit est dislocation, égarement en lui-même. La solution vraie concerne le contenu, à savoir que les catégories n'ont aucune vérité en elles-mêmes, que, toutefois, l'inconditionné de la raison n'en a pas davantage, mais seulement l'unité des deux moments en tant qu'unité concrète (*Cours sur l'histoire de la philosophie*, SW, G 19, pp. 581-582.)

48. Cf. par exemple dans la *Théorie de l'être*. Hegel reproche essentiellement à Kant, d'abord, d'avoir limité arbitrairement le nombre des antinomies aux quatre antinomies cosmologiques, alors qu'il peut y avoir autant d'antinomies que de concepts (car tout concept est une unité concrète, c'est-à-dire une unité de moments opposés), ensuite d'avoir saisi l'antinomie non pas dans les concepts eux-mêmes, mais dans le mélange de ceux-ci avec la matière de la représentation (monde, espace, temps...), enfin d'avoir, en sa solution, rabaissé l'antinomie à un conflit purement subjectif.

49. Cf. KANT, *Critique de la raison pure*, Dialectique transcendantale, 2e Livre, III : L'idéal de la raison pure ».

50. Cf. KANT, *Critique de la raison pure*, Dialectique transcendantale, 2e Livre, III, 5 : « De l'impossibilité d'une preuve cosmologique de l'être-là de Dieu », et 6 : « De l'impossibilité d'une preuve physico-théologique de l'être-là de Dieu ».

51. L'expression : « penser Dieu », « penser l'infini », est tautologique, car la pensée est comme *telle* l'auto-particularisation singulière de l'universel, l'auto-détermination du sens qui ainsi est, en toute détermination, auprès de lui-même, libre ou infini. Par conséquent, *penser* le fini, c'est le saisir comme moment de l'infini, comme l'infini se finitisant pour être précisément l'infini

vrai (qui n'a pas hors de lui le fini comme un Autre qui le limiterait) ; l'apparente élévation de la pensée, du fini à l'infini, du monde à Dieu, n'est rien d'autre que la définition même de la pensée. Penser, c'est toujours penser l'infini, comme unité de lui-même et du fini, c'est toujours penser l'identité, comme identité de l'identité et de la différence. Ce que l'on appelle une *preuve,* ce que l'on prend pour un *raisonnement,* n'est donc que la déformation par l'entendement de l'acte même de la *raison.*

52. Dans ce qui se présente comme un syllogisme prouvant l'être-là de Dieu, la matière empirique du monde, en tant qu'elle fournit le *point de départ du* mouvement syllogistique, est bien posée comme renvoyant à un *Autre* (comme *négative*) pour autant qu'elle est informée par les déterminations de la contingence ou de la finalité. Mais cette forme négative est précisément celle de la matière finie du monde, *que* l'empirisme de l'entendement absolutisant le fini érige donc naturellement en *fondement* fixe, consistant, du processus *qui* s'expose dans le syllogisme. C'est par conséquent en sa *positivité empirique* que le contenu fini du monde est consacré, fixé, dans la preuve de l'être-là de Dieu, comme le fondement même du processus syllogistique dont il est, par sa forme négative, le point de départ.

53. En effet, la position de l'autre (infini) de l'être (fini) est identique à la position de cet être comme autre que l'être, comme non-être. Sur le sens ontologique-concret véritable de la prétendue preuve abstraite-logique de l'être-là de Dieu à partir de l'être-là du monde, voir les cours de Hegel sur la philosophie de la religion (*Vorlesungen über die Philosophie der Religion,* éd. LASSON, Leipzig, F. Meiner Verlag, 1925-1929, 1, pp. 164-186).

54. « sich halten » : ici, s'en tenir à quelque chose pour s'en prendre à lui.

55. Cf., par exemple, l'Appendice VII des *Lettres à Moses Mendelssohn sur la doctrine de Spinoza* (*Über die Lehre des Spinoza, in Briefen an den Herrn Moses Mendelssohn*, Beilage VII, 2e éd., 1789, pp. 398-434 ; voir trad. ANSTETT des *Œuvres philosophiques de F. H. Jacobi*, Paris, Aubier, 1946, pp. 278-296).

Sur cette signification générale de la pensée de Jacobi, en son aspect négatif, voir HEGEL, *Cours sur l'histoire de la philosophie* (*SW, G,* 19, pp, 539-543)

56. Cf., par exemple, JACOBI, *Über die Lehre des Spinoza...,* 1ʳᵉ éd., 1785, p. 170 : « Spinozismus ist Atheismus » (trad. ANSTETT, *op. cit.,* p. 190).

57. Que le spinozisme, bien loin d'être un athéisme, soit un acosmisme, c'est là un thème souvent repris par Hegel ; cf., par exemple, les développement consacrés à ce problème du sens général du spinozisme, dans les Cours sur l'histoire de la philosophie (*SW, G,* 19, pp. 372-374).

58. Il s'agit de la première voie de la réunion de l'être et de l'identité ou du concept, celle qui opère – par exemple dans les preuves cosmologique et physico-théologique de l'être-là de Dieu – le passage de l'être à l'abstraction de la pensée.

59. L'entendement (qui dirige la critique kantienne de la raison) différencie absolument l'identité ou universalité et la différence ou particularité ; dénonçant tout passage de l'une à l'autre, il affirme, dans son empirio-formalisme, l'irréductibilité et de l'une : l'identité abstraite de la raison ou pensée ainsi formelle, et de l'autre : la différence abstraite caractérisant, aussi bien que le divers du contenu empirique, l'altérité qui, attribuée dans le kantisme à l'être comme tel et faisant que, *position absolue,* il n'est pour un autre que pour autant qu'il se *donne* à lui et donc est *reçu* par lui, montre qu'il est bien encore défini par la forme empirique de sa manifestation.

60. Cf. KANT, *Critique de la raison pure,* Dialectique transcendantale, 2ᵉ Livre, 111, 4 : « De l'impossibilité d'une preuve ontologique de l'être-là de Dieu » (A, p. 599 ; B. p. 627 ; éd. SCHMIDT, *op. cit.,* p. 572).

61. « verschieden » : différent, au sens de *divers,* la diversité étant le premier moment, le plus extérieur, de la différence.

62. Cf. SPINOZA : *Ethique,* Iʳᵉ Partie, Définition I.

63. Dieu ou l'absolu n'est pas seulement *concept* (unité de l'être et de l'essence), mais *esprit* (unité du concept et de la nature).

64. Cf. ci-dessous, la *Troisième position de la pensée relativement à l'objectivité.*

65. Cf. KANT, *Critique du jugement,* § 77.

66. En tant qu'elle est, comme nous le savons, l'identité de l'identité (de l'universalité que prétend saisir l'entendement) et de la différence (de la particularité qui s'offrirait à la seule intuition).

67. Alors que dans la *Critique de la raison pure* et la *Critique de la raison pratique,* Kant n'atteint que l'*entendement* (qui sépare l'universel et le particulier), il atteint bien la *raison* (l'unité de l'universel et du particulier) dans la *Critique du jugement,* mais précisément cette raison (que l'on peut aussi définir comme l'unité sujet-objet) s'y trouve rabaissée à la subjectivité du jugement, car c'est encore l'entendement (philosophant) qui appréhende cette raison.

68. Cf. KANT, *Critique du jugement,* § 46.

69. Cf. KANT, *ibid.*, § 1.

70. *Ibid.*, 2ᵉ Partie : Critique du jugement téléologique, §§ 61 et suiv.

71. KANT, *Critique du jugement,* § 88, éd. VORLANDER, leipzig, F. Meiner, 1924, p. 326-329 ; cf. trad. PHILONENKO, Paris, Vrin, 1965, p. 260.

72. Hegel dénonce toujours la contradiction inhérente au progrès à l'infini, quels que soient les niveaux où se présente cette expression du mauvais infini (indéfini) de l'entendement. Ainsi, par exemple, le progrès à l'infini qualitatif est caractérisé comme l'alternance perpétuelle des deux déterminations dont la contradiction constitue le fini, à savoir d'être aussi bien Quelque-chose que son Autre.

73. « die Schranke ». Dans ce texte, Hegel ne distingue pas, comme il le fait dans la *Science de la Logique* de 1812, *la limite* (« die Grenze ») et la *borne* (« die Schranke »), la borne étant alors définie comme la limite du Quelque-chose, en tant qu'il va au-delà d'elle, c'est-à-dire qu'il se rapporte à elle comme à son non-être.

74. « Die Grenze » ; cf. note précédente.

75. G. HERMANN, *Handbuch der Metrik*, *l*eipzig, 1799 ; le premier chapitre de cet ouvrage est consacré à une discussion du concept de rythme : « § 8. Si donc le rythme doit être quelque chose d'universellement valable, il faut que sa loi soit : 1) une loi objective, 2) une loi formelle, 3) une loi déterminée *a priori*. (cf. édition F. NICOLIN-O. PÖGGELER de l'*Enzyklopädie*, Hambourg, F. Meiner Verlag, 1959, note pp. 474-475).

76. C'est-à-dire la philosophie kantienne.

77. Le kantisme a affirmé le principe de l'*auto*-détermination, mais n'a pu le développer en une auto-*détermination*. Sa tâche purement négative s'est bornée à extraire, à *abstraire* l'identité de toute hétéro-différenciation ou détermination.

78. La vérité, universalité concrète, c'est-à-dire incluant en elle-même la particularité, doit nécessairement échapper à la pensée si celle-ci est appréhendée comme le simple sens de l'universel ou infini abstrait (c'est ainsi que l'appréhende la philosophie critique) ou comme le simple sens du particulier ou fini abstrait (c'est ainsi que l'appréhende, pour en limiter l'exercice au profit de la croyance, la doctrine du savoir immédiat).

79. La doctrine du savoir immédiat réduit la pensée à la pensée finie, c'est-à-dire à l'entendement, et c'est pourquoi elle affirme que le vrai, l'infini, ne peut être atteint que par la non-pensée ou la croyance, comme Hegel va le rappeler ci-dessous. – Sur l'examen critique de la philosophie de Jacobi par Hegel, voir l'article de 1802 : *Foi et savoir (Glauben und Wissen*, B : « Die Jacobische Philosophie » ; éd. LASSON, *Erste Druckschriften*, Leipzig, 1928, rééd. à part, Hambourg, F. Meiner, 1962, pp. 40-91, trad. A. Philonenko et C. Lecouteux, Paris, Vrin, 1988, pp. 129-174).

80. Cf. ci-dessus, note 55.

81. On notera que l'expression est en français dans le texte de Hegel.

82. Ce que l'on croit est, d'une part, présent dans la conscience, de telle sorte que l'on a au moins connaissance, savoir *de* cela (« dass man... wenigstens *davon weiss* ») : ce que l'on croit fait s'actualiser et se révéler à elle-même la conscience comme

l'acte *subjectif* du savoir en tant que ce savoir s'exerce à l'occasion d'un *ob-jet* qui n'est encore, comme tel, que son Autre, le pôle de sa *visée*, c'est-à-dire en tant qu'il est la différence de la certitude et de la vérité. Ce que l'on croit est, d'autre part, présent dans la conscience comme quelque chose de certain (« als etwas *Gewisses* »), de telle sorte qu'il est le contenu même du savoir (« Wissen »), qu'on le sait (« dass man *es*... weiss ») : la croyance croit *posséder* ce qu'elle croit, car elle surmonte aussitôt la différence de la certitude et de la vérité, précisément en tant qu'elle est certaine, c'est-à-dire qu'elle oublie sa propre subjectivité en oubliant l'ob-jectivité de ce qui n'est plus alors pour elle que son propre contenu. La *croyance* comporte donc la structure (dialectique, inquiète, vivante) de tout *savoir :* celle d'être l'identité de la différence du savoir et de son ob-jet, de la certitude et de la vérité, – différence qui est *l'être* (vrai, essentiel) de la certitude – , et de l'identité du savoir et de ce qui n'est plus que son contenu, – identité qui est l'être (non-vrai, phénoménal) de la *certitude.*

83. Jacobi affirme dès la 1re édition des *Lettres... sur la doctrine de Spinoza* (1785) ce rôle universel de la croyance : « C'est par la croyance que nous savons que nous avons un corps, et qu'en dehors de nous sont présents d'autres corps et d'autres êtres pensants. Vraie, merveilleuse révélation ! » *(Op. cit.,* p. 163 ; cf. trad. ANSTETT, *op. cit.*, p. 187.)

84. « und kommt nur dem Denken zu » ; « zukommen » peut être pris ici dans les deux sens suivants : d'une part, la personnalité pure n'appartient, ne revient qu'à la pensée ; d'autre part, elle ne parvient, ne se livre, ne se manifeste qu'à la pensée.

85. « das *höchste Wesen* ». Certes, « das Wesen », c'est l'essence, mais le mot français « être », lorsqu'il désigne un être réfléchi en soi dans ses déterminations, identique dans sa différence interne, bref *un* être ou un être *essentiel*, peut-être employé pour traduire « das Wesen ».

86. Cf. les thèmes de la *Préface* de la 2e édition de l'*Encyclopédie.*

87. Dans la mesure où le moyen-terme est constitutif du syllogisme, un syllogisme immédiat est un syllogisme qui n'en est pas un.

88. H. G. HOTHO, *De philosophia Cartesiana,* Berlin, 1826.

89. Les textes cités de Descartes sont :

– *Respons. ad secuud. Object. (Œuvres de Descartes,* éd. ADAM-TANNERY, VIII, p. 140 et suiv.) ; cf. *Réponses aux secondes objections (Œuvres,* A.T., IX, pp. 102 et suiv. ; *Œuvres philosophiques*, éd. ALQUIÉ, II, Paris, Garnier, 1967, pp. 550 et suiv.).

– *De Methodo, IV (Œuvres,* A.T., VI, pp. 557 et suiv.) ; cf. *Discours de la Méthode,* 4e Partie *(Œuvres,* A T., VI, pp. 31 et suiv. ; *Œuvres philosophiques,* éd. ALQUIÉ, 1, 1963 pp. 601 et suiv.).

– *Lettres à Clerselier (Œuvres,* A.T., IV, pp. 442 et suiv.).

90. DESCARTES, *Respons. ad secund. Object,* loc. cit. ; cf. *Réponses aux secondes objections* éd. A.T., IX, p. 110 ; éd. ALQUIÉ, II p. 564 (trad. utilisée).

91. *Ibid.* (éd. ALQUIÉ, II, p. 565).

92. En séparant radicalement le savoir immédiat de l'intuition, pour le privilégier, et le savoir médiatisé de l'entendement, pour le rejeter, on affirme encore malgré soi en soi-même la démarche de l'entendement, qui s'obstine à fixer des déterminations unilatérales, sans voir qu'elles renvoient, dans leur opposition même, les unes aux autres et sont ainsi prises dans une médiation qui les emporte *de l'extérieur* comme elle détermine *de l'extérieur* la simple pensée d'entendement.

93. Dans ce *Concept préliminaire,* qui est une simple *introduction* à la *Science de la Logique,* Hegel ne peut exposer ce qui sera le contenu de celle-ci, à savoir l'auto-développement de l'être comme identité concrète de ses moments, en particulier des moments de l'immédiateté et de la médiation. Il ne peut s'agir, dans cette introduction, de présenter l'auto-critique *rationnelle* que l'être fait de lui-même comme entendement, mais seulement de satisfaire indirectement l'exigence rationnelle en critiquant l'entendement *par et suivant l'entendement,* c'est-à-dire selon la

méthode même de la réflexion *extérieure,* en le confrontant avec les critères mêmes qu'en son empirio-formalisme il impose à la vérité, en particulier avec le critère de la facticité empirique. Ainsi, par exemple, Hegel va souligner que c'est un fait d'expérience, qu'un savoir dont le contenu est dit immédiat, est, dans son existence même, le résultat de tout un processus qui le médiatise (éducation, apprentissage, etc.).

94. En se plaçant sur le terrain même de l'expérience, c'est-à-dire en faisant sien un critère fondamental de la doctrine du savoir immédiat, Hegel affirme le lien *essentiel* du savoir immédiat et de la médiation, c'est-à-dire le caractère essentiellement médiat de ce savoir prétendu immédiat. *D'une part,* la liaison *que l'expérience* montre entre *l'existence* d'un savoir immédiat et l'existence d'un processus extérieur et antérieur de médiation (§§ 66 et 67) n'est pas pour autant *contingente,* car sa *constance* la fait reconnaître par l'empirisme lui-même comme *nécessaire* et donc *essentielle.* *D'autre part,* l'expérience courante du *contenu* du savoir immédiat le plus essentiel (le savoir de Dieu) appréhende ce contenu comme exprimant lui-même une élévation (à Dieu), un dépassement, une négation (du sensible), et donc comme étant le contenu en réalité médiatisé d'une forme dite immédiate du savoir.

95. Cf. ci-dessus, note 51.

96. Il s'agit des liaisons – précédemment analysées – qui se découvrent au niveau de l'apparence empirique, de l'expérience que l'on a du savoir immédiat ; cf. §§ 66, 67 et 68.

97. Hegel, analysant maintenant le contenu le plus général du savoir dit immédiat, c'est-à-dire la liaison, présentée comme originaire, de l'Idée et de l'être, va montrer (§ 70) que cette identité n'a un sens (déterminé) que parce qu'elle est celle d'une différence dont les termes ne peuvent être identifiés que pour autant qu'ils *se médiatisent* l'un par l'autre en leur sens.

98. « als sich in sich selbst beschliessend » ; la médiation en sa détermination vraie a elle-même pour principe (elle est médiation *par* soi-même) et pour terme (elle est médiation *avec* soi-même), elle se détermine et se termine en elle-même (« sich beschliessen » signifie à la fois *se déterminer à* et *se terminer,* ou,

si l'on veut encore, pour employer un même verbe en français : *se résoudre à* et *se résoudre*).

99. Cf. ci-dessus, note 93.

100. Nous avons déjà maintes fois souligné combien pour Hegel l'empirisme radical et le rationalisme achevé se rencontrent dans leur commune négation de l'unilatéralité de l'entendement. A l'entendement s'obstinant dans la différence abstraite absolutisée, s'opposent aussi bien l'identité concrète-syncrétique de l'expérience que l'identité concrète-synthétique de la raison.

101. CICÉRON, *De natura deorum,* II ; 12 : « Itaque inter omnes omnium gentium sententia constat. Omnibus enim innatum est et in animo quasi insculptum esse deos ».

102. C'est-à-dire ce contenu.

103. Hegel connaissait les relations de voyages écrites par ces deux explorateurs des régions arctiques que furent Sir John Ross (1777-1856) et Sir William Edward Parry (1790-1855). – Parmi les notes publiées dans les *Ecrits de Berlin* par J. Hoffmeister, figure, à propos d'une rubrique : « Eskimaux », la mention de l'ouvrage de J. Ross : *A voyage of discovery...,* publié à Londres en 1819, et Hegel renvoie aux pages 128 et suiv. de ouvrage (HEGEL, *Berliner Schriften,* éd. HOFFMEISTER, Hamburg, F. Meiner Verlag, 1956, p. 710). – A la religion des Esquimaux, qui appartient selon lui aux religions de la magie ou sorcellerie, Hegel consacre un développement (renvoyant précisément aux récits de voyages de J. Ross et W. Parry) dans ses cours sur la philosophie de la religion (HEGEL, *Vorlesungen über die Philosophie der Religion,* éd. LASSON, II, pp. 81-83).

104. Cf. HÉRODOTE, II, 33, 1, où il est question d'une région de l'Afrique où tous les hommes seraient des magiciens ou sorciers (« γόητας εἶναι ἅπαντας »). La religion des peuplades africaines est examinée par Hegel dans ses cours sur la philosophie de l'histoire (HEGEL, *Vorlesungen über die Philosophie der Weltgeschichte, I : Einleitung. Die Vernunft in der Geschichte,* éd. HOFFMEISTER, *op. cit.,* p. 220), et dans ses cours sur la philosophie de la religion (HEGEL, *Vorlesungen über die Philosophie der Religion,* éd. LASSON, II, pp. 83-86).

105. Cf., dans les *Ecrits de Berlin,* l'extrait du *Morning Chronicle* du 16 mars 1825 (Hegel, *Berliner Schriften,* éd. HOFFMEISTER, p. 731).

106. Cf. les cours de Hegel sur la philosophie de la religion (HEGEL, *Vorlesungen über die Philosophie der Religion,* éd. LASSON, I, p. 50).

107. En réduisant le savoir de Dieu au savoir *que* Dieu est, la doctrine du savoir immédiat conserve en elle la perspective abstraite de la métaphysique d'entendement qu'elle combat : Dieu n'est plus que l'essence indéterminée. Pourtant, en présentant ce savoir que Dieu est, comme un lien *immédiat* de la conscience et du contenu : Dieu, la doctrine du savoir immédiat fait de ce lien – c'est-à-dire de la *religion,* car « cette inséparabilité de la conscience et de ce contenu est précisément ce que nous nommons *religion* en général » (HEGEL, *Vorlesungen über die Philosophie der Religion,* éd. LASSON, I, p. 50) – la *vérité,* puisque pour elle le vrai est l'immédiat. Mais en faisant ainsi de la *religion* la vérité de Dieu, la doctrine du savoir immédiat appréhende en réalité Dieu non pas comme *essence,* mais comme *esprit,* et c'est pourquoi la conséquence avec soi exigerait d'elle qu'elle se développe en un savoir de *ce que* Dieu est, en une véritable *doctrine* de la religion, présentation *rationnelle* de Dieu comme médiation avec soi, différenciation concrète de soi, ob-jectivation de soi pour soi-même, manifestation de soi à soi-même, bref comme esprit. C'est bien ainsi que Hegel définit Dieu dans l'introduction à ses cours sur la philosophie de la religion : « Suivant le concept philosophique, Dieu est esprit, concret ; et si nous demandons de façon plus précise ce que Dieu est, le concept fondamental d'esprit est celui dont le développement est la doctrine de la religion en sa totalité. Si nous demandons préalablement à notre conscience ce qu'est l'esprit, l'esprit a pour être de se manifester, d'être pour l'esprit. L'esprit est pour l'esprit, et cela non pas seulement d'un manière extérieure, contingente, mais il n'est esprit que pour autant qu'il est pour l'esprit ; c'est ce qui constitue le concept de l'esprit lui-même. Ou [encore], pour exprimer cela d'une façon plus théologique, l'esprit de Dieu est essentiellement dans sa *communauté.* Dieu n'est esprit que pour autant qu'il est dans sa communauté. » (*Ibid.,* pp. 51-52.)

108. Un contenu, par son sens ou sa *détermination,* est rapport à un Autre, médiation ; un contenu vrai ou infini est rapport à *soi* dans son rapport à un Autre, identité de la médiation et de l'immédiateté qu'est la relation à soi, médiation avec soi.

109. Nous avons déjà (cf., par ex., ci-dessus, § 33, note 32) souligné ce thème hégélien, que le refus unilatéral du fini relève encore du fini par son unilatéralité même, et que l'infini qu'il sépare abstraitement du fini n'est lui-même qu'un fini. La doctrine qui oppose l'intuition (de l'infini) à l'entendement (du fini) est encore une doctrine de l'entendement, puissance de la séparation, de l'exclusion, de la négation abstraite. C'est pourquoi Hegel peut bien identifier ici la démarche de la métaphysique d'entendement et celle du savoir immédiat.

110. La critique de la doctrine du savoir immédiat, à laquelle Hegel vient de se livrer et qui consiste à le mettre en *contradiction* avec l'*expérience,* c'est-à-dire à lui montrer qu'il contredit le critère (logico-empirique) du vrai, qu'il a lui-même posé dans son empirio-formalisme, donc, qu'il se contredit lui-même, n'est pas seulement rendue nécessaire par l'impossibilité de développer dans une introduction l'auto-critique rationnelle des déterminations abstraites de l'être, mais elle est aussi voulue positivement par Hegel comme un exemple de la *réfutation* concrète et vraie, qui consiste à soumettre un point de vue à une mesure qu'il a lui-même posée.

111. Opposer à la doctrine du savoir immédiat, qui identifie la pensée ou la connaissance à l'activité de la médiation unilatérale, l'existence de *fait* de la Logique et de la Philosophie réalisées en leur vérité dans le hégélianisme, ce n'est pas tomber dans la facilité de la critique extérieure, abstraite, inefficace, car précisément le *Fait* de leur existence est un argument contraignant *pour* la doctrine *(empiriste)* du savoir immédiat elle-même.

112. La doctrine du savoir immédiat, bien loin d'être un dépassement réel de la métaphysique de l'entendement, est un simple *retour* à l'origine – cartésienne – de cette métaphysique, origine qu'elle ne prolonge pas dans l'édification d'une science déterminée du fini, mais qu'elle pervertit – dans la juste conscience de l'irréductibilité de l'infini aux déterminations finies de l'entendement –

par une *régression* en deçà de cet entendement (auquel elle abandonne abstraitement le domaine de l'expérience finie), dans la
mauvaise subjectivité, arbitraire et prétentieuse, du sentiment
auquel, selon elle, l'infini se révélerait immédiatement.

113. DESCARTES, *Principia philosophiae,* 1.9 : « Cogitat-
ionis nomine, intelligo illa omnia, quae nobis consciis in nobis
fiunt, quatenus eorum in nobis conscientia est (*Œuvres de
Descartes,* éd. A.T., VIII, 7).

114. Cf. *ibid.,* I, 14-15 (éd. A.T., VIII, 10 ; éd. ALQUIÉ,
III, p. 100).

115. SPINOZA, *Ethica,* P.l., *De Deo,* Definitiones, I : « Per
causam sui intelligo id, cujus essentia involvit existentiam, sive id,
cujus natura non potest concipi, nisi existens » *(Spinoza opera,* éd
GEBHART, Heidelberg, II, p. 45).

116. SPINOZA, *Ethica,* P.I., De Deo, Proposition XI :
« Deus, sive substantia constans infinitis attributis, quorum unum-
quodque aeternam, et infinitam essentiam exprimit, necessario
existit. » *(Spinoza opera, I, op. cit.,* p. 52.)

117. *Ibid.,* Propositio XX : « Dei existentia, ejusque essentia
unum et idem sunt. » *(Spinoza opera, I, op. cit.,* p. 64).

118. Il s'agit, bien entendu, de la conscience qui a Dieu pour
objet.

119. Saint ANSELME, *Cur Deus homo,* I, 1 : « Sicut rectus
ordo exigit ut profunda Christianae fidei prius credamus, quam ea
praesumamus ratione discutere, ita negligentia mihi videtur, si,
postquam confirmati sumus in fide, non studemus quod credimus
intelligere. » *(Anselmi opera omnia,* éd. SCHMITT, II, Edimbourg,
1946, p. 48.)

120. Le Tout se réalise toujours, chez Hegel, en *se* posant,
en la concréité de son contenu, dans la forme universalisant,
comme élément, chacun de ses moments. C'est par la médiation de
la négativité des diverses appréhensions non spéculatives du
spéculatif, que s'opère en sa pleine positivité l'appréhension
spéculative du spéculatif.

121. De cet exposé préliminaire de l'articulation de la *Science
de la Logique* est valable ce qui était valable de l'exposé introductif

de l'articulation de la Science de la Philosophie en sa totalité (cf. ci-dessus, § 18). Cet exposé, qui anticipe le processus de différenciation de soi de la Chose même, est un exposé purement *historique,* c'est-à-dire qui récite, énumère des déterminations sans montrer la nécessité qui les lie en tant que moments du processus dialectique immanent qui se différencie en elles.

122. La *réflexion*, caractéristique du moment de l'*essence*, présente l'extériorité selon laquelle l'être s'intériorise d'abord comme essence : elle est la différence de l'identité (à soi) de la détermination et de sa différence (avec d'autres). Ce n'est pas *en tant qu'elle-même* que la détermination se réfléchit en d'autres, sa négation de soi ne procède pas de *soi*, ne *lui* est pas immanente. La *dialectique*, au contraire, est le mouvement concret, *conceptuel*, qui n'est *mouvement* que par la présence en lui du moment dialectique du logique, auto-négation de toute détermination.

123. La logique habituelle, ignorant le moment dialectique et le moment spéculatif de la pensée, par lesquels celle-ci est différenciation (moment dialectique) de soi (moment spéculatif), auto-différenciation, développement immanent, est la juxtaposition arbitraire, dans l'extériorité d'un récit ou d'une *histoire*, de différences qui, figées hors de tout lien par l'entendement, posées en leur (fausse) absoluité, ont, en leur contenu fini, une valeur infinie.

COMMENTAIRE ORGANIQUE EN ABRÉGÉ

Indications Préliminaires

1 – Nous avons proposé une traduction générale de la première partie de l'*Encyclopédie* : HEGEL. *Encyclopédie des sciences philosophiques. I : La science de la logique,* Paris, Vrin, 1970, pp. 283-345, édition à laquelle renvoient les citations du présent commentaire.

2 – Un commentaire proprement hégélien du texte est présenté dans les « Additions » transcrivant des notes prises dans les cours où Hegel développait le *Précis*, publié par lui, de l'*Encyclopédie* (ces « Additions » sont traduites pp. 467-519 de l'édition précédemment citée). Nous ne saurions trop recommander la lecture attentive de ces « Additions » qui, pour n'être pas de la main de Hegel, sont cependant tout à fait hégéliennes, et particulièrement accessibles.

3 – *Le Commentaire littéral de la Logique de Hegel,* consacré par A. LEONARD (Paris, Vrin, et Bruxelles, 1974) au texte de la première partie de l'*Encyclopédie* exclut de son champ le *Vorbegriff* – sauf pour ce qui est des §§18-19, 79-83, jugés par l'auteur les plus importants, en tant que constituant une véritable introduction à la Science de la logique.

4 – Rappelons que Hegel a publié trois éditions de l'*Encyclopédie* : 1817, 1827, 1830. Le texte de 1827 – simplement enrichi en 1830 – reçoit, par rapport à celui

de 1817, un accroissement considérable (du simple au double), le *Vorbegriff* est particulièrement favorisé, puisque son volume est presque multiplié par cinq. Ce traitement traduit le déplacement qualitatif du sens même de ce *Concept préliminaire* de la Science de la logique.

5 – *Le sens général constant* du *Vorbegriff* est, rappelons-le aussi, celui d'une introduction qui, en son contenu, rabaisse la portée de toute introduction au savoir philosophique de l'être d'abord saisi en son sens, comme pensée, c'est à dire à la Logique en sa visée ontologique. Le savoir de la pensée en son objectivité doit être développé *immédiatement*. – Quant à l'*orientation finale* du *Vorbegriff*, elle répond aux attaques dirigées, dans la période d'intensification de la *Restauration,* contre la philosophie *rationnelle* de Hegel. Aussi celui-ci est-il amené à souligner – contre les partisans du sentimentalisme (religieux), du savoir immédiat – que, si le savoir spéculatif doit être développé immédiatement, il est en lui même justement un développement, une *médiation* de lui-même en et avec lui-même. Le *Vorbegriff* dénonce donc la doctrine du savoir immédiat, de la croyance absolutisée, comme l'obstacle majeur à l'établissement de la philosophie spéculative.

6 – *Articulation* du *Vorbegriff*: *cinq* moments peuvent y être distingués :

I – La logique spéculative comme métaphysique vraie : §§ 19-25

II – Première position de la pensée relativement à l'objectivité : la métaphysique dogmatique traditionnelle : §§ 26-36

III – Deuxième position : l'empirio-criticisme : §§ 37-60

IV – Troisième position : le savoir immédiat : §§ 61-78

V – Développement (moteur et structure) de la Science de la logique : §§ 79-83

I
LA LOGIQUE SPÉCULATIVE COMME MÉTAPHYSIQUE VRAIE : §§ 19-25

Trois moments dans le développement introductif qui conduit à la détermination de la Logique comme science absolue de la pensée objective, et, par là, comme vérité des philosophies antérieures (qui se définissent à travers la conscience du rapport de la pensée à l'objectivité) :

1/ La Logique comme science de l'absolu – du Tout ou de l'Idée – dans l'élément de la pensée : § 19

2/ La destination objective de la pensée : la Logique comme métaphysique : § § 20-24

3/ La problématique de la vérité : la position vraie et les positions sans vérité (pré-spéculatives) de la pensée relativement à l'objectivité : § 25

A) La Logique comme science de l'absolu dans l'élément de la pensée (§ 19)

« La Logique est la science de l'Idée pure », c'est-à-dire de l'Idée en sa pureté, en la transparence à soi ou l'*identité à soi* de son sens, non troublée par la différence d'avec soi, l'extériorité réciproque, constitutive du sensible qui définit la nature et affecte son auto-dépassement spirituel. Ainsi, la Logique est la science de l'Idée dans l'élément abstrait – car le concret est l'identification d'une *différence* – de la pensée.

Trois questions se posent alors :

– Que signifie « Idée » ?

– Pourquoi l'Idée *dans l'élément de la pensée* ?

– Quelles *implications* et *conséquences* comporte une telle affirmation de la présence et présentation de l'Idée dans l'élément de la pensée ?

1) *L'Idée*

Hegel reprend la définition kantienne – elle même reprise « systématique» du thème platonicien – de l'Idée. Concept rationnel, totalisant, l'Idée est – pour Kant – la *détermination* (et non pas seulement le *conditionnement,* vérifié dans la subsomption, qui caractérise l'entendement) du particulier par l'universel, de la différence par l'identité. En langage hégélien : l'Idée est l'autodifférenciation de l'identité, la totalité saisie en son activité, la totalisation de soi. Comme une telle activité – « Wirksamkeit » – du tout – alors manifesté comme «Wirklichkeit » <effectivité> –, l'Idée est la totalité effective, ou l'effectivité en cette totalisation d'elle même qu'elle doit au travail, en elle, de l'identification absolue de sa différence intérieure, bref : de l'identité active de l'identité et de la différence ; c'est là la définition même, selon Hegel, de la *raison.* Rappelons que cette raison est, en tant que telle, l'identification dépassant ces deux moments d'elle-même que leur abstraction autonomise apparemment comme l'*intuition* (position de l'identité) et l'*entendement* (position de la différence ou détermination). L'Idée est donc la totalité rationnelle du réel, l'effectuation totale de l'équation du rationnel et du réel qu'on désigne comme l'absolu. Telle est bien – selon Hegel – l'objet de la philosophie accomplie scientifiquement comme conception de ce qui est, car ce qui, seul, est, c'est l'effectivité totale (cf. *Enc.*, Introduction, § 6, p. 168, – § 14, p. 180).

2) *L'Idée s'exposant dans l'élément de la pensée*

a) L'absolu ou l'être comme Idée, totalisation de soi, c'est-à-dire *identification* de l'*identité* et de la *différence,* se réalise comme le processus de ces trois moments de lui-même. Mais tout processus ou développement suppose, en sa différence d'avec soi, une identité qui le distingue d'une simple variation chaotique. Cette identité est le milieu ou l'*élément*, la « détermination universelle» au sein de laquelle s'articulent les trois moments successifs

du processus de l'Idée. Où trouver alors un tel élément de l'Idée se développant, sinon dans celle-ci elle-même, qui est le Tout de l'être ? Mais, le seul contenu de l'Idée étant celui de ses trois moments, ceux-ci, seuls, peuvent constituer, en la sommation de leurs différences, le *triple élément* d'un développement de l'Idée, qui doit lui-même, par conséquent, s'actualiser comme un *triple développement* de cette Idée.

b) Cette promotion successive de chacun des trois *moments* de l'absolu en *élément* affectant de son identité ambiante le processus de ces moments – le fait, pour chaque moment, de porter, à travers son universalisation comme élément, le rapport des trois moments –, constitue un principe opératoire essentiel de la dialectique hégélienne. Par lui s'explique la tripartition de l'*Encyclopédie* : ainsi, le processus de l'Idée – comme identité de l'identité et de la différence – s'expose nécessairement :

– d'abord dans l'élément universalisant le moment de l'identité du sens pur : tel est le contenu de la « Science de la logique »,

– puis dans l'élément universalisant le moment de la différence, du sensible : tel est le contenu de la « Philosophie de la nature »,

– enfin dans l'élément universalisant le moment total de l'identité de l'identité et de la différence : tel est le contenu de la « Philosophie de l'esprit »

c) La « Science de la logique » a ainsi pour objet l'Idée, c'est à dire l'être absolu, saisi en son sens, en tant que *pensée*. Ce qui signifie que « la pensée comme telle constitue seulement la *déterminité universelle* – ou l'*élément* – dans laquelle est l'Idée en tant que logique » (§ 15, p. 283), et donc ne constitue pas *par elle seule* le contenu de la logique, contrairement à l'interprétation traditionnelle, ainsi *abstraite*. de celle-ci. Une telle interprétation isole, comme simple forme pensante, l'élément identique à soi du processus en lequel l'Idée engendre, à

travers les moments de sa différenciation de soi, son contenu « matériel » complet ; la Logique, ainsi interprétée, ne peut que *trouver* et *présupposer* dans elle-même, séparée de la puissance génératrice de son contenu, des déterminations alors sans nécessité ; cette démarche de style *empirique* est à la fois appelée et contredite par le formalisme du point de vue adopté. Hegel rejette une telle Logique formelle.

3) *Implications et conséquences du statut ainsi assigné à la « Science de la logique »*

a) Cette science peut être considérée comme étant à la fois la plus difficile et la plus facile, il est vrai à deux points de vue différents :

– elle est *psychologiquement* la plus difficile, car elle exige de la conscience qu'elle s'élève à la pure pensée, en faisant abstraction du milieu naturel-sensible dont l'esprit se fait provenir et dans lequel baigne la conscience

– elle est *philosophiquement* ou *spéculativement* la plus facile, car la conscience devenue pure pensée philosophique n'a pour objet que ce qu'elle est alors elle-même, pur déploiement du sens, d'un sens qui n'est pas à saisir dans sa différenciation sensible d'avec lui-même, dans son aliénation complexifiée au sein de la nature et de son auto-dépassement spirituel. En pensant le contenu de la Logique, la pensée se pense elle-même en ses déterminations élémentaires et natives : l'être, le néant, le devenir... Il est vrai que ce lien immédiat du logique à la pensée logicienne – qui rend celui-là « bien connu » – ne suffit pas à en constituer la connaissance vraie, laquelle consiste plutôt dans cette médiation de lui-même avec lui-même qui constitue l'auto-différenciation génétique de l'identité à soi originaire du sens universel.

b) Pensée de la pensée, la Logique assure la maîtrise de celle-ci, et son apprentissage a, de ce fait, une *utilité* pour le sujet pensant, une utilité universelle, indépendante du

contenu particulier qui est pensé. Cependant, pensée de la pensée en tant que sens non seulement universel, mais proprement immanent de l'être absolu comme auto-détermination de lui-même, la Logique exprime non seulement la « forme absolue de la vérité », mais la vérité absolue elle-même en son principe pur, c'est à dire « la vérité pure elle-même ».

N'étant donc pas seulement une détermination partielle – par exemple seulement formelle – de l'être, la logique n'a pas le statut d'un moyen au service de l'actualisation du tout de cet être alors à considérer comme but, c'est-à-dire dont la valeur se réduirait à son utilité. Parce qu'il est bien plutôt la détermination d'un tout dont l'excès apparent par rapport à elle manifeste l'aliénation de soi active qui constitue l'application de celle-ci, le logique révèle, par une telle auto-suffisance, qu'il est « ce qui est le plus excellent, le plus libre et le plus indépendant », bref : le moment absolu de l'absolu. Mais alors, tout lui devant son être, il peut être dit ce qu'il y a de plus utile, une utilité qui n'exprime pas la subordination d'un moyen, mais la maîtrise d'un principe. La Logique du concept établira bien que la finalité n'est qu'une anticipation abstraite de la puissance créatrice (de la réalité naturelle et, par elle, spirituelle) en laquelle s'achève l'Idée logique.

B) La destination objective de la pensée : la Logique comme métaphysique (§§ 20-24)

Hegel établit la vocation objectivante de la subjectivité en tant que pensante. Ce qui, dans la subjectivité, semble arracher celle-ci à l'objet en niant le lien – immédiatement sensible – à ce dernier, est, bien plutôt, ce qui l'atteint en sa vérité, c'est-à-dire en son être universel.

1) *L'activité pensante de l'esprit (§ 20)*

La pensée peut n'être pas conçue spéculativement, génétiquement – comme le principe universel de toutes les manifestations de l'esprit en lesquelles elle vient à s'aliéner –, mais, selon la manière factuelle de la conscience immédiate, comme une activité de l'esprit parmi d'autres ; cependant ce qui la particularise alors au sein de celles-ci, c'est qu'elle vise et atteint l'universel, c'est-à-dire cela même qui la révèle comme maîtrisant, par leur contenu particulier, les autres activités, et, donc, comme constituant la subjectivité en sa vérité.

a) On appréhende communément la pensée comme une activité à *coté* d'autres manifestations de l'esprit : sensibilité, imagination, désir, volonté, etc. Sa particularité est de poser l'universel ; et, parce que seul l'universel peut poser l'universel, la pensée est l'autoposition de l'universel, autoposition qui se représente (« vor-stellen ») elle-même en s'objectivant en un être particulier, celui du sujet ou du Moi.

b) Le contenu *pensé,* en son caractère universel, se distingue du contenu *sensible* ou *représentatif.*

– Le contenu *sensible,* offert à la perception, se prête à sa réception extérieure (par les organes sensoriels), pour autant qu'il est en lui-même l'extériorité à soi des éléments qui le constituent. Il est le singulier en son être abstrait, vide de contenu (sans différence interne identifiée concrètement), c'est à dire ponctuel, exclusif, bref : pris dans « l'être-l'un-hors-de-l'autre » (spatial ou temporel). – Le contenu *représenté* est soumis à un processus d'universalisation, mais purement formelle, c'est-à-dire qui maintient la particularité, différence ou extériorité toujours présupposée ou encore posée. – D'une part, le contenu originellement sensible (perceptif) est simplement accueilli dans l'universalité, l'identité ou simplicité du Moi, lequel, en niant l'adhérence existentielle initiale de celui-là à une situation singulière, l'idéalise de façon à

pouvoir le susciter à tout instant dans sa propre intériorité. Mais ce qui est ainsi formellement dé-réalisé reste, en son contenu, la pure singularité sensible. – D'autre part, le Moi peut, comme pensée, être l'origine de certains contenus, alors non sensibles – tels ceux du droit, de l'éthique, de la religion ; mais ces contenus, en tant qu'appartenant ainsi à la représentation, qui est la négation purement formelle de l'extériorité sensible ou naturelle, c'est-à-dire la simple traduction spirituelle de l'extériorité réciproque, sont saisis comme des significations singulières, simples, par là différentes les unes des autres (§ 20, Rem.). Cette juxtaposition des significations se confirme encore dans leur mise en relation par le jugement ; et même lorsque celui-ci – procédant alors de l'entendement représentatif – affirme *formellement* un lien d'intériorité (genre/espèce ; cause/effet...) entre deux significations (l'espèce, l'effet..., présentent bien toujours un *contenu* propre qu'on *ne* voit *pas provenir* du genre ou de la cause...).

Au contraire, le contenu *pensé* est, comme contenu, intérieurement identifié à lui-même à travers les diverses significations où il s'expose, qui n'ont un sens particulier que dans leur corrélation essentielle les unes aux autres dans le milieu universel de la pensée. Ce qui n'est possible qu'autant que ce contenu est constitué par l'objectivation même de la forme pensante en ses corrélations (par exemple, entre le sens « effet » et le sens « cause »), l'être alors visé étant supra-sensible ou métaphysique. Telle est l'œuvre de la philosophie, transformation des représentations en pensées. Hegel ajoute que la philosophie doit s'accomplir en transformant les simples pensées en *concepts*. La *conception* des significations pensées fait procéder chacune d'elles, en son sens universel (par exemple la signification « effet ») de son Autre (par exemple la signification « cause »), et, originairement, de l'universalité même du sens (d'abord posé comme « être ») ; elle les fait ainsi surgir, chacune à sa

place, de l'auto-différenciation génétique de cette identité ou universalité du sens absolu.

c) Or, parce que la pensée saisit la dimension universelle des contenus de la conscience, elle ne fait pas que se juxtaposer à la sensation et à la représentation, dont le contenu *singulier* se situe nécessairement, en tant même qu'il a un sens, au sein du milieu *universel* du sens. Et l'être-singulier lui-même du contenu singulier, est, comme sens, une détermination universelle. C'est ce qui permet sa désignation dans des mots du langage, idéalités verbales applicables à toute occurrence réelle. Hegel reprend ici le célèbre thème du premier chapitre de la *Phénoménologie de l'esprit,* sur la « certitude sensible » : toute chose est un « ceci », chacun peut dire « moi »... En étant dit, le contenu de la conscience est ainsi intégré dans l'universalité – pensante – du Moi, et existe, pour moi, comme mien, c'est-à-dire – ainsi que Kant l'établit dans la déduction des concepts purs de l'entendement – tout simplement : existe pour moi. Mais Hegel juge maladroite l'expression kantienne selon laquelle « le Moi *accompagne* toutes mes représentations ». Il n'y a pas seulement une *juxtaposition* du contenu « Moi » – le contenu universel de la conscience – et des contenus particuliers de celle-ci : car ces derniers ne sont pour moi qu'autant qu'ils se donnent comme étant originairement *insérés* dans le premier. La pensée du Moi – la pensée de la pensée, réalisée comme sujet – porte donc tout contenu de la conscience, même le contenu le plus opposé au sujet, le plus objectif, c'est à dire que le sujet comme pensant est par nature apte à maîtriser tout objet, ou que – pour le dire autrement – la pensée, en son actualisation subjective, est par essence objective. Hegel analyse alors la réalisation de ce pouvoir essentiel.

2) *L'objectivité de la pensée (§§ 21-23)*

Le raisonnement hégélien s'articule selon deux moments :

a) La pensée, comme activité s'éprouvant, en tant que telle, en s'opposant à son Autre *présupposé* comme tel, c'est-à-dire à ce qui s'objecte à elle, à l'objet – c'est là la pensée comme *réflexion* – se saisit traditionnellement (« vieille croyance », § 21) comme ce qui, en amenant au jour, en produisant, dans l'objet, son sens universel, fait apparaître ce que cet objet a de vraiment objectif, son être intime (cf. *ibid.*). C'est en tant que le sujet s'actualise comme tel, dans une *activité* qui l'arrache au statut d'être en *repos* caractéristique du simple objet, qu'il a conscience de saisir l'objet lui-même en son être ; le sujet n'est vraiment lui-même qu'en se niant en son être immédiat à travers l'activité réflexive qui le fait se rapporter à son Autre, l'objet : le sujet pensant n'est pleinement lui-même que moyennant l'objet.

b) Mais le sens universel, pensé, de l'objet – c'est-à-dire ce qu'est l'objet en sa vérité – ne vient à l'être que par l'intervention de son Autre, le sujet en son activité pensante, qui opère un « changement » (§ 22), une négation, dans le contenu visé (abord sensible) de l'objet. Celui-ci n'est pleinement lui-même que par le sujet pensant.

c) En sa manifestation la plus commune, la connaissance éprouve donc la liaison intime de son objectivité – rapport d'adéquation à l'objet – ou de sa *vérité,* et de sa subjectivité comme actualisation du sujet, comme activité propre ou comme *liberté* (§ 23). Le lien absolu entre vérité et liberté – qui implique aussi bien la distinction de la liberté et du libre arbitre (fantaisiste) du sujet, que celle de la vérité et de l'autorité (répressive) de l'objet – est développé dans la Remarque importante du § 23.

Hegel dénonce, une fois de plus, le slogan pédagogique à la mode : «penser par soi-même » (cf. HEGEL, *Textes pédagogiques,* Etude et traduction B. Bourgeois, Paris, Vrin, 1978, pp. 142 et 151). Puisqu'on ne peut penser par autrui, que penser est toujours – même si l'on pense ce que d'autres ont pensé – se mobiliser en soi-même en *son*

activité suprême, un tel slogan n'a de raison d'être que pour inciter à un subjectivisme éloignant de toute vérité objective. Penser, c'est, tout à la fois, affirmer le sujet ou le Moi en sa plus grande liberté – penser, déployer le sens en l'auto-différenciation de son identité universelle, c'est, pour le Moi où celle-ci s'actualise comme sujet, *être chez soi*, puisqu'il les produit, dans les déterminations dont il a conscience, c'est-à-dire, selon la définition hégélienne de la liberté, être libre –, et affirmer l'objet en son être vrai – le libérer des déterminations simplement particulières, purement subjectives, où le Moi s'aliène.

Par cette adéquation, qu'elle accomplit, de la liberté du sujet et de la vérité objective – où se produit la *Chose* <Sache> même, subjectivité objective ou objectivité subjective –, la pensée philosophique s'élève à sa plus haute dignité en se soumettant humblement à l'objet. Dans cette exaltation de la dignité de la philosophie comme science – libérant l'homme de ses accidents proprement humains – de l'objet universel, véritablement divine en sa puissance déterminante universelle, Hegel fait référence au thème aristotélicien (*Métaphysique* A, 2) de la dignité suprême de la science philosophique, à travers laquelle le philosophe s'oublie dans la contemplation même du divin.

3) *La Logique comme métaphysique (§ 24)*

a) L'identification pensante du sujet et de l'objet constitue le contenu de la Logique en « pensée objective », même lorsqu'il s'agit de la pensée se donnant d'abord comme purement subjective, comme détermination de la démarche cognitive ou de la méthode : par exemple comme concept, jugement, syllogisme.

Le concept désigne un contenu qui détermine aussi bien l'objet que le sujet, l'être connu que la connaissance de l'être. Comme structure générale de l'être, dont l'auto-détermination la plus prochaine est constituée par le

jugement (différence de l'identité conceptuelle : «Urteil», partition originaire), puis par le syllogisme (identification, médiate, de cette différence), le concept est même l'expression la plus vraie de l'être, plus vraie que les structures générales d'aspect objectif, celles de l'être (qualité, quantité...) et de l'essence (fondement, phénomène, causalité...).

Le développement de la Logique, en ses deux niveaux fondamentaux : la logique objective (être et essence) et la logique subjective (concept), articule dialectiquement toute la «pensée objective», à travers laquelle peut être saisi le sens de l'absolu. La Logique spéculative conjoint donc en elle le contenu traditionnel de la Logique (formelle) et celui de la métaphysique (réelle) : *chacune* de ses déterminations est conçue dans son *double* sens, logique et métaphysique. La Logique en sa vérité est la métaphysique en sa vérité (cf. Addition § 24, p. 474).

b) L'expression de «pensée objective», à titre de désignation du contenu de la Logique, présente, aux yeux de Hegel, l'inconvénient de réunir deux termes dont le contenu est alors, pour chacun d'eux, présupposé comme existant par lui-même, sans et contre son Autre ; ainsi, par «pensée» on entend généralement l'esprit en sa seule subjectivité conscientielle (la «conscience» est le sujet s'opposant l'objet) –, et par «objectif», on entend l'être en sa seule objectivité, c'est-à-dire l'être naturel ou matériel. En vérité, l'unité est originaire, et non pas seulement consécutive à une synthèse : la différence présupposée par celle-ci est bien plutôt le produit d'une différenciation de soi de l'identité, laquelle se pose alors comme telle par opposition à l'Autre qu'elle s'est opposée (l'absolu se pose comme sujet en se posant comme opposition de lui-même en tant que sujet à lui-même en tant qu'objet...).

Mais, en désignant son contenu comme «pensée objective», la Science de la logique indique la différence interne qui l'anime et qu'il *est,* et en laquelle il possède la

raison immanente de son développement, au plus loin de
tout formalisme excluant la Logique de la connaissance
vivante de l'absolu.

C) La problématique de la vérité et les diverses positions de la pensée relativement à l'objectivité (§ 25)

1) *Problèmes de l'entendement et solution rationnelle*

a) En désignant ainsi le contenu de la Logique par
l'expression rapportant l'un à l'autre les *opposés* – préjugés tels – de la pensée et de la réalité, le philosophe
spéculatif définit sa propre position face à la vérité –
celle-ci, en tant qu'affirmation des deux termes, est
l'objet, et non pas seulement le but de la philosophie –
comme la *solution* de la *problématique* selon laquelle
s'est constituée la pensée moderne. Une telle présentation
historique de la spéculation en son principe logique anticipe ce qui doit être son ultime contenu : à savoir l'être-
devenu de la philosophie vraie concluant, enchaînant, en
son contenu concret, les déterminations abstraites de la
vérité, dont l'absolutisation définit les philosophies pré-
spéculatives en leur existence exclusive.

b) Ces philosophies n'ont pensé comme problématique
la pensée objective, n'ont mis en question la vérité,
qu'autant qu'elles ont fixé la pensée à elle-même comme
l'Autre de la réalité, c'est-à-dire qu'autant qu'elles l'ont
appréhendée à travers le discernement, la distinction, la
différenciation, l'exclusivisme (le « ou bien-ou bien »)
caractéristique de l'*entendement*. Cette limitation de la
pensée, cette finitude de ses déterminations, revêt deux
sens :

– un sens *formel* : la pensée saisie comme subjective
face à l'être identifié à l'objectif (c'est sa finitude selon
Kant)

– un sens *matériel* : les pensées sont des significations
diverses les unes par rapport aux autres, en raison de leur

contenu borné, partiel, abstrait ; cette finitude « matérielle » les rend les unes et les autres inadéquates au sens concret, total, absolu (c'est la finitude reconnue par la métaphysique traditionnelle, quand il s'agit, par exemple de comprendre Dieu, et c'est essentiellement celle que veut surmonter la raison spéculative).

2) *L'introduction phénoménologique*

a) L'évocation des positions pré-spéculatives de la pensée, quant au rapport de celle-ci à l'objectivité, peut être considérée comme une introduction à l'exposition de la position rationnelle, c'est-à-dire à la Science de la logique. Aussi Hegel compare-t-il cette introduction avec l'introduction au Système présentée comme telle avant la publication de ce dernier, à savoir avec la *Phénoménologie de l'esprit*.

b) Cette comparaison dévalorise la portée introductive de l'ouvrage de 1807. Le point de vue du savoir absolu exige, en effet, un double dépassement. D'une part, le dépassement de la *simple forme* de la *conscience,* opposition du sujet et de l'objet, de la connaissance et de l'être ; d'autre part, le dépassement *de tout le contenu culturel* historique, d'abord éthico-politique, mais aussi religieux, qui se dit philosophiquement, enfin, dans la spéculation hégélienne. Chacun de ces deux dépassements – formel et « matériel » – de la conscience non spéculative est exposé dans deux moments distincts du processus encyclopédique (philosophie de l'esprit subjectif – philosophie de l'esprit objectif et absolu).

c) Or, la *Phénoménologie de l'esprit* entrecroise en un seul moment – et c'est ce qui constitue sa géniale originalité – les deux mouvements développés successivement, distinctement, dans l'*Encyclopédie*. Cet entrecroisement peut apparaître comme doublement négatif. D'une part, le mouvement de la conscience comme telle, c'est-à-dire le processus le plus abstrait et le moins vrai, est celui

dont la dialectique (les vicissitudes du rapport sujet-objet) commande l'ensemble du développement, y compris en sa concréité supra-conscientielle, proprement spirituelle, plus vraie – ce qui est scientifiquement une première anomalie. D'autre part, il est directement mobilisable par le phénoménologue, alors que la dialectique éthico-religieuse de l'esprit ne peut qu'être utilisée par lui comme un « en-soi » présupposé non dévoilable à la conscience et qui, donc, agit « derrière son dos », – cette distinction entre l'objet et le sujet de la science phéno-ménologique est scientifiquement une seconde limite d'une telle introduction « scientifique » au système de la science. L'entrecroisement des deux dialectiques qui constitue le processus phénoménologique complexifie ainsi une introduction qui, plus compliquée scientifi-quement que ce qu'elle doit introduire, ne mérite guère le nom d'introduction. D'où la difficulté imposée au lecteur, qui ne peut saisir l'ouvrage de 1807 comme une intro-duction que s'il maîtrise déjà parfaitement la vérité du Système (cf. ci-dessus, *Présentation*, pp. 14-17, et note 24). C'est le Système qui constitue la véritable introduction à la *Phénoménologie de l'esprit* !

3) *Le Vorbegriff comme introduction*

a) La substitution, à la *Phénoménologie de l'esprit*, comme introduction, dans le *Vorbegriff,* d'une revue très libre de l'histoire de la pensée moderne, ne signifie pourtant pas que cette nouvelle introduction soit nette-ment plus satisfaisante. Bien au contraire ! Ce qui est substitué à la rationalité insuffisamment linéaire de l'examen des formes de la conscience commune, c'est l'excessive linéarité infra-rationnelle de l'entendement où se coule la raison spéculative pour présenter et critiquer les formes de la conscience philosophante : l'histoire de la philosophie est examinée par une raison qui se fait entendement pour combattre l'entendement et qui, en cette extériorisation d'elle-même, se déploie en sa critique

sur le monde de l'extériorisation à soi de la pensée, celui d'une récitation, d'un « récit » (*Historie* : l'histoire comme récit) critique de doctrines caractéristiques de la modernité (cf. ci-dessus, *Présentation*, pp. 20-23, et note 25, pp. 203-204).

b) Le but d'une introduction manifestement si peu rationnelle à la rationalité spéculative est simplement de dégager rapidement et simplement, avantage de cette nouvelle introduction au Système – le noyau logique des questions, de la question – celle de la vérité – dont traitent les philosophies pré-spéculatives ; cela, pour préparer négativement le lecteur – interpellé en son entendement – à l'exposition de la Logique comme science rationnelle des déterminations-de-pensée qui constituent le fond signifiant de toutes les positions susceptibles d'être adoptées à l'égard de la vérité. Bien loin de vouloir comme le fera le Système à son terme, concrétiser la logique des concepts en la nécessité rationnelle de l'histoire universelle de la philosophie, le *Vorbegriff* se propose simplement d'abstraire de certaines philosophies modernes, moyennant la mise en œuvre purement intellectuelle de la raison spéculative, les concepts logiques à travers desquels celle-ci réglera le compte de celles-là dans la Science de la logique.

c) Hegel distingue *trois* grandes positions pré-spéculatives de la pensée face à l'objectivité, qui correspondent à trois grandes périodes de l'esprit (éthico-politique) moderne :

– la position de l'ancienne *métaphysique dogmatique* équivalent philosophique de la vie éthico-politique substantielle de l'ancienne monarchie

– la position *empirico-critique,* de tendance sceptique, consécration philosophique du subjectivisme libéral de l'entendement cher aux Lumières et à la période révolutionnaire

– la position de la subjectivité restaurant en elle, contre l'entendement contemporain, la vie substantielle antérieure, – cette doctrine du *savoir intuitif, immédiat,* correspond à l'esprit de la restauration monarchique, d'une restauration méconnaissant la nécessité, pour l'établissement d'une substantialité moderne, de l'exercice de l'entendement « constituant » (« constitutionnel » !).

II
LA PREMIÈRE POSITION DE LA PENSÉE RELATIVEMENT À L'OBJECTIVITÉ : LA MÉTAPHYSIQUE DOGMATIQUE TRADITIONNELLE : §§ 26-36

Cette métaphysique, récapitulée – avant le kantisme – dans le système wolfien, est étudiée par Hegel d'abord dans sa démarche, sa méthode générale, puis dans ses objets particuliers.

A) La méthode générale de l'ancienne métaphysique (§§ 26-32)

1) *Elle traduit le site de cette métaphysique*

a) L'ancienne métaphysique – et cela signifie, pour Hegel, que les différences à l'intérieur de la philosophie peuvent être plus considérables que celles qui séparent celle-ci d'autres formes de la conscience – prolonge en quelque sorte la conscience commune ou empirico-scientifique. Elle est, en effet, aussi *naïve,* eu égard à la réalisation de l'intention de vérité constitutive de la conscience : dans celle-ci, le sujet veut s'identifier, en une activité s'éprouvant comme telle dans la réflexion, à l'objet qu'elle présuppose comme différent d'elle. Cette visée, par la conscience, de l'objet comme étant identique

à elle en sa différence d'avec elle, est la *manifestation* du mouvement par lequel l'esprit, qui est en son principe Idée, sens, pensée, *s'oppose* à lui-même comme *son* Autre, sous la forme de la nature. Mais en l'immédiateté de cette manifestation, la conscience est ce mouvement, elle ne l'a pas. En conséquence, elle s'identifie à la *fin* par laquelle il s'identifie à lui-même, sans se différencier – en l'objectivant, en s'en donnant la conscience – de ce par quoi il se différencie de lui-même, c'est-à-dire de la médiation ou du moyen par lequel il se fait obstacle à lui-même (aller à l'identité par la différence) et s'actualise comme problématique. « Encore sans la conscience de l'opposition de la pensée en et contre elle-même », la pensée naïve, y compris en son élévation métaphysique, *croit* en sa capacité d'atteindre la vérité de son objet.

b) Une telle pensée, qui ignore « l'opposition qu'elle comporte », peut affirmer l'identité non médiatisée, à laquelle elle croit naïvement, d'elle-même et de l'être, soit en s'identifiant immédiatement à l'être, soit en identifiant immédiatement l'être à elle-même. Puisque la pensée se vit, en son mode d'exister, comme activité, médiation, devenir, finitude, elle peut, ou bien se nier dans l'intuition immédiate de l'être comme plénitude de l'identité à soi ou totalité, ou bien nier en fait cet être dans ses médiations finies.

La *première* voie est celle d'une philosophie qui s'installe dans le tout et, par là, est *en soi* spéculative, mais dans la négation intuitive de la réflexion ou de l'entendement. En son contenu, en sa « teneur essentielle », une telle pensée est « une authentique démarche philosophique *spéculative* », si, dans sa forme, elle sacrifie la médiation réflexive requise par la spéculation vraie : Hegel songe ici à des pensées comme celle de Jacob Böhme, dont il célèbre, dans la deuxième Préface de l'*Encyclopédie*, le génie spéculatif « barbare » (cf. pp. 135 sq.).

La *seconde* voie est celle de la métaphysique traditionnelle, qui croit saisir l'être, en sa totalité, en son être concret ou rationnel, par la réflexion finie de l'entendement. Cette métaphysique, qui met en forme la « simple vision d'entendement des objets de la raison » (§ 27), est la métaphysique du sens commun, bien éloignée ainsi de la philosophie proprement spéculative, dont l'élaboration suppose une véritable révolution de l'esprit : une définition générale, formelle, de la philosophie ne doit pas effacer la différence entre les philosophies de l'entendement, qui s'expliquent, au fond, essentiellement par le développement de l'esprit objectif, et la philosophie rationnelle, qui, seule, réalise l'esprit absolu.

c) L'anticipation « barbare » de la raison spéculative affirmant déjà le point de vue vrai de la pensée face à l'objectivité, même si ce point de vue n'est pas développé en son contenu adéquat, la philosophie naïve n'illustre un point de vue *propre* de cette pensée qu'en sa version d'entendement, c'est-à-dire en sa réalisation dans la forme de la métaphysique traditionnelle. C'est donc d'elle uniquement que Hegel va traiter ici.

La spéculation barbare d'un Böhme est la position immédiate du point de vue vrai en philosophie, et par conséquent constitue un point de vue plus vrai – en sa forme de point de vue – que celui qu'induit sa médiatisation intellectuelle par la métaphysique traditionnelle (qui finitise l'infini).

De même, en son immédiateté, cette médiatisation ou intellectualisation constitue-t-elle un point de vue encore plus élevé que celui qu'institue l'entendement critique s'appliquant à lui-même et posant, affirmant, fixant, absolutisant, alors sa finitude et, de ce fait, renonçant à la vérité (§ 28). Cependant, l'inconscience où est l'entendement métaphysicien de sa propre finitude lui interdit de réaliser son vœu d'atteindre la vérité, c'est-à-dire l'intention de son point de vue. Hegel examine cette démarche

par laquelle l'entendement absolutisé dans la métaphysique traditionnelle finitise l'infini.

2) *La démarche de l'entendement métaphysicien (§§ 28-29)*

a) L'entendement est (cf. § 80) cette puissance du négatif (cf. Préface de la *Phénoménologie de l'esprit)* qui divise l'absolu fondamentalement un, qui différencie, au sein de l'identité concrète, abstrait en elle, des aspects qu'il fixe, fait être, en les identifiant à eux-mêmes, en les universalisant, à travers les concepts exprimés dans des mots. C'est pourquoi il rapporte des déterminations différenciées, exclusives, finies, à l'être lui-même, il les attribue à l'être comme des prédicats à un sujet, il *juge.*

b) En tant qu'il s'élève à la métaphysique, c'est à dire veut juger l'être absolu, l'entendement *absolutise,* en leur contenu, ces déterminations finies, et, en sa forme, l'opération même du jugement. Or, l'opposition, d'une part, entre l'être absolu ou infini et les contenus finis de l'entendement, et, d'autre part, entre l'identité à soi de celui-ci et la différence posée par lui (« Ur-teil »), aurait dû l'amener à mettre en question la vérité même de son contenu et de sa démarche (§ 28). Hegel souligne l'inaptitude de la forme du jugement à exprimer la vérité : le jugement lie l'être (le sujet) et la connaissance (le prédicat) par la copule *est,* expression même d'une *immédiateté* qui interdit la saisie de la différence (le prédicat) comme procédant de l'identité (le sujet), c'est-à-dire comme médiatisée par l'auto-différenciation de celle-ci. Déjà la Préface de la *Phénoménologie de l'esprit,* avant la *Science de la logique* de 1812-1816, avait développé ce thème de l'insuffisance de la forme propositionnelle pour l'expression du vrai.

c) Une telle contradiction entre l'objet – l'être, en son identité à soi niant toute différence ou détermination – et la méthode différenciante caractéristique de l'entende-

ment métaphysique, ne peut pas échapper à celui-ci. Il tente alors de surmonter cette contradiction entre l'infini et le fini, selon le mode fini de sa démarche, par la répétition indéfinie du fini, c'est-à-dire le recours à la mauvaise infinité : ainsi, les Orientaux veulent exprimer l'infinité de Dieu par la multiplication indéfinie des noms qui lui sont attribués (§ 29). Cette juxtaposition des attributs nie tout lien interne direct entre eux : alors, ils sont posés comme ne faisant qu'un parce qu'ils sont attribués à un sujet un, mais l'opposition ainsi fixée entre l'être (un) et la connaissance (multiple) contredit la supposition même de la métaphysique traditionnelle.

3) *Méthode de l'entendement et objet rationnel (§§ 30-32)*

La contradiction de la méthode de l'entendement métaphysicien est aiguisée et précisée à travers la contradiction qui l'oppose à ses objets comme objets proprement *rationnels*.

a) Ces objets – l'âme, le monde et Dieu – sont des *totalités* non pas posées (composées) par la métaphysique d'*entendement,* mais présupposées par elle, reçues immédiatement de la culture en ses représentations préphilosophiques. Les prédicats de l'entendement sont ainsi rapportés au contenu représentatif, de ce fait promu, en l'immédiateté de son accueil, en mesure de référence de la pertinence ou non-pertinence du jugement philosophique. L'immédiateté de l'objet rationnel de la métaphysique juge les jugements par lesquels l'entendement médiatise sa connaissance. Le sens commun est la vérité de la métaphysique : il finira par se saisir comme tel et se libérera de celle-ci dans la philosophie empirio-criticiste.

b) La contradiction entre l'objet rationnel et la méthode intellectuelle de la métaphysique ancienne aboutit à la dévalorisation de ce qui constitue la spécificité de celle-ci, c'est-à-dire de sa méthode.

– La représentation immédiate de l'objet rationnel introduit en lui une détermination variable, arbitraire, qui annule l'effort de rigueur de l'entendement métaphysicien (§ 31).

– La non-identité à soi du contenu rationnel irrationnellement accueilli le disqualifie comme *être* et renvoie donc sa détermination comme être à la prédication de l'entendement. C'est seulement le prédicat qui dit ce qu'est le sujet (§ 31). Telle est, d'ailleurs, la raison pour laquelle, dans la Science de la logique, le sujet du processus – l'absolu – ne sera posé, comme être, qu'au terme du développement de ses prédicats, développement excédant par là même la forme du jugement ; Hegel avait exposé ce thème méthodologique capital dans la Préface de la *Phénoménologie de l'esprit*.

– Mais le jugement métaphysicien, parce qu'il attribue, à chaque fois, une détermination finie à l'être rationnel lui-même seulement déterminé – relativement au prédicat – comme non déterminé, offre cette négation du prédicat par le sujet comme position de prédicats opposés. Ce nécessaire *dogmatisme* de la métaphysique d'entendement – la position d'une détermination finie comme vraie est la négation, comme fausse, de son opposée tout aussi possible qu'elle et, en son sens, précisément appelée, comme son Autre, par la première (§ 32) – s'actualise comme l'opposition *des* métaphysiques, en laquelle se nie alors une telle entreprise métaphysique.

B) Le contenu particulier de l'ancienne métaphysique : §§ 33-36

Hegel examine celle-ci selon ses deux niveaux traditionnels :

– la métaphysique générale : l'ontologie

– la métaphysique spéciale, en la triplicité de la psychologie rationnelle, de la cosmologie et de la théologie naturelle

1) *L'ontologie (§ 33)*

Elle est « la théorie des *déterminations abstraites* de l'*essence* ».

a) Théorie de l'*essence,* c'est-à-dire de ce qui fait de tout *être* – et d'abord de l'être immédiat, sensible (étudié dans la Logique de l'être) – *un* être, l'identité à soi d'une différence, – ou encore de la raison d'être (dont la Logique de l'essence développe les déterminations plus concrètes). Comme c'est l'essence qui fonde l'être et porte ainsi aussi les déterminations propres de celui-ci (être, devenir, être-là...) en les arrachant au néant où leur contradiction interne les ferait tomber, les déterminations générales de l'être peuvent être lues dans l'essence par une métaphysique qui ne les pas encore distinguées spéculativement. De même, celle-ci lit-elle aussi, dans l'essence, des déterminations que la Logique spéculative assignera au seul concept (exemple de la finalité). C'est que la métaphysique ancienne saisit *essentiellement* tout (le supra-essentiel, c'est-à-dire le rationnel, aussi bien que l'infra-essentiel, c'est-à-dire l'être immédiat), à savoir comme identification encore immédiate de la différence : une telle identification immédiate est toujours présente, en tant qu'identification, dans la sphère du concept, et déjà présente, en tant qu'immédiate, dans la sphère de l'être. La métaphysique traditionnelle saisit essentielle-ment, par l'entendement, même le concept de la raison, alors que la philosophie spéculative saisira rationnelle-ment, déjà l'être, mais aussi les déterminations essentielles de l'entendement.

b) L'entendement métaphysique pose les *détermina-tions abstraites* de l'essence. Il appréhende, en effet, les déterminations universelles – au sens large : essentielles –

de l'être abstraitement, selon leur différence immédiate, en leur diversité présupposée, donc de manière empirique et contingente. La raison de la position d'une détermination, comme telle ainsi contingente, de l'être, est alors extérieure à la pensée philosophante, et renvoie donc à la représentation concrète supposée par l'exercice abstrait de l'entendement. La contingence même du contenu représentatif fait ainsi reposer l'affirmation du contenu métaphysique sur la facticité – seulement *assurée* – de la simple opinion subjective, et la vérité de cette affirmation sur la conformité *extérieure* des deux contenus, c'est-à-dire sur l'*exactitude* (cf. Addition § 24, 2, pp. 478-479). Il n'y a donc pas ici de genèse nécessaire de la vérité interne d'une détermination métaphysique de l'être comme auto-détermination du sens universel de celui-ci.

La pensée commune – et donc aussi son prolongement métaphysique –, qui absolutisent le jugement prédicatif comme lecture de l'être et saisissent alors la vérité comme l'accord extérieur de la connaissance (prédicat de l'entendement) et de l'être (sujet visé avant la prédication, offert par la représentation), comprennent mal l'idée de la vérité comme adéquation interne de la connaissance ou du concept, c'est à dire comme identité effective de la différence que tout son sens comporte.

2) *La psychologie rationnelle (§ 34)*

Etude de l'âme, c'est-à-dire de l'esprit saisi comme simple essence, différence qui *est* identité – non encore identité qui se différencie elle-même –, bref : l'esprit comme substance ou chose, non encore comme sujet.

C'est même, non seulement la simple choséité (essentielle) qui est visée dans l'âme, mais la choséité immédiate, prise dans les déterminations de l'être (qualité, quantité...) – cf. Addition § 34, p. 488).

3) La cosmologie (§ 35)

Hegel évoque ici le contenu courant de la cosmologie sans s'attarder. Dans l'Addition du § (pp. 489-490), il insiste sur la nécessité de surmonter le « ou bien-ou bien » dans la détermination du monde comme soumis à la nécessité ou à la liberté, au mal ou au bien, etc., c'est-à-dire de dépasser l'exclusivité où se meut encore la critique kantienne de l'antinomie de la raison pure.

4) La théologie naturelle ou rationnelle (§ 36)

a) Elle attribue à Dieu – l'infini de la représentation – le prédicat de la réalité suprême, exempte de toute négation. Mais la suppression de la négation en Dieu est celle de la détermination, de telle sorte qu'il ne peut être pensé que comme « l'abstraction vide de l'*essence* indéterminée » (§ 36, Rem. – *cf.* Addition, pp. 491-492 : « la lumière pure est l'obscurité pure »).

b) De cet être – essence – vide, la théologie naturelle (pseudo-rationnelle) veut prouver l'être – l'existence. Mais la preuve mise en oeuvre est absurde.

Comme preuve de l'entendement, c'est-à-dire *déduction* procédant par *identification* abstraite de ce qui est à fonder et de ce qui sert de fondement, elle médiatise l'être de l'infini par l'être du fini ; mais, l'infini étant la négation du fini, son être est le *non-être* du fini, d'où la difficulté de la mise en œuvre d'une telle preuve.

L'entendement métaphysicien est ainsi amené à nier l'essence infinie de Dieu pour affirmer son existence en la fondant sur la finitude du monde, soit en posant l'immanence substantielle de Dieu au monde (panthéisme), soit en opposant à Dieu comme simple cause un monde subsistant face à lui en son être objectif (dualisme).

Dans l'Addition au § – et, plus bas, au § 50, comme généralement dans l'examen des preuves de l'existence de Dieu –, Hegel oppose à cette preuve d'entendement la preuve véritablement rationnelle. Celle-ci, en sa dialec-

tique opposée à l'identification déductive, établit l'être de l'infini sur le non-être manifesté du fini, et médiatise celui-là par ce qui est alors montré comme posé par lui, ainsi révélé comme véritable immédiat.

c) Le maintien, par la théologie naturelle, d'un être du monde fini, posé par Dieu, définit et détermine indirectement celui-ci par son *rapport positif* au monde déterminé, c'est-à-dire lui fait attribuer des *propriétés* : par exemple, la puissance du créateur qui, donnant l'être au monde, est un Dieu *bon,* mais, faisant être ce qui est un non-être, le dissout dans sa *justice.* l'unité de la bonté et de la justice consistant dans la *sagesse* par laquelle Dieu mesure ce mixte d'être et de non-être qu'est le monde. De telles propriétés, en tant que déterminations de l'essence infinie, en elle-même indéterminée, de Dieu, constituent une contradiction ; l'entendement essaie de la lever en recourant à la conciliation extérieure, quantitative, de l'infini et du fini, conformément à sa nature de pouvoir de l'identification formelle : bonté, justice, sagesse divine sont les propriétés finies élevées indéfiniment à l'infini, c'est-à-dire prises en leur sens « éminent ». Solution purement nominale de la contradiction réelle recelée par la pensée intellectuelle de la raison absolue.

III

DEUXIÈME POSITION DE LA PENSÉE RELATIVEMENT À L'OBJECTIVITÉ : L'EMPIRIO-CRITICISME : §§ 37-60

Hegel rapproche la philosophie empiriste et la philosophie critique, dans un même mouvement de négation de la métaphysique dogmatique. Dans l'introduction de *Foi et savoir*, en 1802, déjà, il soulignait la continuité entre l'empirisme de l'*Aufklärung* et cet accomplissement de l'entendement commun qu'est la fixation et absolutisation idéaliste – kantienne et fichtéenne – de la connais-

sance finie (cf. *Foi et savoir,* éd. Lasson, 1962, pp. 6 et suiv. ; trad. A. Philonenko et C. Lecouteux, pp. 97 et suiv.).

A) L'empirisme : §§ 37-39

1) *Raison d'être de l'empirisme comme négation de l'entendement métaphysique (§ 37)*

a) L'empirisme répond à un *besoin* de la pensée à un certain stade de son développement, marqué par la différenciation croissante entre la philosophie et les sciences empiriques, c'est-à-dire, plus précisément, par la tension entre :

– la difficulté qu'a la première à particulariser, concrétiser, sensibiliser le contenu universel (lui-même de plus en plus fragilisé en ses antinomies) dans lequel elle s'est installée par son élévation inaugurale au-dessus du sensible,

– et l'exigence d'affirmer pleinement en l'universalisant scientifiquement en lui-même le contenu particulier solidement offert par l'expérience (cf. *Enc.,* Introduction, § 12, pp. 176-179).

b) Le besoin de *concrétiser* en son contenu et d'*assurer* en son statut la pensée de l'objet a conduit à l'empirisme.

L'entendement métaphysique, qui différencie l'identité qu'il pose formellement et la différence qu'il présuppose empiriquement, ne peut, de lui-même, progresser de ses généralités jusqu'à la particularisation et détermination ; il faudrait, pour cela, qu'il pose l'empirie, mais ce serait contraire à l'activité même qui le définit.

L'identification formelle qu'il opère, en sa preuve, des déterminations finies, reposant sur l'abstraction, arbitraire, d'une détermination initiale au sein de la totalité concrète immédiatement offerte par la représentation, se présente elle-même comme entièrement libre : tout peut être prouvé « dans le champ et suivant la méthode des déter-

minations finies ». Le « point d'appui ferme » de la preuve de l'entendement ne peut être que la totalité, comme telle non arbitraire car unique, de la représentation immédiate ou de l'expérience, dont la reconnaissance signifierait la négation même de l'entendement métaphysique absolutisant les déterminations finies, abstraites. Le vœu d'une pensée objective requiert alors l'enracinement anti-métaphysique de l'entendement dans l'immédiateté empirique, un changement d'élément de la pensée philosophante.

2) *Sens de la négation empiriste de l'entendement métaphysique (§ 38)*

a) L'empirisme ne nie pas *absolument* la métaphysique d'entendement, car l'un et l'autre reposent sur l'expérience intellectualisée :

— l'entendement métaphysique présuppose l'expérience et la vie, comme ce qui confirme son exercice supra-empirique

— l'empirisme systématise la position de l'entendement (de déterminations universelles, de lois...) par la conscience percevante et sensible.

b) Mais ces deux modes de réunion du sensible et de l'intellectuel révèlent leur opposition interne, leur sens inverse.

L'entendement métaphysique demande à la perception sensible de seulement confirmer formellement un contenu élaboré par lui et qui, seul, l'intéresse en tant que tel.

L'empirisme n'intellectualise que de façon formelle un contenu qui n'a d'intérêt pour lui que comme sensible ou senti, l'expérience seule fournit le contenu de la pensée objective ou vraie, qu'il s'agisse de l'expérience externe, objective, ou de l'expérience interne, subjective :

— la pensée objective est la pensée de l'*objet éprouvé,* perçu, dans l'immédiateté (sensible) : Hegel a lui-même toujours souligné que même le savoir spéculatif – savoir

de ce qui est, non de la simple idéalité du devoir-être (Fichte) – requiert le moment du perçu (« Tout doit nécessairement nous parvenir de manière extérieure », *Vorlesungen über die Philosophie der Religion* (*Cours sur la philosophie de la religion*), éd. Lasson, II, 2, p. 19)

– la pensée objective est la *pensée éprouvée* de l'objet la *certitude* est un moment essentiel de la vérité (« l'homme doit *lui-même* voir ce qu'il doit admettre dans son savoir, s'y savoir *lui-même présent* »), et l'empirisme a raison d'affirmer ainsi le principe de la *liberté,* réalisé en ce que l'homme est *chez lui,* en son « lui-même » aussi le plus immédiat, le plus objectif, dans ce qu'il peut dès lors reconnaître comme objet.

c) Le tort de l'empirisme est alors de réduire le vrai au contenu de la certitude sensible, ce qu'il fait dans la réalisation pleinement conséquente de son principe, comme empirisme *matérialiste* (cf. Addition § 38, p. 496, et § 60, Rem..) : il dissout ainsi le non-sensible, l'intelligible, en la simple mise en forme intellectuelle du seul existant, la nature sensible. Dans l'Addition au §, Hegel fait observer que l'affirmation d'une unité – *la* matière – du sensible fondamentalement multiple est une affirmation méta-physique, que le contenu même de l'affirmation empiriste (seul existe le divers donné) n'autorise aucunement. Ici, il généralise sa critique en remarquant que la négation empiriste de la métaphysique est elle-même remplie de métaphysique : elle utilise bien des concepts (matière, force, unité...) et des procédés (raisonnement syllogistique...) qui excèdent ce que peut offrir l'expérience interne ou externe ; cette utilisation est, d'ailleurs, inconsciente et viole par là également le principe empiriste selon lequel on ne peut affirmer que ce dont on est conscient dans une certitude immédiate.

3) *Le statut assigné par l'empirisme à l'intellectuel intra-empirique (§ 39)*

En son développement historique, et pour rendre compte du développement même de l'expérience (de son intellectualisation donnée), l'empirisme a dû modérer sou renier son principe : l'être est l'être *donné*. En effet, conséquemment réalisé, ce principe amène à privilégier l'expérience externe (le donné y est, en son altérité par rapport au sujet, absolument donné à celui-ci) relativement à l'expérience interne (où ce qui est reçu est identique à sa réception, c'est-à-dire à la subjectivité active) ; mais la présence, dans le contenu de l'expérience élaborée, de déterminations apparemment non sensibles – proposant une unité (universalité, nécessité...) –, fait affirmer, comme leur origine, la *subjectivité* empirique, différente de soi, contingente, celle de l'habitude par exemple. Kant évoque ici l'entreprise de Hume et la célèbre analyse, par celui-ci, de la conscience de la causalité.

Cependant, une telle dissolution subjective de l'objectivité est l'affirmation d'une subjectivité sans objectivité, d'une liberté sans nécessité ; ce qui implique la destruction du monde juridicopolitique et éthico-religieux, lequel est, pour Hegel, le monde primordial et vrai de l'homme, l'objectivité concrète véritable. Alors, l'empirisme est la dissolution conjointe de la rationalité et de la réalité effective, le triomphe du phénoménisme, caractéristique du scepticisme moderne.

A celui-ci – illustré à l'époque récente par Schulze (*Aenésideme*, 1772 – *Critique de la philosophie théorique*, 1801) – Hegel, évoquant son article de 1802 (*Rapport du scepticisme à la philosophie : exposé de ses diverses modifications. et comparaison du tout récent scepticisme avec le scepticisme ancien*), oppose le scepticisme antique, qui mettait en doute le singulier, le sensible, méritant alors son nom de « phénomène », au

lieu de faire reposer sur celui-ci tout l'édifice de la connaissance (cf. article cité, trad. Fauquet, Paris, Vrin, 1972, pp. 62 et s.). Or, dans cet article de 1802, Hegel rattachait Kant au courant du scepticisme moderne, de même que, maintenant aussi, il le présente comme le continuateur de Hume dans le mouvement de la subjectivisation de l'objectivité.

B) La philosophie critique : §§ 40-60

Hegel commence par situer l'apport de Kant dans le développement moderne de la question de la possibilité de la vérité, d'une pensée objective : §§ 40-41.

a) L'apport *positif* de Kant (§ 40)

A l'égal de Hume, Kant pose l'expérience :

– comme le seul lieu de la connaissance *véritable,* qui n'est cependant telle qu'en tant qu'elle ne sait que des phénomènes (la connaissance véritable est la connaissance de ce qui n'est pas le vrai),

– comme la réunion *factuelle* de données sensibles, singulières (perceptions) et de relations universelles, à prétention nécessaire, dans l'unification qu'elles opèrent de ces données.

Mais Kant *explique* ce fait autrement que Hume. Les relations unifiantes de l'expérience sont originairement non sensibles, intellectuelles, et expriment la spontanéité, l'activité, la non-réceptivité, bref l'*apriorité* de la pensée. Originaire, l'unité – universalité, nécessité – de l'expérience nie l'identité, en celle-ci, de la subjectivité et de la particularité, et constitue ainsi l'objectivité dans la vie de la subjectivité. La connaissance véritable est connaissance de ce qu il y a de vrai dans les phénomènes.

b) La *négativité* de l'apport kantien (§ 41)

– Kant critique l'objectivité ou vérité des facteurs objectivants de l'expérience : l'objectivité de la connaissance phénoménale est purement phénoménale, donc ellemême subjective à un deuxième niveau, celui où il est question de l'objet, de l'être, de la chose *en soi*. Les déterminations de l'entendement, phénoménalement objectivantes, sont sans objectivité réelle, sans vérité absolue.

– Mais cette non-vérité de l'entendement – que la philosophie spéculative affirmera elle aussi – est établie par Kant de manière formelle, c'est-à-dire à travers l'opposition, rétablie au niveau réel après avoir été surmontée au niveau phénoménal de la subjectivité et de l'objectivité, de la pensée et de l'être. Or, cette opposition, étant caractéristique de l'entendement diviseur, la limitation ou négation de l'entendement opérée par Kant est l'autonégation, c'est-à-dire encore l'affirmation, alors ultime, de cet entendement, donc, bien plutôt, son absolutisation. Le criticisme absolutise la différence entre la pensée et l'objectivité, et, en cela, accomplit le scepticisme ou le sens dialectique de l'être ; mais il est vrai que le spéculatif ne peut se poser qu'à l'achèvement du dialectique !

c) Hegel va alors procéder à l'examen *systématique* de l'affirmation kantienne de l'objectivité – non objective – de la pensée en tant qu'elle veut saisir l'objet en soi, c'est-à-dire qu'elle se fait raison. Mais cette systématisation, telle qu'elle se déploie dans une « introduction » à l'examen proprement scientifique des catégories logiques, ne peut présenter l'articulation rationnelle de celles d'entre ces catégories qui sont à la base du kantisme. Elle est seulement l'esquisse de la récitation, « historique », du développement manifeste de la référence kantienne, laquelle, en son subjectivisme maintenu, distingue « psychologiquement » – selon les usages factuels de la raison – les moments de la pensée de l'être.

1) *L'examen kantien du pouvoir théorique de la pensée*
   (§§ 42-52)

C'est la partie la plus longue du développement consacré à Kant, comme il est normal, puisque c'est dans son usage théorique que la raison prétend proprement à la connaissance de l'être.

Or, à l'intérieur de l'examen de la philosophie théorique de Kant, l'intérêt de Hegel se porte essentiellement sur la Dialectique transcendantale. D'une part, celle-ci est bien, pour Kant lui-même, le moment capital de la *Critique de la raison pure* à laquelle elle fournit son titre. D'autre part, pour Hegel, c'est dans la Dialectique transcendantale que Kant confronte les déterminations de l'entendement à l'inconditionné ou à l'absolu, c'est-à-dire les examine dans une perspective rationnelle et, par là, anticipe – à travers la négativité de sa solution – l'entreprise spéculative qui aboutira à la justification absolue de l'affirmation de la vérité (cf. § 46, Rem.).

a) L'examen du premier côté de la philosophie théorique
   de Kant : l'objectivité subjective de la connaissance
   phénoménale (§§ 44-45)

1. Les concepts objectivants – les catégories – de l'entendement ont pour *fondement* l'identité originaire du Moi qui, par elles, identifie en *une* expérience le divers sensible, lequel ne peut lui-même être donné au Moi qu'en étant rapporté par celui-ci à lui-même, c'est-à-dire *identifié* (synthétiquement) à l'*identité* (analytique) constitutive de ce Moi. Le sens de la déduction transcendantale des catégories est ici sobrement, mais nettement, rappelé. Cependant, la présentation du « Je pense » comme *fondement* des catégories indique – puisque le fondement, catégorie de l'essence, c'est-à-dire de l'identité *immédiate* de l'identité et de la différence, n'est pas l'auto-différenciation même de l'identité – que ces catégories sont *trouvées* dans le « Je pense », non posées

par lui-même. Hegel reprend ici le reproche adressé par Fichte (par exemple, dans la *Deuxième introduction à la doctrine de la science,* 1797) à Kant, à sa découverte *empirique* du méta-empirique. La Science de la logique s'emploiera – il est vrai, par la dialectique (négative) et non par la déduction (positive) – à prouver les catégories comme des moments requis par la pensée, même en son sens le plus universel. Hegel ironise à l'encontre d'une Logique de la connaissance qui exige que toute connaissance soit prouvée, en oubliant de se prouver elle-même en son contenu de connaissance la plus universelle qui soit, puisqu'elle se veut la connaissance de la connaissance.

2. Les catégories objectivent l'expérience en informant la matière empirique de celle-ci, qui seule leur donne un contenu, une détermination effective, ce qui limite la connaissance objective à la phénoménalité et lui interdit d'atteindre la chose en soi. Hegel critique alors l'opposition kantienne de la pensée et de la chose en soi. Car celle-ci est, bien plutôt, la pensée absolue, indéterminée, indifférenciée, prise en son abstraite identité à soi, qui se saisit d'abord, comme être, à travers le Moi, le sujet, puis comme objectivation chosiste de ce Moi (cette réalisation du sujet étant pensée catégoriellement comme la substance). Si bien que la chose en soi est ce que l'on sait le mieux, car elle n'est, en son sens, que ce savoir lui-même se réalisant comme le su le plus universel, le plus indéterminé, c'est-à-dire ce qui est dans tout savoir déterminé.

3. La connaissance phénoménale – d'entendement – se connaît elle-même comme phénoménale, comme connaissance de ce qui, conditionné, a son fondement dans autre chose, pour autant qu'en elle – la conscience de la limite supposant celle de son dépassement, cf. § 60, Rem. – la pensée pense l'inconditionné, l'identique à soi d'abord pensé dans la pensée de soi de la pensée (le Moi). L'iden-

tité à soi pensée *dans* les différences phénoménales, c'est-à-dire comme *totalité* de celles-ci, est donc la même objectivation du Moi que la chose en soi, toutefois saisie non plus comme négative, mais comme positive, et telle est l'Idée. Ainsi qu'on le voit, Hegel interprète ici manifestement le kantisme en unifiant les pouvoirs spirituels que Kant superpose, donc juxtapose, lors même qu'il étudie leurs rapports, par leur réduction au « Je pense », c'est-à-dire à la subjectivité abstraite, comme telle incapable de vérité.

Or, la totalité – l'identité immanente – des phénomènes, qui expriment pour eux-mêmes la différence de leur différence et de l'identité du Moi, est leur négation ; et l'affirmation de cette totalité comme vraie – son sens est l'identification de l'identité pensante et de la différence objective – est la négation de la vérité des phénomènes, c'est-à-dire leur position comme phénomènes, bref, la relativisation de la connaissance d'entendement. C'est pourquoi Hegel salue l'importance de la Dialectique transcendantale, première mise en cause rationnelle de la connaissance finie de l'entendement.

4. Il y insiste dans le § 46. La position de soi du Moi comme conscience rationnelle de l'Idée, totalité ou identité déterminée, suscite – puisque toute détermination est d'entendement – l'application des catégories à cette Idée. Mais la détermination propre à l'inconditionné est une détermination elle-même inconditionnée, alors que la catégorie n'a de sens déterminant qu'en tant qu'elle est conditionnée par le divers sensible. La position rationnelle des catégories est donc leur négation même. Celle-ci se manifeste par la contradiction interne de leur prédication, c'est-à-dire par l'antinomie de la raison pure : au tout rationnel peut être attribué aussi bien un contenu catégoriel que le contenu opposé.

Alors, la limitation ou négation des déterminations d'entendement n'est plus simplement formelle, comme

elle l'était dans l'Analytique *transcendantale,* par l'opposition du statut subjectif des catégories à l'objectivité de la chose en soi (« idéalisme subjectif »). Il s'agit maintenant d'une négation intérieure du contenu de la connaissance, en tant que le contenu rationnel visé par celle-ci contredit et fait se contredire le contenu intellectuel utilisé à cette fin. C'est le contenu même des déterminations, indépendamment de sa forme subjective ou objective, donc pris en son être absolu – qui est visé par une critique actualisant alors un « idéalisme absolu » (Addition au § 45, p. 503).

Certes, 1) cet idéalisme déréalise seulement quelques déterminations de l'entendement (quantité, causalité, nécessité...), non pas toutes ses déterminations, en lesquelles la spéculation fera apparaître leur aspect dialectique, auto-destructeur, et 2) la discussion du contenu des déterminations critiquées par Kant est elle-même manquée : la contradiction ne surgit en celui-là qu'indirectement, par suite de leur utilisation rationnelle, c'est-à-dire de la forme particulière de leur emploi. Mais la Dialectique transcendantale constitue bien, en toute sa négativité, l'occasion historique de la position de la raison spéculative comme affirmation de l'objectivité de la pensée ou du savoir absolu.

b) L'examen du « second côté » de la Critique de la raison pure : la subjectivité de la connaissance de l'être en soi (§§ 47-52)

– La connaissance de l'inconditionné subjectif : l'âme (§ 47)

– Hegel évoque rapidement les quatre paralogismes de la raison pure (substantialité, simplicité, personnalité, idéalité de l'âme). Puis le nerf de l'argumentation kantienne. Selon Kant, le paralogisme de la psychologie rationnelle consiste, à chaque fois, en ceci : en vue de poser une véritable connaissance – concept intuitionné –

de l'âme, exploiter la liaison factuelle du « Je pense », véhicule de tous les concepts, et de l'objet de l'intuition sensible interne, alors saisi comme « Moi », de façon à pouvoir considérer comme objectives, et donc véritablement cognitives, les significations catégorielles par lesquelles le « Je pense » peut déterminer sa pure conscience de soi.

Kant juge illégitime la détermination de l'existence indéterminée du contenu intellectuel-logique de la proposition empirique immédiate : « Je pense », par l'application à celui-ci des catégories ; en effet, cette application ne serait justifiée que si ce contenu « Je pense » était préalablement intuitionné de manière *déterminée* (appelant nécessairement telle catégorie) en tant que tel, c'est-à-dire en son pouvoir indéterminé de détermination universelle, ce qu'interdit le dualisme de l'intellect et de la sensibilité.

– Hegel déplace l'argument kantien dans le résumé qu'il en donne. Selon lui, le paralogisme consisterait, pour Kant, non pas dans la substitution, objectivant la catégorie, d'une intuition empirique déterminée impossible, à l'intuition empirique indéterminée du « Je pense », mais dans la substitution de déterminations catégorielles à des déterminations empiriques du « Je pense ». Ce déplacement, il est vrai, permet à Hegel de reprocher à Kant la condamnation, dans la Dialectique transcendantale, de ce que célèbre l'Analytique transcendantale, à savoir de l'opération même de la connaissance, comme pensée catégorielle des intuitions.

– Devant l'échec de la critique kantienne de la psychologie rationnelle, Hegel conclut que 1) Kant a libéré la pensée de l'esprit des déterminations essentialistes-chosistes de celui-ci, et c'est très positif, et 2) qu'il l'a fait pour de mauvaises raisons : car ces déterminations ne sont pas inadéquates à l'esprit parce que leur statut subjectif de pensée s'opposerait *formellement* au statut en soi supra-

phénoménal de l'Idée rationnelle, mais parce que leur *contenu* – d'entendement – ne peut exprimer la totalité rationnelle.

2) *La connaissance de l'inconditionné objectif : le monde*
   (§ 48)

Dans la *Science de la logique* de 1812 (I. Théorie de l'être, 2° section, Chap. 1, Rem., trad. Labarrière-Jarczyk, Paris, Aubier, 197, pp. 173-183), Hegel développe son jugement sur les antinomies kantiennes. Ici, il résume ainsi son jugement contrasté.

– Kant a saisi – et c'est là l'un des plus grands moments de la philosophie moderne – la nécessité d'affirmer également (contre le « ou bien-ou bien » de l'entendement) des propositions opposées quand il est question de l'objet rationnel, c'est-à-dire de l'être vrai ; la contradiction a été saisie comme essentielle à la pensée du tout, du concret, du vrai : la métaphysique, exclusive et dogmatique, de l'entendement, est par là radicalement surmontée.

– Mais l'explication kantienne de ce lien essentiel de la contradiction et de la pensée du vrai est aussi « triviale » qu'a été profonde la conscience de ce lien. Selon Kant, la contradiction, l'identité des opposés, ne réside pas dans les déterminations-de-pensée elles-mêmes (par exemple : fini et infini, continu et discontinu, liberté et nécessité), c'est-à-dire dans la logicité du monde. Elle ne réside même pas, non plus, dans la réalisation mondaine du logique, bien que ce soit à l'occasion de la détermination intellectuelle de l'être rationnel que cette détermination s'impose avec ses contradictions. La contradiction, d'après la Dialectique transcendantale, réside seulement dans la raison pensant à travers les catégories de l'entendement, c'est-à-dire dans la raison théorique elle-même, dont l'essence théorique (cognitive) consiste dans un tel usage, alors nécessaire pour elle, de

ces catégories qui, seules, permettent de déterminer la pensée et d'en faire un savoir. Kant libère ainsi le monde objectif de la contradiction dont il charge, comme d'une tare indépassable, la subjectivité en sa cime théorique, tare dont la négativité justifie le rabaissement de l'esprit théorique devant l'esprit pratique. Le modèle du vrai est encore l'identité substantielle de la chose : l'esprit n'est pas encore parvenu à la pleine conscience de lui-même comme sujet.

– Il faut, au contraire, concevoir l'immanence de la contradiction à la raison prise en son essence absolue, ce qui requiert 1) qu'on la saisisse dans *toutes* les déterminations de pensée, et ce comme le moment « dialectique » de tout sens, et 2) qu'on saisisse ce moment comme se produisant *nécessairement* à partir de son Autre, de la détermination de l'entendement, comme l'application à elle-même, et donc l'achèvement même, de la négation constitutive de celle-là, c'est-à-dire qu'on saisisse le dialectique *dialectiquement.*

3) *La connaissance de l'inconditionné absolu : Dieu (§§ 49-52)*

La théologie naturelle ou rationnelle veut connaître, c'est-à-dire penser (identifier) de façon déterminée (différencier) Dieu. Mais, toute détermination ou différenciation étant négation, Dieu est pensé comme l'identité-à-soi absolue ou abstraite – le sens ou le *concept* –, sujet qui ne peut être déterminé, différencié, opposé à lui-même, objectivé, que par la détermination objective la plus indéterminée ou abstraite, c'est-à-dire l'*être* pur. La connaissance de Dieu se réalise donc dans l'unité du concept et de l'être de Dieu, que Kant désigne comme l'idéal de la raison pure.

Hegel lit cette identification du concept et de l'être dans les deux sens : comme passage de l'être au concept ou comme passage du concept à l'être. Le premier passage

sous-tend les preuves physiques (cosmologique et physico-théologique) de l'existence de Dieu, qui partent de l'être, présupposé d'abord comme non-divin, comme mondain, pour poser l'unité de l'être et de Dieu. Le second passage constitue la preuve métaphysique ou ontologique de l'existence de Dieu, qui part du concept, présupposé d'abord comme libre de la différence impliquée dans l'être, pour poser l'unité du concept divin et de l'être.

Hegel, ici, prend beaucoup de liberté avec le traitement kantien de la théologie naturelle.

Critique hégélienne de la critique kantienne des preuves physiques (§ 49)

Ces preuves partent de l'être pris comme tel, immédiatement, c'est-à-dire comme être sensible, saisissent en lui du sens, du pensé, mais fini (contingence appelant une nécessité, organisation appelant un organisateur), et réalisent alors la pensée infinie comme fondement de l'être limité du monde.

La critique kantienne de ces preuves consisterait, selon Hegel, à récuser comme contradictoire l'*identification* syllogistique de ces *opposés* – qui ne peuvent donc *être* à la fois en leur liaison – que sont la particularité du monde et l'universalité de son principe pensé. Hegel rattache alors, derechef, Kant à Hume. Celui-ci a bien montré que l'être perçu ne peut être pensé sans être nié et qu'on ne peut donc fonder sur lui un *être* du pensé, mais seulement un *non-être,* un être dérivé, apparent, de celui-ci.

Or, les arguments de l'entendement critico-sceptique ne peuvent prévaloir contre le sens commun s'élevant du monde à Dieu : car cette élévation n'est rien d'autre que l'exercice même de la pensée, qui fait de l'homme un homme. Une telle résistance victorieuse du bon sens – que *Foi et savoir* (trad. cit., pp. 195-196) présentait bien comme l'anticipation infra-intellectualiste de la raison – à

l'entendement philosophant, manifeste l'inadéquation même des preuves physiques de l'existence de Dieu telles que celui-là les met en oeuvre. Son expression syllogistique souligne le lien d'identité, positif, entre l'être – fondateur – du monde et l'être fondé – de Dieu, ainsi limité par un autre que lui. Au contraire, le sens vrai de l'élévation spirituelle du monde à Dieu est la fondation de l'être de Dieu sur le *non-être* du monde, lequel ne peut donc être que par Dieu, dont l'être se révèle ainsi, dans la médiation qui le fait apparaître, comme non réellement médiatisé.

Hegel évoque *deux* conséquences de la cécité courante eu égard au sens *négatif* du lien affirmé par l'entendement entre l'être du monde et celui de Dieu. 1) La condamnation par Jacobi (*Lettres à Moses Mendelssohn sur la doctrine de Spinoza*) de toute démarche d'entendement – qui, en prouvant l'inconditionné, le conditionne – dans l'affirmation de Dieu (cf. § 62). 2) La dénonciation du spinozisme comme athéisme, alors que le lien affirmé par Spinoza entre Dieu et le monde établit bien plutôt puisque l'infini en sa puissance nie le fini auquel il est uni – un acosmisme ; c'est l'attachement absolu au fini – l'irréligion même – qui peut seul faire taxer d'irréligieux un penseur qui a immergé tout fini au sein de l'infini. Bien comprise, comme anticipation de la raison, la preuve physique de l'existence de Dieu disqualifie ainsi l'entendement qui la critique. Mais, si Hegel sauve cette preuve de la critique kantienne, il en relativise la portée ; car les déterminations que Dieu reçoit de la négation de la nature *physique* (contingente ou finalisée) ne peuvent, en raison de l'origine de leur affirmation, exprimer Dieu en sa vérité *spirituelle*. Dieu n'existe et n'est connu en sa vérité que dans son unité négative avec l'*esprit* fini.

Critique hégélienne de la critique kantienne de la preuve
  métaphysique-ontologique (§§ 51-52)

Cette preuve est plus audacieuse que la preuve physique – qui médiatise le passage du fini à l'infini par leur
identité comme *être* –, car elle opère le passage entre la
pensée et ce qui est visé comme son Autre absolu : l'*être*.
Mais la critique kantienne de cette preuve est, au fond, la
même que celle des preuves précédentes : il n'y a pas
d'identité, c'est-à-dire de passage positif, de déduction,
possible entre le terme posé en premier – ici le sens, le
concept, l'identique, l'universel – et le terme posé en
second – ici l'être, l'objectivité, la différence, la particularité.

Or, selon Hegel, l'affirmation de la différence entre
l'essence et l'existence, la pensée et l'être – illustrée par
l'exemple kantien des cent thalers – ne vaut que pour le
contenu *fini*, caractérisé précisément par sa contingence ;
elle n'a pas de sens quand il s'agit du contenu *infini*, tel
par l'unité en lui du concept et de l'être (s'il y a de l'être,
et il y en a, il ne peut être d'abord que le sien).

Certes, penser Dieu comme une telle unité du concept
et de l'être – l'Autre indéterminé, abstrait, de l'abstrait –,
c'est le poser comme l'unité elle-même abstraite, universelle, conceptuelle, de ces deux moments abstraits (« C'est
là encore une détermination formelle de Dieu, qui, pour
cette raison, contient en fait seulement la nature du
concept lui-même » – § 51, Rem.). Et l'être de Dieu doit se
déterminer et concrétiser (à travers la différence ou existence naturelle et spirituelle). Mais cette première saisie
de l'unité du concept et de l'être est totalement justifiée
par l'identité immédiate de ces termes qui, l'un et l'autre,
expriment la relation immédiate (idéelle ou réelle) à soi :
relation médiatisée, dans le cas du concept, par la négation de la médiation, – relation absolue dans le cas de
l'être, détermination première, indéterminée, qui se pré-

dique donc de tout, et d'abord du sujet se posant dans tout sujet de jugement, car il est le sujet même du jugement.

C'est pourquoi les arguties de l'entendement contre ce passage de la pensée à l'être de Dieu qui s'opère dans la démarche religieuse (conceptualisée dans la philosophie) ne peuvent prévaloir. La tourmente intellectualiste (Lumières, Révolution) a bien elle-même débouché sur la restauration, devenue préjugé de l'époque, de l'identification divine de la pensée et de l'être sous sa forme la plus immédiate, celle du savoir immédiat.

Conclusion de cet examen du kantisme (§ 52)

Pour Kant, la pensée, en la cime de son pouvoir d'identification, c'est-à-dire comme position de l'identité inconditionnée, absolue, exclut en celle-ci toute détermination : la raison est donc seulement l'unification formelle d'un contenu en lui-même déterminé qu'elle reçoit d'ailleurs et que, ne *constituant* pas, elle ne fait que *réguler*. Systématisation formelle de l'entendement, dont l'exercice ponctuel est constitutif, la raison est le savoir critique du caractère limité de l'entendement s'exerçant comme entendement. Sachant, à travers le kantisme, qu'elle ne peut édifier une « doctrine de l'infini », mais tout au plus promouvoir une « critique de la connaissance », elle est donc simplement l'« *assurance* que la pensée n'est en elle-même que l'*unité indéterminée* et l'*activité* de cette *unité indéterminée* » (§ 52).

2) L'examen kantien du pouvoir pratique de la pensée (§§ 53-54)

En son bref propos, Hegel reprend son habituelle présentation (cf. *Foi et savoir, Droit naturel...*) – en elle-même déjà critique par les déplacements qu'elle opère – de la philosophie pratique de Kant. Selon lui, le projet de la raison pratique, c'est la détermination formelle (légale), non pas du *vouloir* (maxime) d'un contenu, mais du *contenu* du vouloir. Le formalisme kantien est alors

discrédité par son échec à réaliser l'intention, qui lui est prêtée, de la détermination réelle, en son contenu même – à saisir ainsi théoriquement –, du vouloir. Le déplacement de la définition de l'usage pratique de la raison permet alors à Hegel de retrouver en celui-ci – ce qui justifie le brièveté du propos – la même impuissance, simplement ici non aperçue par Kant, qui a déjà été analysée dans le cas de l'auto-détermination théorique prétendue de la raison.

a) Le « fait de la raison » autorisant l'affirmation de la liberté est présenté par Hegel comme le fait d'une détermination catégorique, non pas de ce qui ne peut être saisi comme un fait – à savoir de l'intention formelle présidant au choix de la maxime –, mais de ce qui peut être saisi comme un fait – à savoir du contenu matériel de cette maxime. A cette détermination catégorique, uni-voque, du vouloir envisagé en son contenu, Hegel – faisant se juger le kantisme de façon humienne – oppose le fait de l'infinie diversité du contenu des droits et devoirs parmi les hommes. En son aspect pratique, le criticisme se révélerait bien être toujours une auto-néga-tion, donc encore l'affirmation, de l'empirisme humien plus conséquent en son identité à soi positive (§ 53).

b) La prétention pratique de la raison pure, de pouvoir être une détermination objective, réelle, d'elle-même, est, en dépit de la confirmation philosophique qu'elle reçoit dans le kantisme, absolument vaine. Hegel en affirme la vanité d'abord dans la détermination *idéelle* du vouloir : il évoque ici la critique, maintes fois développée par lui, selon laquelle la non-contradiction de la maxime érigée en loi est un critère formel qui peut consacrer n'importe quel contenu de la maxime (il n'est pas contradictoire qu'il n'y ait pas de dépôt en raison de la généralisation de la maxime de sa non-restitution – cf. *Phénoménologie de l'esprit,* fin du Chapitre V). Et il anticipe ensuite le thème qui sera traité à propos de la *Critique du jugement,* à savoir que la raison pratique kantienne échoue à imposer

la détermination *réelle* du vouloir, c'est-à-dire faire se réaliser dans le monde, comme souverain bien, le contenu de la loi.

3) *La Critique du jugement (§§ 55-60)*

Hegel récapitule, là aussi, avec beaucoup de liberté, le texte de la *Critique du jugement,* dont il bouscule l'articulation littérale, en lisant la «Critique du jugement esthétique» à travers la «Critique du jugement téléologique». Il convient donc de se reporter avec une attention vigilante au texte même de Kant, que nous ne commenterons pas ici. Dans un développement peu linéaire, Hegel dresse le bilan, positif et négatif, de la *Critique du jugement.*

a) L'apport *positif* de la *Critique du jugement*

L'ouvrage est ressaisi en l'unité de ses deux moments : le jugement réfléchissant (thème du premier moment) est présenté comme impliquant la position d'un entendement intuitif (thème du second moment), c'est-à-dire de la détermination du particulier par l'universel, de la multiplicité par l'unité, bref de l'Idée. C'est pourquoi la *Critique du jugement* est saluée par Hegel comme l'affirmation même du vrai comme Idée, comme un discours *spéculatif* surmontant par ce principe toute la philosophie de l'entendement.

Schiller (cité) et Schelling (non cité, en tant qu'il n'est que l'un parmi d'autres !) ont dépassé la philosophie kantienne de l'entendement (diviseur). Le premier, en réfléchissant sur l'art (*Lettres sur l'éducation esthétique de l'homme*), le second, sur la nature vivante, exploitent précisément le double contenu *particulier* de la *Critique du jugement* : le beau et l'être organisé. Cependant, l'ouvrage de Kant évoque aussi, en sa fin, l'existence universelle de l'Idée dans la pensée du souverain bien réalisé dans le monde.

b) Mais la pensée du vrai comme Idée, c'est-à-dire de l'objectivité de la pensée, est pensée elle-même comme une pure pensée, comme ayant un sens seulement *subjectif.*

– Là où l'Idée est affirmée comme réalisée – dans le beau et l'organisation –, il s'agit d'une affirmation empirique partielle, particulière, et qui se réfléchit comme subjective (§ 58). Hegel confond alors de façon polémique – à propos de la connaissance des êtres organisés – les deux niveaux du statut de subjectivité des représentations : celui de l'entendement «mécaniste», constitutif de l'expérience universelle, et celui de la raison « techniciste», régulatrice d'expériences particulières ; il les oppose comme si un choix était possible entre elles, alors que les deux points de vue sont pour Kant – que ce soit « objectivement» ou « subjectivement» également nécessaires.

– Quant à la représentation de l'Idée *universelle* (le souverain bien réalisé), elle est doublement irréalisée : • d'abord en son *contenu,* comme simple *devoir-être* de l'unité du rationnel et du réel, c'est-à-dire comme contenu (irrationnel de la représentation d'entendement) du progrès à l'infini (Rem. § 55, § 60), • puis, corrélativement, en son *statut,* comme représentation purement subjective, simple postulat de *notre* moralité (§ 60).

c) Ressaisissant, à travers l'ouvrage à ses yeux le plus synthétique, «rationnel», de Kant, les limites du pressentiment rationaliste de celui-ci, Hegel conclut son examen du kantisme en soulignant l'incapacité où il est de penser positivement – comme vérité rationnelle de leur unité négative – l'opposition fixée, par l'entendement, de deux pensées entre lesquelles il oscille. Ainsi, la vérité de l'opposition entre l'affirmation que la différence entre la pensée et la chose est le vrai, et celle que le vrai est bien plutôt leur identification, consiste dans la position comme vrai de l'identité de l'identité et de la différence de la

pensée et de l'objectivité, c'est-à-dire de l'être comme totalité spirituelle. C'est la même incapacité du kantisme à penser positivement l'auto-négation de l'entendement philosophant qui s'exprime dans la double affirmation, par Kant, d'une part, que la connaissance humaine est phénoménale, *relative,* et, d'autre part, qu'elle est uniquement, *absolument,* relative ; en vérité, savoir une limite comme telle, c'est savoir aussi l'illimité, donc savoir le lien de la limite et de l'illimité, du fini et de l'infini, c'est-à-dire savoir un autre contenu que celui de l'entendement.

Mais Kant n'a pu élaborer lui-même cet autre contenu, le contenu d'une appréhension rationnelle des choses. La détermination formelle d'un nouveau statut de la connaissance d'entendement a donc maintenu le contenu objectif et méthodique empirico-expérimental de celle-ci ; le kantisme n'a rien changé à la « pratique des sciences » (Hegel cite, comme exemple de la stérilité scientifique du kantisme, le *Manuel de métrique* de Hermann, Leipzig, 1799). Au fond, le kantisme maintient l'empirisme dominant de la culture moderne, fixant même philosophiquement cet empirisme à son stade naïf, antérieur à sa réalisation conséquente avec soi, conceptuelle, méta-empirique (en tant que matérialisme) : le criticisme, c'est la fixation de l'empirisme à son mode le plus empirique.

Le style empirique – procédant selon la diversité – de la démarche kantienne se marque aussi dans la juxtaposition en elle de l'empirisme – le vrai se livre dans la phénoménalité naturelle – et de l'esprit métaphysique traditionnel – le vrai est la liberté au principe de la raison. Mais en cette récapitulation empirique du dogmatisme métaphysique et de l'empirisme sceptique, c'est-à-dire des deux premières positions de la pensée relativement à l'objectivité, le kantisme prépare et annonce négativement la conception rationnelle du vrai. En effet, il a libéré la raison, juxtaposée, comme identité pure, à l'empirie, comme différence pure, de toute différence ou détermi-

nation non posée par elle-même : la raison en elle-même vide du kantisme, c'est la raison s'affirmant en son indépendance absolue, abstraite, c'est-à-dire la raison en elle-même libérée pour l'auto-détermination concrète ultérieure d'elle-même. D'où l'importance de la philosophie kantienne, qu'elle doit, à travers la pauvreté de son développement effectif, à l'affirmation pure de son principe.

IV
TROISIÈME POSITION DE LA PENSÉE RELATIVEMENT À L'OBJECTIVITÉ : §§ 61-78

Ce développement parcourt *cinq* moments :

1 – Caractérisation du point de vue du savoir immédiat : §§ 61-63.

2 – La philosophie spéculative face au savoir immédiat : §§ 64-65

3 – La critique du point de vue du savoir immédiat : §§ 66-70

4 – Bilan philosophique du point de vue du savoir immédiat : §§ 71-77

5 – Conclusion générale de l'examen du point de vue du savoir immédiat et, à travers lui, de toutes les positions pré-spéculatives face à la vérité : § 78

A) Caractérisation du point de vue du savoir immédiat (§§ 61-63)

1) *Le savoir immédiat, négation de la philosophie critique (§ 61)*

Selon Hegel, les deux attitudes, qui admettent l'une et l'autre que la pensée, comme médiation, ne peut atteindre l'être vrai, s'opposent en ceci :

– pour la philosophie critique, la pensée, en sa cime *rationnelle,* comme identification absolue, abstraite, du sens, n'est pas capable de se différencier ou déterminer en et par elle-même, de façon immanente, rationnelle, vraie : elle manque donc le vrai, qui est en tant que totalité, c'est-à-dire identité *différenciée*

– pour la doctrine du savoir immédiat, la pensée, qui n'est effective qu'en sa détermination, différenciation ou particularisation, c'est-à-dire en tant qu'*entendement*, ne peut saisir le vrai, qui est d'abord identité à soi, universalité, *infinité*.

2) *La critique de l'entendement par la doctrine du savoir immédiat (§ 62)*

L'entendement, par ses catégories finies, adaptées ainsi à ce qui est conditionné, médiatisé, ne peut poser – prouver – l'infini. Telle est la position illustrée par Jacobi (*Lettres sur Spinoza)* : penser Dieu, le savoir par l'entendement, le prouver, c'est le nier. L'entendement est comme tel athée et matérialiste. Ainsi, pour Jacobi – et c'est là un apport positif qui fait progresser au delà du rabaissement formel de la connaissance d'entendement par Kant – les catégories sont rabaissées en raison de leur contenu relationnel, c'est-à-dire fini.

3) *L'exaltation du savoir immédiat (§ 63)*

Le vrai, en son infinité essentielle, ne peut être saisi que par la pensée ou le savoir non médiatisé, immédiat ou identique à soi, qu'on peut appeler la raison, si l'on considère que sa condition, de n'être pas l'auto-détermination théorique d'elle-même, exprime son essence même (contrairement au thème kantien), et qu'elle est donc, non pas le dépassement, la position totale, de l'entendement médiatisant, mais sa négation absolue. Ainsi conçue, la raison est savoi mmédiat, croyance, foi.

En ce qui concerne ces divers concepts, Hegel constate leur usage bien lâche, leur confusion courante, par les

tenants du savoir immédiat, qui, en les employant, ne tiennent aucun compte de la différence entre contenu fini, sensible ou naturel, et contenu infini, intellectuel ou spirituel. Ainsi, Jacobi parle de croyance à propos de la conscience des corps et des choses sensibles (cf. *Lettres sur Spinoza,* trad. Anstett, *Œuvres philosophiques de F. M. Jacobi, op. cit.,* pp. 278-296). Mais croyance et pensée ne s'identifient, en leur sens ailleurs à distinguer, que quand elles portent sur l'absolu ou Dieu.

L'emploi des termes de croyance, de foi, est une façon, pour la doctrine du savoir immédiat, de mettre de son côté l'autorité de la religion chrétienne. Alors que, pourtant, la foi affirmée par le savoir immédiat est 1) affirmée par la seule subjectivité du penseur, 2) dépourvue du riche contenu de la foi chrétienne ; elle n'est qu'un autre nom du sens commun en lui-même le plus vide et donc déterminable selon l'arbitraire le plus total de chacun.

B) La position de la philosophie spéculative face au courant du savoir immédiat (§§ 64-65)

Elle est, certes, 1) *positive,* mais aussi et surtout 2) *négative.*

1. L'affirmation du savoir immédiat, qu'il y a un lien immédiat de la pensée et de l'être, ne peut qu'être approuvée par la raison qui développe la philosophie spéculative. Cette raison sait l'intuition comme son premier moment, et le savoir absolu de l'*Encyclopédie* n'est rien d'autre que l'explication justificatrice de l'affirmation, qui l'inaugure, de la pensée pure identique à l'être pur. Simplement, la philosophie spéculative intègre en elle aussi le moment de l'entendement, et prouve – mais autrement que l'entendement – ce que le savoir immédiat se contente de *trouver* comme un fait. Et Hegel ajoute que toute la philosophie moderne repose sur le *cogito ergo*

sum, qui, en dépit de l'apparence, n'a rien, pour Descartes, d'un syllogisme et exprime bien plutôt l'intuition du lien immédiat de la pensée et de l'être (Hegel renvoie à Descartes, *Réponses aux Secondes Objections* – cf. *Œuvres philosophiques,* éd. Alquié, II, pp. 504-565).

2. Mais la raison spéculative ne peut tolérer l'absolutisation que la doctrine du savoir immédiat opère de ce qui ne doit être qu'un *moment* de la connaissance, en excluant de la saisie du vrai le moment de la médiation, de l'entendement. D'où la critique nécessaire d'une telle doctrine, une critique qui peut être double. – Elle est une critique *extérieure* à la doctrine du savoir immédiat et à son principe (le vrai se donne immédiatement, comme un fait, non en son sens logiquement développé), telle est la critique *logique.* Celle-ci montrera qu'immédiateté et médiation s'appellent négativement l'une l'autre, lien négatif qui se manifeste en ce que l'exclusion de l'entendement par l'intuition est, parce que l'entendement est la puissance qui *exclut* ou différencie – justement en identifiant à soi une affirmation par là rendue immédiate – encore une affirmation de cet entendement ! Hegel renvoie une telle critique au développement interne de la Science de la logique. – Mais, dans l'Introduction à celle-ci qu'est le *Vorbegriff,* il veut amener la doctrine du savoir immédiat à son *auto*-négation en la soumettant à son propre principe, celui du fait, sans lui imposer le principe de la logicité (cf. la démarche revendiquée par Hegel dans la *Phénoménologie de l'esprit).*

C) L'auto-critique du point de vue du savoir immédiat développée par la raison spéculative : §§ 66-70

1) *La médiation externe du savoir immédiat (§§ 66-67)*

a) C'est un fait – de la vie quotidienne – que des savoirs empiriques (d'ordre intellectuel, technique, pratique) qui se donnent comme immédiats sont le résultat

(devenu familier, aussitôt mobilisable) d'un processus d'acquisition (la culture est négation, aliénation, médiation). L'existence d'un être (par exemple du savoir immédiat, mais aussi de n'importe quel être, l'homme lui-même en tant que vivant...) est, comme existence, médiatisée (§ 66).

b) Même le savoir immédiat dont le contenu lui-même, non empirique (particulier) mais naturel – tel celui du droit, de l'éthique, de la religion – ne peut être produit ou médiatisé empiriquement, temporellement, historiquement, ne peut exister ou s'actualiser formellement comme savoir, être présent comme un tel savoir de la conscience, que par la médiation d'une culture ou d'une éducation (Hegel évoque pêle-mêle aussi bien le thème de le réminiscence platonicienne que celui du baptême chrétien). C'est là un fait – universel, constant –, que la doctrine du savoir immédiat devrait reconnaître !

2) *La médiation interne du savoir immédiat (§§ 68-69)*

a) Le savoir immédiat de l'être, qui, comme tel, en sa non-détermination ou abstraction, est l'être divin, est celui d'un contenu posé par la *négation* de ce dont il est abstrait, de la détermination immédiate, sensible, naturelle. Son contenu négatif récapitule la médiation de l'élévation de l'esprit à Dieu, dont l'expression explicite, formelle, est constituée par les preuves de l'existence de Dieu.

b) Le contenu essentiel effectif du savoir immédiat est celui qui s'expose dans la preuve ontologique de l'existence de Dieu, c'est-à-dire le passage de l'Idée de Dieu à son être. Le savoir immédiat est alors, en réalité, le savoir, non pas de la simple idée, qui n'est pas (idéalité subjective), ni non plus du simple être qui n'est pas *idée* (réalité sensible), mais de l'identité de ces deux termes différents, ainsi médiatisés l'un par l'autre en leur unité par là même médiatisée. C'est bien un fait que le savoir

immédiat est celui de la médiation, et donc lui-même un savoir médiatisé. Savoir ce fait, c'est, pour lui, se montrer comme l'anticipation, contre l'entendement diviseur, de la raison spéculative.

D) Bilan philosophique du point de vue du savoir immédiat (§§ 71-77)

Ce bilan est établi, d'abord, d'un point de vue *dogmatique* (§§ 71-75), puis d'un point de vue *historique* (§§ 76-77).

1) *Bilan philosophique dogmatique (§§ 71-75)*

a) *Conséquences* – en soi *négatives* – du principe du savoir immédiat : Hegel en énumère *trois* :

– le critère de la vérité n'étant pas le *contenu* (sens) présent dans la conscience, mais la *présence* (fait) de ce contenu dans la conscience, et la conscience valorisée comme empiricité étant la conscience subjective singulière, celle-ci se trouve, en tant que telle, immédiatement, érigée en critère du vrai. Car la médiation entre la conscience singulière et le vrai – l'universel ou nécessaire – que pourrait constituer la généralité factuelle de la conscience, c'est-à-dire le « consentement universel » (Hegel évoque Cicéron qui, dans le *De natura deorum,* II, 12, déclare que l'idée qu'il y a des dieux est innée et comme gravée dans l'esprit de tous les hommes appartenant à toutes les nations), s'est révélée – et c'est là aussi un fait ! – une médiation bien contingente en son existence ;

– si la vérité est mesurée par un savoir immédiat qui, comme tel, peut être le savoir de l'immédiateté la moins rationnelle, la pire superstition, le sentiment le plus immoral se trouvent consacrés (§ 72) ;

– enfin, le savoir immédiat ne peut dépasser le savoir indéterminé *que* Dieu est et se nier dans le savoir déterminé, donc médiatisé, de *ce que* Dieu est. Mais alors,

comment peut-il prétendre contribuer à restaurer la religion, alors que, par son contenu, il régresse à l'origine même de la conscience d'un divin ?

b) L'exaltation du savoir immédiat, c'est-à-dire, à son principe, de la forme de l'immédiateté, interdit tout savoir vrai aussi bien de l'infini que du fini, qu'elle fixe l'un et l'autre à leur contenu exclusif, séparé, fini, alors que le contenu vrai est l'unité infinie de l'infini et du fini (§ 74).

– Le savoir immédiat d'un infini ne se finitisant pas, d'une identité ne s'animant pas en l'auto-différenciation d'elle-même, est le savoir de Dieu comme être mort, non pas comme esprit.

– Le savoir immédiat du fini, en le libérant de toute médiation par un Autre, l'absolutise comme fini et le coupe donc de son insertion, qui le rend vrai, dans l'infini.

La connaissance du contenu vrai requiert donc l'union de l'immédiateté et de la médiation, c'est-à-dire la médiation avec soi, union constitutive de l'être total et concret, en cela vrai. Le savoir immédiat, qui dénonce l'abstraction de l'entendement, est lui-même un savoir abstrait, si bien que l'intuition en laquelle il veut nier cet entendement est, au fond, la même chose que lui.

c) L'opposition d'un savoir immédiat et d'un savoir médiatisé, affirmée comme un fait par le premier pour se justifier en sa position de soi, s'est révélée en fait comme nulle. Et ce que le fait montre, bien plutôt, c'est l'existence d'un savoir qui n'est ni pure médiation ni pure immédiateté, mais l'union de la différence d'avec soi et de l'identité à soi, la totalisation de soi, et telle est bien la Science de la logique, et, puisqu'elle s'applique – telle son âme – dans la philosophie tout entière, la philosophie elle-même en son accomplissement spéculatif (§ 75).

2) *Bilan philosophique historique (§§ 76-77)*

Hegel présente la doctrine du savoir immédiat, qui veut être le dépassement de tout l'entendement philo-

sophant, métaphysique ou empirio-criticiste, comme le retour à l'origine même de ce dont il veut constituer la fin, comme une régression au début d'un processus dont il veut cependant annuler le développement, qui a été pourtant positif, bref, comme la négation de la culture.

a) Le savoir absolu est un retour à l'origine de la philosophie moderne, c'est-à-dire au cartésianisme : les *Cours sur l'histoire de la philosophie* font de Descartes le « héros » qui a refondé la philosophie sur une base nouvelle, celle de la présence à soi de la pensée dans l'affirmation de l'être : les partisans du savoir absolu ne font bien que répéter inutilement et abstraitement, en l'appauvrissant, le commencement cartésien. Hegel rappelle que, chez le créateur et chez les fossoyeurs de la philosophie moderne de l'entendement, on trouve les trois propositions :

– de l'inséparabilité de la pensée et de l'être du sujet pensant, de la certitude et de la vérité du Moi (*cogito*)

– de l'inséparabilité de l'idée de Dieu et de son existence. (Hegel présente ici, très librement, le spinozisme comme la même affirmation du lien direct de l'essence et de l'existence de Dieu, *causa sui* ; le spinozisme, réalisation absolue de l'unité affirmée par Descartes entre l'être et la pensée, est pour Hegel le « point cardinal » de la philosophie moderne : « ou le spinozisme, ou pas de philosophie » (déclare-t-il dans ses *Cours sur l'histoire de la philosophie*)

– de l'inséparabilité de la conscience et de l'existence des choses sensibles (Hegel néglige ici la preuve cartésienne de cette existence).

b) Mais le retour de la doctrine du savoir immédiat à l'origine de la philosophie moderne de l'entendement est le retour à une origine que celui-là nie comme telle en la fixant à elle-même et en l'absolutisant. D'où le caractère *appauvrissant* de la répétition, alors non seulement

inutile, mais nocive, du cartésianisme par la doctrine du savoir immédiat.

– Descartes établit sur les liaisons (médiations !) immédiates des vérités premières (*cogito,* existence de Dieu...), et par le travail médiatisant de l'entendement, toutes les vérités déterminées de la science. Il définit précisément l'activité de la pensée comme entendement, c'est-à-dire comme activité de différenciation ou d'analyse, et c'est en cela qu'il est le fondateur des sciences des temps modernes (cf. *Cours sur l'histoire de la philosophie*). Au contraire, la doctrine du savoir immédiat rejette un tel exercice posant de l'entendement, dénoncé comme finitisant, et absolutise la présupposition immédiate de l'entendement sous la forme de la foi en l'infini. Hegel dénonce, à nouveau, cette confirmation vide du divin et lui oppose l'intellectualisation anselmienne du contenu de la foi (cf. la deuxième Préface de l'*Encyclopédie*, p. 134).

– Du point de vue général du développement de la culture, la doctrine du savoir immédiat n'apporte rien de positif à la connaissance du fini dont elle se détourne, et, par cette négation abstraite, formelle, du savoir d'entendement fini, contribue bien plutôt à son maintien au lieu de le faire progresser (en direction d'une pratique rationnelle de lui-même). Plus : en rejetant, avec la médiation d'entendement, toute médiation (c'est-à-dire aussi la médiation accomplie par son identification à l'immédiateté, la médiation avec soi totalisatrice de l'être, et par là constitutive de la raison), elle libère et absolutise l'immédiateté barbare de l'arbitraire subjectif, et se déchaîne contre la philosophie comme savoir rigoureux. Une telle doctrine fait ainsi disparaître la philosophie au moment même où elle veut en absolutiser l'apparition.

E) Conclusion générale sur la troisième position et,
à travers elle, sur les trois positions pré-spéculatives
de la pensée face à la vérité (§ 78)

1. Le rejet philosophiquement nécessaire du troisième point de vue est celui de l'absolutisation de l'assurance, de la position immédiate, de la présupposition, du vrai. Mais cette absolutisation est celle de ce qui est pratiqué par l'ensemble des démarches pré-spéculatives de la pensée. Car toutes affirment comme leurs principes une identité et/ou une différence de la pensée et de l'être, de l'objectivité, sans poser l'une et l'autre, en leur sens déterminé, différencié, comme posées par une auto-différenciation de l'identité absolue de ce qui est, tout en un, être et pensée, donc en les présupposant. Elles présupposent ainsi un sens dont la détermination n'est, et n'est connue en vérité, que comme le dépôt de sa position à partir du sens absolument premier. La vérification, c'est-à-dire la rectification ou critique – alors nécessaire – de telles présuppositions ne peut consister que dans la position, la genèse, de leur contenu, et c'est là le développement même de la Science de la logique.

2. Puisque, ainsi, le rejet philosophiquement nécessaire des positions pré-spéculatives de la pensée relativement à l'objectivité s'avère dans et comme le développement même de la philosophie spéculative de la vérité, la saisie philosophique de la vérité permet donc l'exposition immédiate de ce développement. Hegel élimine ainsi, comme non vraiment philosophique, toute autre négation du faux, aussi bien la démarche sceptique traditionnelle que la démarche cartésienne du doute systématique.

Dans ses cours sur l'histoire de la philosophie – à propos de Descartes, précisément –, il oppose, certes, le doute empirico-sceptique, qui s'affirme pour lui-même comme actualisation immédiate de la liberté : n'être fixé ou enchaîné par rien, et le doute cartésien, qui veut, au contraire, se nier dans l'affirmation d'un contenu absolu-

ment fixe, identique à soi ou vrai, seul séjour de la vraie liberté.

Ici, Hegel les rapproche négativement en ceci : si l'un, en sa successivité empirique, est ennuyeux alors que l'autre, en sa rationalité systématique, est aussitôt accompli, l'un et l'autre, en leur insuffisance (ils nient le faux sans poser le vrai), sont aussi non nécessaires, superflus, puisque l'auto-position du vrai est, comme position, sa médiation, laquelle, en tant que telle, est position de son Autre, du faux, comme tel : « le dialectique est un moment essentiel de la science affirmative » (Rem. § 78).

3. C'est pourquoi la volonté philosophique de nier le faux ne se réalise philosophiquement que dans la volonté immédiate d'affirmer le vrai, c'est-à-dire de l'affirmer en son immédiateté de vrai, qui, identité de la pensée pure et de son Autre, l'être pur, est grosse de son auto-différenciation, y compris selon les pensées simplement présupposées par les points de vue pré-spéculatifs à critiquer. Le vouloir préalable exigé par la philosophie vraie n'est donc pas le vouloir d'un préalable négatif – doute sceptique, doute méthodique cartésien, voire (Hegel ne la cite pas ici) critique kantienne –, du développement positif de cette philosophie vraie comme médiation avec soi de la pensée pure ; il est le vouloir qui a pour contenu un tel développement, « la résolution de vouloir purement penser » (Rem. § 78).

V

DÉVELOPPEMENT (MOTEUR ET STRUCTURE) DE LA SCIENCE DE LA LOGIQUE : §§ 79-83

Les Additions consacrées par Hegel à ces paragraphes sont particulièrement développées et éclairantes : nous y renvoyons avec insistance le lecteur (pp. 510-519). Et

nous rappelons le commentaire qu'en a proposé
A. Léonard (*op. cit.,* pp. 23-34).

A) Le moteur du développement (§§ 79-82)

1) Le logique, c'est-à-dire le sens de tout être (idéel ou
réel), est, comme tel, « en sa forme », l'unité de trois
« côtés ». Ces côtés, constitutifs de *tout* sens en tant que
tel, ne constituent pas des sens *distincts*, qui pourraient
être ainsi l'objet de *parties* de la Logique. Ils expriment
des aspects, des dimensions, des *moments,* c'est-à-dire des
différences purement idéelles de tout sens, quel qu'il soit.
Les distinguer comme des parties du sens, des sens partiels
ayant sens chacun pour eux-mêmes, ce serait saisir
l'identité absolue du sens (car le sens est, dans l'absolu,
l'élément de l'existence universelle, identique à soi, de
celui-ci) à travers son premier moment, qui est le moment
de l'entendement, de la différenciation ou particularisation, c'est à-dire le moment négateur de ce dont il est le
moment. Mais les trois moments du sens, en leur identité
absolue, sont, *comme moments,* différents, et cette différence interne de l'identité absolue la constitue comme
autodifférenciation d'elle-même, comme vie du sens,
développement de celui-ci, passage immanent, donc
nécessaire, d'une actualisation de lui-même à une autre.

2) *Les trois moments du sens (§§ 80-82)*

Ce sont : – le moment de l'entendement
– les deux moments rationnels :
+ négativement rationnel (dialectique)
+ positivement rationnel (spéculatif)

a) Le sens comme *identique à soi* par sa *différenciation*
d'avec tous les autres : le moment d'*entendement*
(§ 80)

Tout sens est une identité à soi qui le différencie d'un
autre sens et, par là, en fait *tel* sens, un sens déterminé :
même le sens le plus indéterminé a, précisément en tant
qu'il n'est pas déterminé, un Autre qui le limite (la
détermination), et, donc, est lui-même – comme limité –
déterminé. L'entendement identifie ainsi à soi-même,
absolutise, ce qu'il différencie d'autre chose et, par là,
relativise. L'entendement, qui absolutise le relatif, qui
pose absolument le négatif, est bien de la sorte la force la
plus prodigieuse qui soit (cf. Préface de la *Phénoménologie de l'esprit*), puisque ce qui est, c'est l'être, c'est-à-
dire le positif.

b) Le sens comme *différent de soi* : le moment *dialectique*
ou négativement-rationnel (§ 81)

– Tout sens est auto-négation de lui-même, cet aspect
dialectique – le dialectique – permettant ainsi le passage
immanent, nécessaire, d'un sens (A) à un autre (non-A). La
contradiction affectant tout sens en sa forme ou en son
statut (l'absolutisation du relatif) se pose nécessairement,
comme auto-négation, dans son contenu même : n'étant
tel sens qu'autant qu'il nie ce qui lui donne l'être, c'est-à-
dire l'identité universelle négative de lui-même et de son
Autre, il n'est qu'autant qu'il se nie lui-même comme tel,
c'est-à-dire qu'autant qu'il est la position en lui-même de
son Autre. Le dialectique est le moment moteur de la progression du sens, ce qui le constitue essentiellement
comme sens, direction, transcendance, mouvement,
progression.

– La saisie du sens comme dialectique est *la* dialectique. Celle-ci est une pensée qui n'actualise pas seulement le dialectique à la manière de la *réflexion,* qui sort
d'un sens pour le relier à un autre, et par là le nie, mais

formellement, extérieurement, pour autant qu'elle le considère toujours comme positif, sans s'apercevoir qu'elle ne peut le nier que parce qu'il se nie lui-même en lui-même, en sa nature même. La dialectique est la réflexion qui se réfléchit en elle-même et s'intériorise en saisissant le sens comme auto-négation.

– Cependant, la dialectique, en tant que manifestation du caractère dialectique du sens, peut se saisir elle-même comme un art – alors sophistique – suscitant subjectivement cet aspect – alors rabaissé à une apparence – dans le sens objectif considéré comme étant lui-même identique à soi en sa détermination. Telle est l'interprétation traditionnelle de la dialectique. Mais l'apparence étant encore de l'être, la contradiction d'elle-même et de ce qui est pris pour l'être est une contradiction intérieure à l'être véritable : la dialectique, même extérieurement pratiquée et envisagée, exprime ainsi encore le dialectique. Son sens vrai consiste à l'exprimer comme tel et à se concevoir objectivement, comme l'actualisation même du moment dialectique de tout sens.

– Exposition d'un moment *objectif* du sens, la dialectique ne doit pas s'absolutiser en oubliant que l'objectivité qu'elle exprime n'est qu'un *moment* du sens objectif. Une telle absolutisation constitue le *scepticisme,* qui conclut de l'être dialectique – l'auto-négation – du sens au *néant total* de celui-ci. Le dialectique est, bien plutôt, ce qui libère l'être total, rationnel, c'est-à-dire vrai, du sens, en l'anticipant en creux, négativement, par la négation de son négatif, du partiel, du déterminé affirmé par l'entendement. Le dialectique est le « négativement-rationnel », qui médiatise ainsi le moment d'entendement et le moment proprement, positivement rationnel, en lequel le sens s'accomplit, et que Hegel peut bien désigner comme le moment « spéculatif ».

c) Le sens comme identique à soi dans sa différence
d'avec soi : le moment positivement-rationnel ou
spéculatif (§ 82)

– Néant d'une détermination, donc néant déterminé, le
dialectique doit être nié en son aspect purement négatif, et
posé comme ce qui l'excède lui-même et constitue un
nouveau moment, comme la totalité de lui-même et de ce
qu'il nie.

– Ce nouveau moment du sens – lequel, par sa forme,
est toujours une idéalité, une abstraction – a ainsi pour
contenu le sens comme *totalité* de ses moments, comme
concréité de sa détermination, bref : comme rationalité.
On comprend que Hegel le désigne alors comme le
moment *spéculatif*. La philosophie ne s'accomplit qu'en
concevant le sens comme un tel tout spéculatif de lui-
même : les abstractions de la philosophie vraie sont les
significations les plus concrètes qui soient.

– Parce que le logique en sa vérité est l'unité rationnelle de l'immédiateté d'entendement et de la médiation
dialectique, la Logique spéculative peut, à partir d'elle-
même, en abstrayant dans son contenu le moment d'entendement ou le moment dialectique, produire (et
comprendre) la Logique habituelle ou la dialectique en
son usage courant. Hegel envisage ici le cas de la Logique
habituelle, qui, privée de l'exploitation du moment dialectique, moteur du processus immanent, nécessaire, du
logique alors totalisé en lui-même, ne peut plus être qu'un
rassemblement extérieur des déterminations se donnant
elles-mêmes – puisqu'elles renvoient au tout comme à un
contenu extérieur – comme de pures formes.

B) La structure du développement (§ 83)

1) Les *trois moments* du sens fournissent l'élément du
développement du tout qu'ils constituent, et cet élément
est donc lui-même triple (cf. ci-dessus, p. 227), ce qui fait

du développement du sens à chaque fois un en ses trois moments un *triple développement*. Ces trois développements du sens à chaque fois saisi comme le tout qu'il est, forment, eux, trois *parties* de la théorie spéculative du sens, c'est-à-dire de la Science de la logique.

2) Ces *trois parties* sont :
- la théorie de l'être
- la théorie de l'essence
- la théorie du concept

a) *La théorie de l'être* est celle du sens total, du concept, saisi dans l'élément constitué par l'absolutisation du premier moment du sens, le moment de l'identité à soi, de l'immédiateté, de l'être. Saisi dans cet élément, le concept est exposé en son identité à soi, ou, en tant qu'il est *en soi* (alors qu'il est aussi pour soi, rapport avec soi, différence d'avec soi).

b) *La théorie de l'essence* est celle du concept dans l'élément constitué par l'absolutisation du deuxième moment du sens, celui de la différence d'avec soi, de la médiation, de l'essence. Saisi dans cet élément, le concept est exposé dans sa différence d'avec soi, ou en tant qu'il est en rapport avec soi, *pour soi,* et qu'il fait apparaître, de ce fait, son être, son en-soi, comme ce qu'il n'est plus, comme simple *apparence* (alors qu'il est aussi en soi, identité à soi).

c) *La théorie du concept* est celle du concept dans l'élément constitué par l'absolutisation du troisième moment, proprement conceptuel, du sens, celui de l'identité de l'immédiateté, de l'identité à soi, de l'en-soi, et de la médiation, de la différence d'avec soi, du pour soi. Le sens en tant que concept est exposé comme étant identique à soi dans sa différence d'avec soi, comme étant donc, dans son aller-hors-de son en-soi, en soi, c'est-à-dire comme étant retour en soi.

TABLE DES MATIÈRES

Achevé d'imprimer en décembre 1994
sur les presses de l'Imprimerie Bussière
à Saint-Amand-Montrond (Cher)

— N° d'imp. 2860. —
Dépôt légal : décembre 1994.

Imprimé en France